O MUNDO DE PLATÃO

NEEL BURTON

O MUNDO DE PLATÃO

A vida e a obra de um dos maiores
filósofos de todos os tempos

Tradução
Mário Molina

Editora
Cultrix
SÃO PAULO

Título original: *Plato's Shadow*.

Copyright © 2009 Neel Burton.
Copyright da edição brasileira © 2013 Editora Pensamento-Cultrix Ltda.
Publicado mediante acordo com Acheron Press.

Texto de acordo com as novas regras ortográficas da língua portuguesa.

1ª edição 2013.

Todos os direitos reservados. Nenhuma parte desta obra pode ser reproduzida ou usada de qualquer forma ou por qualquer meio, eletrônico ou mecânico, inclusive fotocópias, gravações ou sistema de armazenamento em banco de dados, sem permissão por escrito, exceto nos casos de trechos curtos citados em resenhas críticas ou artigos de revistas.

A Editora Cultrix não se responsabiliza por eventuais mudanças ocorridas nos endereços convencionais ou eletrônicos citados neste livro.

Ilustrações: Tom Stockmann
Editor: Adilson Silva Ramachandra
Editora de texto: Denise de C. Rocha Delela
Coordenação editorial: Roseli de S. Ferraz
Preparação de originais: Marta Almeida de Sá
Produção editorial: Indiara Faria Kayo
Assistente de produção editorial: Estela A. Minas
Editoração eletrônica: Join Bureau
Revisão: Claudete Agua de Melo e Vivian Miwa Matsushita

Dados Internacionais de Catalogação na Publicação (CIP)
(Câmara Brasileira do Livro, SP, Brasil)

Burton, Neel
    O Mundo de Platão: a vida e a obra de um dos maiores filósofos de todos os tempos / Neel Burton; tradução Mário Molina. – São Paulo: Cultrix, 2013.

    Título original: Plato's Shadow.
    ISBN 978-85-316-1231-2

    1. Filosofia antiga 2. Filósofos – Grécia – Biografia 3. Platão I. Título.

13-04927   CDD-184

Índices para catálogo sistemático:
1. Platão: Filosofia   184

Direitos de tradução para a língua portuguesa adquiridos com exclusividade pela
EDITORA PENSAMENTO-CULTRIX LTDA., que se reserva a
propriedade literária desta tradução.
Rua Dr. Mário Vicente, 368 – 04270-000 – São Paulo, SP
Fone: (11) 2066-9000 – Fax: (11) 2066-9008
http://www.editoracultrix.com.br
E-mail: atendimento@editoracultrix.com.br
Foi feito o depósito legal.

E qual é, Sócrates, o alimento da alma?
Certamente, disse eu,
o conhecimento é o alimento da alma.

Platão, *Protágoras*

SUMÁRIO

SEÇÃO 1 - INTRODUÇÃO

I	História de Atenas até os Dias de Platão	11
II	Os Pré-Socráticos	23
III	Sócrates	35
IV	Platão e suas Obras	41

SEÇÃO 2 - DIÁLOGOS DE PLATÃO

Capítulo	1	Alcibíades	51
Capítulo	2	Laques	57
Capítulo	3	Cármides	63
Capítulo	4	Lísis	67
Capítulo	5	Hípias Maior	73
Capítulo	6	Hípias Menor	77
Capítulo	7	Protágoras	81
Capítulo	8	Górgias	87
Capítulo	9	Clitófon	95
Capítulo	10	Eutífron	99
Capítulo	11	Apologia	103
Capítulo	12	Críton	111

Capítulo 13	Mênon	115
Capítulo 14	Eutidemo	123
Capítulo 15	Crátilo	129
Capítulo 16	Íon	135
Capítulo 17	Fedro	137
Capítulo 18	O Banquete	147
Capítulo 19	Fédon	155
Capítulo 20	A República	165
Capítulo 21	Parmênides	183
Capítulo 22	Teeteto	191
Capítulo 23	Sofista	199
Capítulo 24	Político	209
Capítulo 25	Filebo	219
Capítulo 26	Timeu	225
Capítulo 27	Crítias	229

Uma nota sobre as traduções para o inglês
Todas as citações de Platão [no original inglês] são da tradução Jowett, exceto quando declarado que assim não é.

SEÇÃO 1 – INTRODUÇÃO

I. História de Atenas até os dias de Platão

Atenas, olho da Grécia,
mãe das artes e da eloquência

John Milton, *Paraíso Recuperado*

Os Minoicos

No início do século XX, escavações conduzidas pelo arqueólogo britânico *sir* Arthur Evans (1851-1941) na ilha de Creta revelaram a existência de uma civilização complexa, cujos habitantes foram chamados por ele de *minoicos*, em homenagem ao lendário rei Minos. Os minoicos floresceram de 2700 a.C. a cerca de 1450 a.C. e sua civilização passou a girar em torno de uma série de complexos palacianos, o maior dos quais ficava em Cnossos, no norte da ilha. A economia minoica estava baseada no comércio, o que permitiu que os minoicos obtivessem controle sobre alguns vizinhos, incluindo talvez a cidade de Atenas. Segundo a lenda, o rei Minos costumava exigir um tributo anual de sete rapazes e sete moças da cidade de Atenas. Os jovens eram oferecidos como alimento ao Minotauro, meio homem, meio touro, que era o filho ilegítimo da esposa de Minos, Pasífae, e que vivia no labirinto sob o palácio de Minos. No terceiro ano do tributo, o herói ateniense Teseu se ofereceu para ir como um dos sete rapazes e deu fim a essa prática bárbara. Teseu matou o Minotauro com a ajuda de Ariadne, filha de Minos, que lhe dera um novelo de lã vermelha cujo fio ele pôde seguir para encontrar a saída do labirinto. Teseu fugiu com Ariadne, mas depois a abandonou em Naxos, onde a deixou dormindo, então ela foi descoberta e desposada pelo deus Dionísio. A civilização minoica teve um fim abrupto por volta de 1400 a.C., possivelmente como resultado de uma importante erupção vulcânica na ilha de Tera (a Santorini dos dias atuais) ou de uma invasão dos micênicos. A erupção de Tera pode ter dado origem ao mito da Atlântida, que aparece no *Timeu* e no *Crítias* de Platão.

Os Micênicos

Os micênicos floresceram de cerca de 1600 a.C. a 1100 a.C. na Grécia continental e tiveram importantes centros em Micenas, Pilos, Tebas e Atenas, entre outros lugares. Em vez de se desenvolverem por meio do comércio, como os minoicos, os micênicos se desenvolveram por meio da conquista e sua sociedade foi dominada por uma aristocracia guerreira. O maior feito foi a conquista da rica cidade de Troia, por volta de 1250 a.C. As lendas que cercam essa conquista são o tema da *Ilíada*, de Homero, à qual Platão, mais do que ocasionalmente, faz referência. Perto do final da Idade do Bronze, por volta de 1100 a.C., os micênicos ficaram sob ataque de um povo do norte chamado dórico. Segundo a lenda, os dóricos descendiam dos heráclidas exilados, que eram os descendentes do herói grego Héracles (Hércules). Zeus pretendera originalmente que Héracles fosse o governante de Micenas, da Lacedemônia (Esparta) e de Argos, e assim a invasão dórica representou o retorno dos heráclidas para reivindicar seu direito ancestral ao governo.

A Idade das Trevas

Depois da destruição da civilização dos micênicos, o mundo grego e o Mediterrâneo oriental levaram cerca de trezentos anos para se recuperarem. Durante essa Idade das Trevas, os antigos elos comerciais se dissolveram, as artes e os ofícios regrediram e a fome se instalou. Muitos gregos deixaram a Grécia continental e se dispersaram pelo Mediterrâneo, desde a Itália e a Sicília até a Ásia Menor (a Turquia dos dias atuais), e foram ainda mais longe. No leste, os gregos entraram em estreito contato com os fenícios e, por volta de 750 a.C., começaram a usar pela primeira vez o sistema fenício de notação da língua. Esse sistema alfabético substituiu o sistema silábico Linear B, ele próprio uma adaptação do sistema minoico Linear A.

Surgimento da Cidade-Estado

No século VIII a.C., as comunidades remanescentes da Grécia continental, pequenas e simples, foram gradualmente se organizando ao redor de um centro muito maior, sob o domínio de uma pequena elite aristocrática. Em Atenas, os que nasciam em certas famílias aristocráticas mais importantes podiam ser eleitos por seus pares aristocráticos para ingressar no conselho de governo dos *arcontes*. Essas famílias se autodenominavam *eupátridas* ou "filhos de bons pais". No século VII a.C., passou a existir uma proeminente classe média, e sua exclusão do conselho governante dos arcontes deu origem a uma inquietação social. Durante o Festival de Zeus, em 640 a.C., um antigo vencedor dos jogos olímpicos, chamado Cílon, tentou tomar o poder e se estabelecer como governante único ou "tirano". Quando o plano fracassou, ele fugiu para o templo de Atena, do qual foi persuadido a sair, sendo então apedrejado até a morte. Para lidar com a crescente inquietação social, o legislador Drácon promulgou um código de leis que deixava claro que o Estado seria responsável pela administração da justiça e, portanto, que os aristocratas não podiam mais agir como bem entendessem. Segundo o político ateniense Dêmades, o código de leis draconiano foi "escrito não com tinta, mas com sangue", com a pena de morte aplicada mesmo para pequenos delitos. Apesar disso, Drácon foi popular entre o povo. A *Suda** narra sua morte no teatro Aeginetan. Em uma tradicional e antiga demonstração grega de aprovação, as pessoas "atiraram tantos chapéus, camisas e mantos sobre sua cabeça que ele sufocou e foi enterrado naquele mesmo teatro".

Em 594 a.C., Sólon foi nomeado arconte e adquiriu tamanha reputação de sabedoria que recebeu carta branca para reformar a cidade. Ele ampliou a participação política, estendendo o direito de ser eleito como arconte a qualquer um que possuísse riqueza agrícola, e criou um conselho de quatrocentos cidadãos, chamado *bulé*, que deveriam ser eleitos anualmente por uma assembleia popular mais ampla, chamada *Eclésia*. A aristocracia se ressentiu tanto das reformas de Sólon que, em 589 a.C., nenhum arconte foi eleito para os dois anos seguintes – período conhecido como "a anarquia". Não obstante, Sólon havia assentado as bases da democracia ateniense e é relacionado no *Protágoras*, de Platão, como um dos "sete sábios da Grécia", juntamente com Tales de Mileto, Pítacos de Mitilene, Bias de Priene, Cleóbulo de Lindos, Míson de Queneia e Quílon de Esparta. No *Protágoras*, Platão diz que os sete sábios "se reuniram e consagraram no templo de Apolo, em Delfos, como os primeiros frutos de sua sabedoria, as inscrições tão

---

* A *Suda* foi a primeira enciclopédia, publicada no século X, em Constantinopla. (N. do T.)

famosas que estão na boca de todos os homens – 'Conhece-te a ti mesmo' e 'Nada em demasia'". Stobaeus, no *Florilegium*, relata uma história sobre um *symposium* (espécie de sarau literário/político/filosófico em que, após um banquete, intelectuais discutiam temas diversos embalados por música e dança) no qual o sobrinho de Sólon estava recitando um dos poemas de Safo. Quando Sólon quis que lhe ensinassem o poema, alguém perguntou por que ele perderia tempo com esse poema. Sólon respondeu: "Para que possa aprendê-lo e morrer".

A Tirania de Pisístrato

Em 561 a.C., um popular general ateniense chamado Pisístrato simulou um atentado contra sua vida, e a indignação pública que daí resultou forneceu-lhe o impulso necessário para a tomada do poder. Governou como tirano durante cinco anos antes de ser expatriado por uma facção aristocrática liderada por Megacles. Cinco anos mais tarde, Megacles chamou de volta Pisístrato, que fez sua reentrada na cidade em uma carruagem dourada. Pisístrato se casou com a filha de Megacles, mas depois se recusou a reconhecê-la como esposa para não enfraquecer a posição de seus dois filhos, Hípias e Hiparco. Como resultado, Megacles entregou Pisístrato a seus inimigos e Pisístrato foi de novo expatriado.

Dez anos mais tarde, Pisístrato retornou à frente de um exército estrangeiro e se reinstalou como tirano. Durante os treze anos seguintes, foi o protótipo de um tirano clássico, cortando impostos e promovendo as artes. Quando morreu, Hípias assumiu o controle, mas o filho não tinha nem o carisma nem a competência do pai e passou a ser malvisto pelo povo. Em 514 a.C., dois amantes aristocráticos, Harmódio e Aristógito, tentaram dar um fim ao governo de Hípias assassinando seu irmão Hiparco. O assassinato foi bem-sucedido, mas Harmódio foi morto e Aristógito, capturado, morreu durante uma sessão de tortura. Embora fossem aristocratas, Harmódio e Aristógito tornaram-se mártires da democracia, e muitas estátuas foram erguidas em sua memória. Após o assassinato de Hiparco, Hípias se tornou cada vez mais cruel. Os vários aristocratas que ele mandou para o exílio recorreram a Esparta em busca de ajuda, e, em 510 a.C., o rei Cleômenes de Esparta entrou na cidade, forçando Hípias a fugir, e restaurou a democracia.

As Reformas de Clístenes

Em seguida à restauração da democracia, um aristocrata chamado Clístenes tentou ser eleito arconte, mas foi derrotado por outro aristocrata chamado Iságoras. Buscando apoio, Clístenes se voltou para o campesinato privado de direitos civis e propôs novas leis para permitir que participassem do governo. Iságoras recorreu ao rei Cleômenes em busca de ajuda, mas Clístenes conseguiu levar a melhor e completou suas reformas. Clístenes anulou as divisões de Sólon baseadas na riqueza e dividiu geograficamente a população ateniense em dez tribos ou *phulai*, que foram posteriormente divididas em uma série de demos ou *demoi* (povoados), com cada demo representado na Eclésia. Embora em teoria qualquer cidadão pudesse então ser eleito arconte, na prática, a maioria dos arcontes continuou a ser proveniente de camadas da aristocracia.

A Primeira Guerra Persa

Em 546 a.C., o imperador persa Ciro, o Grande, derrotou o rei Creso, da Lídia, na Ásia Menor. Os espartanos enviaram uma embaixada a Ciro, ordenando-lhe que não tocasse nas colônias gregas, ao que Ciro respondeu: "Quem são os espartanos?". Em 512 a.C., Dario, sucessor de Ciro, fizera o Império Persa chegar à Trácia e à Macedônia. Dario nomeou Aristágoras para governar a colônia grega de Mileto, na Ásia Menor. Com a ajuda de Atenas, Aristágoras se revoltou contra os persas. Contudo, a revolta foi controlada e Aristágoras fugiu para a Trácia.

Em 490 a.C., o exército persa desembarcou em Maratona com a intenção de invadir Atenas e a Grécia continental. Um mensageiro chamado Fidípides correu os 240 quilômetros de Atenas a Esparta para solicitar ajuda, mas os espartanos se recusaram a marchar. Os persas montaram acampamento na baía de Maratona, na frente de um grande pântano, e enviaram por mar um contingente a Atenas. Os atenienses precisavam não só derrotar os persas em Maratona, mas também voltar correndo a Atenas para defender a cidade – uma tarefa quase impossível. Quando o exército persa avançou, o general ateniense Milcíades ordenou que os efetivos extremamente inferiores de suas forças convergissem para o centro da linha de infantaria persa, que, prodigiosamente, começou a se esfacelar. Em vez de perseguir os persas em fuga, os atenienses marcharam de volta a Atenas, chegando bem a tempo de impedir um ataque à cidade. Os atenienses haviam mandado Fidípides antes deles para anunciar sua vitória em Maratona. Fidípides, que correra os 40 quilômetros de Maratona a Atenas, murmurou "Νευικήκαμευ" (*nênikékamen* – "nós vencemos"), e morreu ali mesmo.

A Segunda Guerra Persa

A descoberta de prata nas minas do Laurium, em 483 a.C., trouxe imensa riqueza a Atenas. O arconte Temístocles persuadiu os atenienses a empregar essa riqueza na construção de uma frota naval de quase duzentos navios para defender Atenas e a Grécia contra o filho de Dario, Xerxes. A ameaça persa tornou-se tão palpável que Esparta, Atenas e outras 29 cidades-estados gregas associaram-se para formar um exército conjunto sob o comando-geral de Esparta. Mesmo assim, quando os persas retornaram, em 480 a.C., suas tropas superavam em grande número as dos gregos. Estes se posicionaram nas fontes de águas minerais das Termópilas ("portas quentes"), num pequeno desfiladeiro entre as montanhas e o mar, e enviaram sua frota para Ártemis, a fim de impedir que a frota persa se unisse ao exército persa. O rei espartano Leônidas e um punhado de trezentos heróis espartanos conseguiram conservar o desfiladeiro durante três dias, lutando até a morte do último homem, de acordo com os costumes espartanos. O poeta Simônides compôs um epigrama para o epitáfio deles nas Termópilas: "Viajante, vá dizer em Esparta/Que aqui, pela lei espartana, jazemos nós".

Como consequência da ação espartana nas Termópilas, Xerxes desviou suas tropas de elite, as tropas dos imortais, para uma rota alternativa que lhe fora indicada por um traidor, um pastor de cabras. Enquanto isso, em Ártemis, a frota persa perdia muitos navios para o mar tempestuoso e vários outros para os gregos. O que sobrou da frota persa navegou para o sul numa tentativa de juntar-se ao exército persa. No momento em que o exército persa alcançou Atenas, os atenienses já haviam fugido para a ilha de Salamina, onde a frota grega se juntou a eles. Os gregos enviaram uma mensagem falsa a Xerxes, dizendo que a frota grega estava prestes a navegar para nordeste, para o Istmo de Corinto, e Xerxes despachou a parte egípcia da frota persa para bloquear o movimento imaginário. Ao amanhecer, a frota grega navegou para o norte, para o estreito canal entre Salamina e o continente, enquanto um pequeno número de navios gregos ficava para trás, escondendo-se na baía de Ambelakia. A frota persa perseguia a frota grega, mas, quando os navios persas chegaram ao fim do canal, os navios gregos fizeram de repente a volta para enfrentá-los. Os navios persas fugiram descendo o canal, mas foram emboscados pelos navios gregos, que haviam ficado para trás, na baía de Ambelakia. Os persas perderam cerca de duzentos navios, enquanto os gregos perderam cerca de quarenta.

Desmembrado de sua marinha, o exército persa retirou-se para o norte no início do inverno. Xerxes retornou à Ásia Menor, deixando o general Mardônio no comando. Na primavera de 479 a.C., o exército persa avançou de novo para o sul. Pausânias, que atuava como regente para o jovem filho de Leônidas, levou o exército grego para o norte, para os arredores de Plateia. O exército persa atacou o exército grego enquanto este estava manobrando, mas as tropas gregas se reagruparam e os persas sofreram uma derrota devastadora, na qual o próprio Mardônio morreu. A frota grega perseguiu a frota persa em fuga, que os persas conduziram para o litoral, em Mícale. Os gregos tomaram a praia de assalto e incendiaram até o último navio.

A Liga de Delos

Atenas ficou com grande parte do crédito pela derrota dos persas. No inverno de 478-77 a.C., embaixadores de uma série de Estados gregos realizaram uma assembleia na ilha sagrada de Delos e ratificaram a formação de uma liga anti-persa das cidades-estados gregas, a chamada Liga de Delos. Atenas logo assumiu o controle da Liga, reduzindo os supostos aliados à condição de súditos e tribu-tários. O filho de Milcíades, Címon, obteve uma série de vitórias em territórios mantidos pelos persas, conquistando áreas cada vez maiores para o império de Atenas. A imensa riqueza que saía das cidades-estados e entrava em Atenas, somada à influência do estadista Péricles, levou a um florescimento cultural como até então jamais se vira ou se veria depois. Essa "era dourada" durou aproxima-damente de 448 a.C. a 404 a.C., e nela se moveu um número incrível de grandes homens: o próprio Péricles, é claro, mas também os artistas Fídias e Polignoto, os historiadores Heródoto e Tucídides, os dramaturgos Ésquilo, Sófocles, Eurípides e Aristófanes, e os filósofos Sócrates, Anaxágoras, Demócrito, Empédocles, Hípias, Parmênides e Protágoras.

> *Encontrei poder nos mistérios do pensamento,*
> *Exaltação na variedade de Musas;*
> *Fui versado nos raciocínios dos homens;*
> *Mas o Destino é mais forte que tudo que conheci.*

Eurípides, *Alceste* (438 a.C.)

A Primeira Guerra do Peloponeso

Em 464 a.C., Esparta sofreu um terremoto devastador, depois do qual seu cam-pesinato sem direitos, formado pelos hilotas, aproveitou a chance e se rebelou. Esparta apelou para a ajuda de Atenas e o pró-espartano Címon persuadiu a Eclésia a enviá-lo no comando de uma força expedicionária. "Não vamos deixar a Grécia", disse, "ser estropiada e assim a própria Atenas ser despojada de sua aliada" (Címon tinha sentimentos tão calorosos com relação a Esparta que batizou o filho de Lacedemônio*). Quando os atenienses chegaram a Esparta, começaram a simpatizar com os hilotas, e os espartanos sentiram-se obrigados a mandá-los embora. Em seguida a esse incidente diplomático, as relações entre Atenas e Esparta foram de mal a pior e, em 460 a.C., a guerra estourou. A Primeira Guerra do Peloponeso se estendeu por quinze anos, durante os quais Atenas e Esparta atacavam os aliados uma da outra, mas nenhuma delas conseguia dominar a situação. Em 446 a.C., Péricles deu início às negociações com os espartanos e ambos os lados concordaram em manter uma trégua durante trinta anos, conhecida como a "Paz de Péricles" ou "Trégua dos Trinta Anos". Com efeito, Atenas e Esparta concordaram que a Hélade** continuaria sendo uma casa dividida, com Atenas mantendo a supremacia nos mares, mas desistindo da ambição de estabelecer um império terrestre para rivalizar com o império de Esparta.

A Segunda Guerra do Peloponeso

Na realidade, só houve quinze anos de paz antes que irrompesse a Segunda Guerra do Peloponeso, desencadeada pelo crescente conflito entre Atenas e os aliados de Esparta. Péricles evitava provocar o exército espartano, mas usava a frota ateniense para prejudicar aliados de Esparta. Enquanto isso, Esparta realizava uma série de ataques no território de Atenas, levando muitos atenienses da zona rural a buscar refúgio dentro das muralhas da cidade, recentemente reconstruídas. Elas eram ligadas, por longas muralhas, às muralhas do porto de Pireu, a partir do qual Atenas podia manter o acesso vital ao mar. Em 430 a.C., a superpopulação dentro das muralhas da cidade levou a um surto de peste que matou cerca de 30 mil pessoas, incluindo Péricles e seus filhos. À medida que Atenas se enfraquecia, alguns de seus aliados se revoltavam. Quando, em 428 a.C., a cidade de Mitilene, na ilha de Lesbos, se revoltou, a Eclésia, sob a influência do demagogo radical Cléon, votou pela execução de todos os homens e pela venda de todas as mulheres e crianças como escravas. Felizmente, a questão foi rediscutida no dia seguinte, e um navio mensageiro conseguiu chegar a Mitilene a tempo de evitar um massacre. No verão desse ano, Esparta e seus aliados capturaram a cidade de Plateia e não hesitaram em executar todos os homens, vendendo as

---

* Lacedemônios eram os descendentes de Lacedemon, fundador de Esparta. Eram também os naturais da Lacedemônia, a região do Peloponeso onde ficava Esparta. (N. do T.)

** Hélade era o nome que os helenos davam ao seu território antes de os romanos os chamarem de gregos e a região, de Grécia. (N. do E.)

mulheres e crianças como escravas e transformando numa pastagem o local onde se erguia a cidade.

Atenas continuou com as incursões marítimas contra os aliados de Esparta e começou a construir fortificações em volta do Peloponeso. Em 426 a.C., Esparta atacou uma fortificação ateniense em Pilos, na costa da Messênia. O general ateniense Demóstenes conseguiu encurralar Brásidas e quatrocentos espartanos na pequena ilha de Esfactéria, mas depois a batalha se arrastou por semanas e semanas. Cléon se gabava de ser capaz de fazer um trabalho melhor do que o de Demóstenes e, atendendo ao apelo do general Nícias, decidiu conquistar uma grande vitória para Atenas.

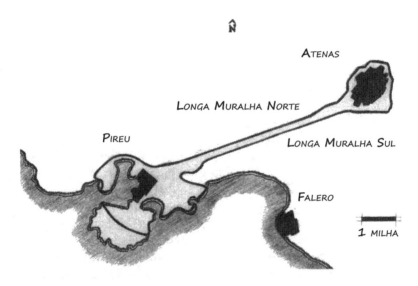

Figura 1 As muralhas urbanas atenienses.

Em 424 a.C., algumas cidades do nordeste da Grécia, que até então haviam sido leais a Atenas, decidiram se revoltar. Esparta mandou um grande efetivo para a área sob o comando de Brásidas, que, por meio de força ou astúcia, submeteu várias das cidades. Quando Brásidas atacou a cidade de Anfípolis, no inverno de 424-423 a.C., Atenas despachou uma força comandada por Tucídides. A força chegou tarde demais para impedir a captura de Anfípolis e os atenienses puniram Tucídides com o exílio. Isso possibilitou a Tucídides entrar em contato mais íntimo com as várias facções em luta e assim registrar a história da guerra mais objetivamente, "não como um ensaio com o qual conquistaria o aplauso do momento, mas como um bem que duraria para sempre". No Livro V de sua *História da Guerra do Peloponeso*, Tucídides observa friamente: "O certo, do jeito que vai o mundo, só entra em discussão entre iguais em poder, enquanto os fortes fazem o que querem e os fracos sofrem o que têm de sofrer". Em 422 a.C., as tropas atenienses comandadas por Cléon atacaram a força espartana nos arredores de Anfípolis, mas os atenienses foram derrotados e tanto Cléon quanto Brásidas foram mortos. Em 421 a.C., Nícias conduziu negociações de paz com Esparta e ambos os lados concordaram com uma troca de reféns, de territórios capturados, e com uma trégua de cinquenta anos, a chamada "Paz de Nícias".

Alguns aliados de Esparta se sentiram prejudicados com a Paz de Nícias e fizeram uma aliança com a cidade de Argos. Em 420 a.C., um vistoso aristocrata chamado Alcibíades argumentou na Eclésia que antigos aliados de Esparta eram agora inimigos de Esparta e, por extensão, aliados de Atenas (segundo Aristófanes, o misantropo Tímon de Atenas não gostava de ninguém, exceto de Alcibíades, que ele achava que traria ruína para a cidade). Como resultado, Atenas fez uma aliança com Argos e com as aliadas de Argos – Mantineia e Élis. A aliança tentou se apoderar da cidade de Tegeia, próxima a Esparta, o que provocou a batalha de Mantineia. Os espartanos emergiram vitoriosos da batalha de Mantineia, o que levou à desintegração da aliança com Argos e à restauração da hegemonia espartana no Peloponeso. Atenas recorreu à estratégia testada pelo tempo de atacar os aliados de Esparta e anexá-los a seu império. Em 416 a.C., Atenas atacou a ilha de Milos, fazendo com os milenses o que um dia ameaçara fazer com os mitilenos.

Em 416 a.C., a cidade de Egesta, na Sicília, pediu ajuda a Atenas contra sua vizinha Selinos, e Alcibíades persuadiu a Eclésia a deixá-lo comandar a força enviada à Sicília. Quando a frota ateniense se preparava para içar as velas, algumas *hermai* (estatuetas de Hermes, o deus das viagens) foram atacadas por vândalos e a Eclésia acusou Alcibíades de zombar do ritual sagrado dos Mistérios Eleusinos. Alcibíades foi chamado a enfrentar a justiça sob a acusação de sacrilégio, mas temeu ser injustamente condenado e por isso desertou para Esparta! Alcibíades colocou os espartanos a par dos planos de Atenas de conquistar a Sicília e a Itália, e de usar seus formidáveis recursos para conquistar o Peloponeso.

Sob o comando de Nícias, a força ateniense se preparava para invadir Siracusa, mas parecia negligente e se demorava. Enquanto isso, uma força espartana chegava à Sicília e seu general Glipo assumia o comando das tropas combinadas de Esparta e Siracusa. Quando Glipo se mostrou superior à força ateniense,

Nícias pediu reforços. Atenas mandou uma segunda força, comandada por Demóstenes, mas os atenienses tornaram a sofrer uma derrota. Demóstenes defendeu uma retirada, mas Nícias hesitava, e um eclipse lunar foi interpretado como um mau presságio para uma retirada. Em consequência disso, os atenienses foram impelidos a uma grande batalha no porto de Siracusa. Os atenienses sofreram uma derrota esmagadora, com Nícias e Demóstenes sendo executados e 7 mil atenienses feitos prisioneiros.

O fracasso da expedição siciliana em 413 a.C. enfraqueceu Atenas a tal ponto que seu império começou a se fragmentar e desintegrar. Nesse meio-tempo, Alcibíades deixava Esparta para se tornar conselheiro do sátrapa persa Tissafernes. Usando a posição recentemente conquistada, persuadiu alguns generais atenienses a encenar um golpe, instalar uma oligarquia e conseguir seu retorno a Atenas com apoio persa. Em 411 a.C., os conspiradores tiveram êxito em instalar a oligarquia dos Quatrocentos, mas abandonaram quaisquer planos de trazer Alcibíades de volta a Atenas. Sempre pronto a mudar de casaca, Alcibíades aliou-se aos democratas exilados. Quatro meses depois, os democratas conseguiram instalar o regime intermediário dos Cinco Mil e o comando do exército ateniense foi dado a Alcibíades. Atenas reconstruiu sua frota e procurou dar continuidade à guerra, conquistando vitórias em Cinossema e depois, sob o comando de Alcibíades, em Cízico. Depois da batalha de Cízico, os atenienses interceptaram uma mensagem "lacônica" dos espartanos derrotados: "Navios perdidos; Míndaro morto; homens famintos; sem ideia do que fazer". Esparta solicitou a paz, mas Atenas recusou.

Ciro, que era o filho mais novo de Dario, entrou em aliança com Esparta e ajudou a financiar a frota espartana. Em 407 a.C., sob o comando de Lisandro, a frota espartana conquistou uma importante vitória em Nócium, que levou à queda e ao exílio de Alcibíades. A sorte foi revertida no ano seguinte, na batalha de Arguinusas. Contudo, um súbito temporal impediu que os atenienses recolhessem seus sobreviventes e cerca de 3 mil homens foram entregues ao afogamento. A despeito dos protestos de Sócrates, que na ocasião presidia a reunião da assembleia, os generais encarregados da campanha foram julgados, condenados e executados. Mais uma vez, Esparta solicitou a paz e, mais uma vez, Atenas recusou. No ano seguinte, Lisandro desencadeou um ataque surpresa contra a frota ateniense que estivera ancorada em Egospótamos, no Helesponto. Na batalha de Egospótamos que se seguiu, os espartanos capturaram quase toda a frota ateniense e os 36 anos de Guerra do Peloponeso chegaram ao fim. O navio levando a notícia da derrota chegou ao Pireu à noite. Segundo o historiador Xenofonte, "um homem passou-a para outro e um som de lamento brotou, estendendo-se primeiro pelo Pireu, depois pelas Longas Muralhas até alcançar a cidade. Naquela noite, ninguém dormiu. Choraram pela causa perdida, mas ainda mais pelo seu destino".

Os espartanos resistiram aos apelos para que não transformassem em pastagem o local onde se erguia Atenas, mas Atenas teve de concordar com os termos de rendição e se tornar um território espartano controlado por Esparta. Os espartanos decidiram que Atenas deveria ser governada por trinta indivíduos, em geral, aristocratas, como os parentes de Platão – Crítias e Cármides –, que haviam sido exilados após o golpe de 411 a.C. O regime dos Trinta Tiranos foi tão opressivo que se tornou insustentável, e, após menos de um ano, os espartanos concordaram em restaurar uma forma limitada de democracia na cidade. Foi durante esse período, em 403 a.C., que Sócrates foi condenado à morte. Platão estava presente no julgamento de Sócrates, que é o tema da *Apologia*.

II. Os pré-socráticos

(...) Eu, um Deus imortal, não mais um mortal,
vago entre vocês, por todos reverenciado,
adornado com diademas sagrados e coroas em flor.

Empédocles, *Purificações*

Tales de Mileto (624-546 a.C.) e a Escola Miletiana

Juntamente com Sólon, Tales de Mileto, na Ásia Menor, foi considerado por Platão um dos sete sábios da Grécia. Tales procurou explicar a origem e a natureza do mundo sem recorrer a mitos e deuses, razão pela qual é frequentemente encarado como o primeiro verdadeiro filósofo, assim como o primeiro verdadeiro cientista. Sustentou que todas as coisas são uma coisa só, que a água é o constituinte básico do universo e que a Terra flutua na água como um tronco na corrente de um rio. Tales foi um geômetra que viajou para o Egito para receber instrução de sacerdotes. Enquanto estava no Egito, calculou a altura das pirâmides medindo suas sombras no momento do dia em que sua própria sombra tinha o mesmo comprimento de sua altura. Descobriu que triângulos com um lado igual e dois ângulos iguais são congruentes e aplicou esse conhecimento para calcular as distâncias de navios no mar. Também descobriu o método de inscrever um triângulo retângulo num círculo, e celebrou isso sacrificando um boi para ofertar aos deuses, que ele acreditava que estavam em todas as coisas ("todas as coisas estão cheias de deuses"). Tales foi também um astrônomo e meteorologista que determinou as datas dos solstícios de verão e inverno e previu o eclipse solar de 585 a.C., o mesmo que deteve a batalha de Hális entre os lídios e os medos. Certo ano, ele previu uma boa colheita de azeitonas, arrendou todas as prensas de azeite de oliva de Mileto e ganhou uma fortuna, simplesmente para provar a seus pares miletianos que filósofos poderiam facilmente enriquecer; bastava que não tivessem coisa melhor a fazer de suas vidas. Era lendária sua distração. No *Teeteto*, Platão narra que:

> *Tales estava estudando os astros e contemplando o céu, quando caiu num poço e uma despachada e espirituosa criada da Trácia zombou dele, dizendo que era loucura alguém querer saber o que se passava nos céus se não podia ver o que estava na sua frente, bem debaixo dos pés.*

Tales foi sucedido no comando da Escola Miletiana pelo discípulo Anaximandro (610-546 a.C). Como Tales, Anaximandro estava procurando a "origem" ou o "princípio" de todas as coisas, que identificou com o *apeiron* ou "infinito", do qual tudo mais é gerado "em todos os mundos". Uma escolha mais óbvia, como a água, só poderia ser molhada, nunca seca, e, portanto, não poderia abranger todos os opostos encontrados na natureza. Em seu único fragmento sobrevivente, ele escreveu:

> *Donde as coisas têm sua origem,*
> *De lá também sua destruição acontece,*
> *Segundo a necessidade;*
> *Pois proporcionam, umas às outras, justiça e retribuição*
> *Por sua injustiça*
> *Conforme a regra do Tempo.*

Segundo Anaximandro, a Terra é um cilindro sem apoio, com uma altura equivalente a um terço de seu diâmetro. A Terra não precisa ter um apoio porque está no meio de tudo e não há razão para se mover para um lado ou para o outro. O Sol, a Lua e as estrelas são gigantescas rodas de fogo que nos aparecem através de buracos ou respiradouros. As fases da Lua e os eclipses do Sol ocorrem como resultado de bloqueios nos respiradouros. Quanto à humanidade, ela se originou de outras espécies animais, muito provavelmente de animais aquáticos. Anaximandro viajou muito e diz-se ter liderado uma expedição que fundou uma comunidade chamada Apolônia, na costa do Mar Negro. Suas outras realizações incluíram o primeiro mapa do mundo, a primeira carta estelar e o primeiro relógio de sol grego. Diógenes relata que ele gostava de cantar. "Dizem que, quando cantava, as crianças riam; e que ele, ouvindo aquilo, dizia: 'Temos então de cantar melhor pelo bem das crianças.'"

Anaximandro teve um amigo e discípulo chamado Anaxímenes (585-525 a.C.), que foi o último dos três cosmólogos miletianos. Anaxímenes sustentava que o ar é a substância primária: quando o ar sofre rarefação, torna-se fogo, e quando sofre condensação, torna-se vento, depois nuvem, depois água, depois terra, depois pedra. Para defender sua tese, Anaxímenes apelou para um experimento simples que envolvia ar soprado na mão – primeiro, com os lábios franzidos, quando o ar parece frio, depois, com a boca aberta, quando o ar parece quente. Anaxímenes concebeu a Terra como um disco plano que flutua numa almofada de ar. Os corpos celestes são também planos e giram horizontalmente ao redor da Terra, como um boné em volta de uma cabeça, com suas horas nascentes e poentes explicadas por um movimento de inclinação da Terra. Os deuses também consistem de ar, assim como a alma humana. Tudo, portanto, compartilha uma única substância divina.

Pitágoras (c.570-500 a.C.) e os Pitagóricos

Pitágoras sustentou que há três tipos de homem, assim como há três classes de estrangeiros que vão aos jogos olímpicos. Há os amantes do ganho, que vão para comprar e vender, os amantes de honrarias, que vão para competir, e os amantes da sabedoria, ou filósofos, que vão simplesmente para contemplar e avaliar os acontecimentos. Pitágoras nasceu na ilha de Samos, não longe de Mileto. Seguindo o conselho de Tales, viajou para Mênfis, no Egito, onde entrou em contato com sacerdotes famosos pela sabedoria. Aos 40 anos de idade, fugiu da tirania de Polícrates para Crotona, na Itália meridional, onde fundou uma comunidade filosófica e religiosa. Os que entravam no círculo fechado da comunidade eram governados por um conjunto estrito de regras ascéticas e éticas, renunciavam a posses pessoais, aceitavam uma dieta basicamente vegetariana e – como as palavras são, com tanta frequência, imprudentes e enganosas – observavam o silêncio. Algumas das regras mais excêntricas da comunidade, como "não esmigalhar o pão" ou "não atiçar o fogo com uma espada", podem ter sido enigmas ou alegorias que requeriam uma interpretação. A comunidade de Pitágoras tem sido vista como um protótipo da vida monástica e de instituições filosóficas posteriores, como a Academia de Platão, o Liceu de Aristóteles e o Jardim de Epicuro. A música desempenhava um papel importante na comunidade de Pitágoras. Os pitagóricos recitavam poemas, cantavam hinos a Apolo e tocavam a lira para curar os males do corpo e da alma. Diz-se que, um dia, Pitágoras passou por ferreiros trabalhando e percebeu que as marteladas nas bigornas produziam sons particularmente harmoniosos. Ele então descobriu que as bigornas eram simples razões umas das outras, uma tendo a metade do tamanho da primeira; outra, dois terços do tamanho, e assim por diante. Essa descoberta de uma relação entre razões numéricas e intervalos musicais levou Pitágoras a acreditar que o estudo da matemática era a chave para compreender a estrutura e a ordem do universo. Segundo sua "harmonia das esferas", os corpos celestes se movem de acordo com equações matemáticas que correspondem a notas musicais e fazem parte de uma grandiosa sinfonia cósmica. Pitágoras jamais separava a religião da ciência e da filosofia, o que, mesmo em sua época, deixava-o vulnerável a acusações de misticismo. Ele acreditava na transmigração da alma, isto é, na reencarnação da alma, pelo tempo afora, nos corpos de seres humanos, animais ou plantas ("metempsicose"), até chegar o momento em que ela se torna virtuosa. Afirmava ter vivido quatro vidas, lembrava-se delas em detalhe e, um dia, reconheceu o grito de seu amigo morto no ganido de um cachorrinho. Após sua morte, os pitagóricos o endeusaram e lhe atribuíram uma coxa de ouro e o dom de estar em dois lugares ao mesmo tempo. Pitágoras, no entanto, fora sempre um homem modesto – recusava-se a ser chamado de "sábio" (*sophos*) e preferia que o chamassem de "amante da sabedoria" (*philosophos*).

Xenófanes de Cólofon (570-470 a.C.)

Xenófanes viveu cerca de cem anos e nasceu em Cólofon, que não ficava longe de Mileto. Depois que Cólofon caiu em poder dos medos, ele perambulou durante 67 anos pelo mundo grego, recitando poemas e versos filosóficos. Criticava Hesíodo e Homero, que tinham uma visão antropomórfica dos deuses (concebiam-nos na forma humana) e retratavam-nos como imorais.

> *Sim, e se os bois, os cavalos ou leões tivessem mãos,*
> *e pudessem pintar com as mãos e produzir obras*
> *de arte como fazem os homens, os cavalos pintariam as formas*
> *dos deuses como cavalos e os bois como bois, desenhando*
> *os corpos à imagem da espécie de cada um.*

Em vez disso, Xenófanes sugeria que existe um deus que é "o maior entre deuses e homens" e "não se parece de modo algum com os mortais em corpo ou em pensamento". Identificava esse deus com o cosmos e imaginava-o abstrato, universal e imutável. Por essa razão, é visto com frequência como um monoteísta precoce, embora Xenófanes provavelmente admitisse a existência de outros deuses. Ele sustentava que a substância primária não era a água, nem o ar, mas a terra. "Todas as coisas vêm da terra e na terra acabam todas as coisas." Contudo, também reconhecia a importância da água, e suas observações precoces de registros fósseis levaram-no a sugerir que a terra havia sido, um dia, coberta pelo mar. Xenófanes achava que a terra se estendia debaixo de nós até o infinito, razão pela qual não poderia conceber que o Sol fosse para baixo da terra quando se pusesse ao anoitecer. Em vez disso, sugeriu que um novo Sol ganhava vida a cada manhã. Para seu crédito, ele reconheceu que, se o conhecimento só pode ser obtido por meio da experiência dos sentidos, então o conhecimento da natureza essencial da realidade é inatingível. Mesmo que a experiência dos sentidos fosse objetiva, o que ela não é, a natureza essencial da realidade não pode ser observada por meio da experiência dos sentidos. Por conseguinte, o melhor que podemos esperar daí não é conhecimento, mas crença verdadeira.

Heráclito de Éfeso (535-475 a.C.)

Heráclito era originário da cidade de Éfeso, que não ficava longe de Mileto e Cólofon. Era um aristocrata com direito de ser rei (*basileu*), mas abdicou a favor do irmão, dizendo que preferia a conversa das crianças à dos políticos. Embora tenham sobrevivido fragmentos de seus escritos, eles se apresentam como aforismos obscuros e ambíguos, razão pela qual Heráclito é às vezes conhecido como "Heráclito, o Obscuro" ou "Heráclito, o Criador de Enigmas". Como sofria de melancolia, é também às vezes chamado de "filósofo chorão", em oposição a Demócrito, "o filósofo risonho".

> *Dizem que depois de dar a Sócrates um exemplar do livro de Heráclito, Eurípides perguntou o que ele achou. Sócrates respondeu: "O que entendi é esplêndido; e acho que o que não entendi também o é — mas só um mergulhador de Delos conseguiria chegar ao fundo da coisa".*

> Diógenes Laércio, *Vidas e Doutrinas de Filósofos Ilustres*

Heráclito foi um misantropo que não se interessava pela grande massa do povo, que ele julgava singularmente desprovido de entendimento e comparava ao gado. Desejava aos cidadãos de sua Éfeso nativa grande riqueza, como punição por suas vidas inúteis. O rei persa Dario certa vez o convidou a ir à sua corte resplandecente, mas ele se recusou, respondendo: "Todos os homens da Terra conservam-se longe da verdade e da justiça, enquanto, por razão de perversa loucura, dedicam-se à avareza e têm sede de popularidade". Finalmente ele se retirou para as montanhas, onde se alimentava de ervas e plantas em geral. Sustentava que "indagava de si mesmo" e aprendia tudo consigo mesmo, já que "a Natureza gosta de ocultar". A grande ideia de Heráclito era que tudo estava num constante estado de fluxo ou "vir a ser", como sintetizado em sua declaração de que "não se pode entrar duas vezes no mesmo rio, pois águas novas estão sempre fluindo sobre nós". Em sua *Metafísica*, Aristóteles argumentava que, se tudo estivesse num constante estado de fluxo, nada poderia ser conhecido, e é provável que também Heráclito pensasse assim. Como o fogo é um símbolo de perpétua mudança, Heráclito sentenciou que esse era a substância primária. A ordem subjacente da mudança é produto da razão de Deus ou *Logos* e o fogo é a expressão do *Logos* e, portanto, de Deus. Consequentemente, a alma de um homem esclarecido é quente e seca, enquanto um bêbado "é conduzido por um garoto imaturo, tropeçando e não sabendo para onde vai, tendo sua alma úmida". Atesta a duradoura influência de Heráclito o fato de o *Logos* entrar na Bíblia em João 1,1, com o *Logos* traduzido do grego como *o Verbo*: "No princípio era o Verbo e o Verbo estava com Deus e o Verbo era Deus". Heráclito também ensinava sobre a "unidade dos opostos"; por exemplo, que quente e frio são a mesma coisa, assim como claro e escuro e noite e dia. Esses opostos parecem estar num contínuo estado de luta, mas a tensão cósmica resultante é, de fato, uma expressão de harmonia essencial. Ele escreveu: "É sábio concordar que todas as coisas são uma. Ao divergir, ela concorda consigo mesma, numa tensão que retorna, como a de um arco e uma lira. O caminho para o alto e o caminho para baixo é um só e o mesmo". Sua declaração de que "uma harmonia não visível é mais forte que uma visível" parece ser tão aplicável à sua cosmologia quanto à psicologia humana.

Parmênides (c.515 -?a.C.) e os Eleatas*

Em forte contraste com Heráclito, que acreditava que tudo está num estado de fluxo, Parmênides acreditava que nada jamais muda. Parmênides era um nobre

---

* Filósofos que viveram na colônia grega de Eleia. (N. do T.)

de Eleia, na Itália meridional, onde foi muito admirado por seu excelente trabalho como legislador e sua vida exemplar. Foi discípulo de Xenófanes ou alguém muito familiarizado com seus ensinamentos e, com toda a probabilidade, entrou em contato com pitagóricos. Aos 65 anos, viajou com Zenão, seu discípulo e *eromenos* (amante), para Atenas, onde se encontrou com o jovem Sócrates. A suposta conversa que tiveram é narrada por Platão no *Parmênides*. Parmênides escreveu um poema filosófico, *Sobre a Natureza*, em toscos versos hexâmetros, mas só 160 versos sobreviveram. O poema começa com um preâmbulo em que um jovem Parmênides ascende à morada de uma deusa que lhe revela "a trilha da verdade" e "a trilha da opinião mortal". Há dois métodos de fazer indagações na trilha da verdade, o que é e o que não é. O que é "é", e lhe é impossível não ser. Não se pode conceber o que não é, porque não se pode pensar ou falar sobre nada. Inversamente, se pensamos ou falamos sobre alguma coisa, ela tem de ser. "Pois pensamento e ser são a mesma coisa." Como é possível pensar sobre a Realidade, a Realidade tem de ser e, se é, ela não pode não ser. Uma coisa não pode passar a existir nem deixar de existir porque uma coisa não pode passar a existir do nada. *Ex nihilo nihil fit.** Assim, se alguma coisa passa a existir, ela não o faz vindo de nada, mas de alguma coisa – em outras palavras, de modo algum ela passa realmente a existir. Essa linha de raciocínio leva à conclusão de que não pode haver "vir a ser" e, por conseguinte, não pode haver mudanças reais, mesmo que nossa experiência sensorial nos diga que elas existem. Embora o mundo, como nos aparece por meio da experiência sensorial, seja contingente, mutável e temporal, a razão pura leva à conclusão lógica de que ele é de fato necessário, imutável e atemporal. O movimento é impossível porque requer mover-se para "o vazio", isto é, mover-se para o nada, o que não existe. Nesse contexto, Zenão, o discípulo de Parmênides, criou um conjunto de argumentos, incluindo o famoso paradoxo "Aquiles e a Tartaruga", para demonstrar que o movimento é impossível. A partir de tudo isso, Parmênides concluiu que o universo consiste de uma unidade única, não diferenciada, indivisível, imóvel e inalterável, a qual chamou de "o Uno". Parmênides é o primeiro filósofo a investigar o ser enquanto ser e, por isso, é frequentemente encarado como o primeiro metafísico e o primeiro ontologista. Sua dualidade de aparência e realidade exerceu uma forte influência sobre Platão e, por intermédio dele, sobre muito do que veio depois.

---

* Nada vem do nada. (N. do T.)

Empédocles de Agrigento (c.490-430 a.C.)

Empédocles era um aristocrata de Acragas, hoje Agrigento, no sul da Itália. Tinha uma reputação de místico e milagreiro, e as pessoas corriam em massa para ele em busca de conselho e cura. Empédocles se considerava divino, afirmando que podia curar a velhice e controlar os ventos. Quando lhe foi oferecido o reino de Acragas, ele o recusou, preferindo escrever poesia no estilo de Parmênides e dedicá-la a seu *eromenos*, o médico Pausânias.

Empédocles sintetizava o pensamento dos filósofos jônicos sustentando que há quatro elementos primordiais: ar, terra, fogo e água. Os quatro elementos primordiais são aproximados e separados pelos princípios cósmicos opostos de Amor e Ódio. O Amor faz os elementos primordiais se combinarem, e se o Amor não encontra oposição, leva ao "Uno", a esfera divina e resplandecente. O Ódio faz com que gradualmente a esfera se desintegre, retornando aos elementos primordiais, e esse ciclo cósmico se repete *ad infinitum*. Se o mundo fenomênico, isto é, o mundo das aparências, está cheio de contrastes e oposições, isso se deve à ação dual do Amor e do Ódio nos elementos. A mudança pode ocorrer, mas apenas na forma da combinação e separação dos elementos. O mundo numenal, isto é, a realidade básica, é fundamentalmente imutável. Empédocles desenvolveu uma teoria rudimentar da evolução pela sobrevivência do mais apto, começando com a combinação casual dos elementos para formar diferentes fragmentos de anatomia pouco articulada. Ele compartilhou a doutrina pitagórica da metempsicose e sustentou que as almas das pessoas sábias e virtuosas, como os poetas e os videntes, podiam progredir para o divino e ser, dessa maneira, libertadas. Segundo a lenda, Empédocles se matou saltando sobre as chamas do Monte Etna para provar que era imortal ou para fazer as pessoas acreditarem que era. Matthew Arnold pôs as seguintes palavras finais em sua boca:

> *O coração não mais se exaltará; tua arte*
> *não mais será a de um homem vivente, Empédocles!*
> *Nada além de uma chama voraz de pensamento –*
> *Além de uma mente nua, eternamente inquieta!*
> *Aos elementos de onde veio*
> *Tudo retornará*
> *Nossos corpos à terra,*
> *Nosso sangue à água,*
> *O calor ao fogo,*

O fôlego ao ar.
Foram bem nascidos, serão bem sepultados –
Mas e a mente?

Matthew Arnold, *Empédocles no Etna*

Anaxágoras de Clazômenas (c.500-428 a.C.)

Anaxágoras nasceu em Clazômenas, na Ásia Menor, e pode ter sido discípulo de Anaxímenes. Abriu mão da riqueza e da influência em favor da busca do conhecimento e foi para Atenas, que era então o centro cultural do mundo grego. Permaneceu trinta anos em Atenas, onde estava sempre falando sobre "a natureza da sabedoria e da estupidez", chegando a ser admirado por Eurípides e Péricles. Sua afirmação de que o Sol era uma massa de metal incandescente maior que o Peloponeso acabou por levá-lo ao tribunal, onde foi acusado de impiedade; depois disso, ele fugiu para Lampsaco, no Helesponto. Segundo Diógenes, em uma ocasião em que alguém lamentou que morreria numa terra estrangeira, Anaxágoras respondeu: "A descida para o Hades é exatamente a mesma, não importa o lugar de onde se saia". Os cidadãos de Lampsaco tinham grande respeito por ele, e quando as autoridades lhe perguntaram como poderia ser homenageado, Anaxágoras respondeu que deveria ser dado um feriado escolar às crianças no mês de sua morte. Anaxágoras concordava com Parmênides ao afirmar que uma coisa não pode passar a existir nem deixar de existir, e com Empédocles, para quem a mudança ocorria na forma de combinação e separação dos elementos. Sustentou que tudo é infinitamente divisível e que tudo contém um fragmento de tudo, embora em combinações variadas. Assim, não existem partículas indivisíveis, não existem átomos. Tudo brota do "Uno" por meio de um processo de separação mediado pelo *nous* ou pela inteligência, a suprema força ou o princípio ordenador. Anaxágoras afirmava que o cosmos passou a existir como resultado do movimento rotatório de uma espiral, com toda a massa inicialmente unida em seu centro, mas depois se espalhando e se diferenciando. Por essa razão, é às vezes encarado como o pai da teoria do Big Bang.

Demócrito de Abdera (c.460-370)

Leucipo de Mileto e Demócrito de Abdera são com frequência mencionados simultaneamente como fundadores do atomismo, a culminância do antigo pensamento grego. Leucipo foi o mestre de Demócrito, embora pouco mais se saiba a seu respeito. Demócrito nasceu em Abdera, na costa da Trácia. Seu pai era tremendamente rico, e Demócrito gastou sua herança em livros e viagens de instrução, segundo se diz, chegando a lugares tão distantes quanto a Índia e a Etiópia. Em contraste com Heráclito, que era mencionado como "o filósofo chorão", Demócrito era chamado de "filósofo risonho", porque estava sempre pronto a rir da insensatez das pessoas. A expressão [inglesa] *abderitan laughter* (riso de zombaria, incessante) deriva dele. Apesar disso, as pessoas tinham-no em alta estima, antes de tudo, por acharem que ele podia prever o futuro. Como todos os antigos filósofos gregos, Demócrito distanciou-se da riqueza e do poder em troca de uma vida gratificante e de um lugar proeminente na história do pensamento humano; disse um dia que preferia descobrir um só princípio científico verdadeiro a se tornar rei da Pérsia. Demócrito escreveu quase oitenta tratados sobre uma eclética coleção de tópicos, indo de tangentes e números irracionais a agricultura, pintura e luta com armadura. Infelizmente, somente fragmentos de seus escritos sobreviveram. Ele afirmava que "nada existe além de átomos e espaço vazio; tudo mais é especulação". Em violento contraste com Anaxágoras, sustentou que a matéria não é infinitamente divisível, mas formada por corpos minúsculos, indivisíveis, que denominou "átomos" ("indivisíveis", em grego). Os átomos são infinitos em número, em forma e variedade e não passam a existir nem deixam de existir. Movimentam-se a esmo, como grãos de poeira num raio de sol quando não há vento. Sua colisão pode levá-los a ricochetear ou a constituir aglomerados que formam os objetos de nossa percepção. A teoria de Demócrito é puramente mecanicista, pois ele não dá qualquer explicação para a causa ou o propósito dos átomos. Talvez por essa razão, Platão não o mencione uma única vez.

Os Sofistas

Os sofistas formavam um grupo de oradores e mestres itinerantes que viveram na Grécia, particularmente em Atenas, na segunda metade do século V a.C. Ensinavam retórica e filosofia, além de uma ampla gama de outras matérias, e cobravam taxas de seus alunos, que eram com frequência jovens ricos com ambições de ocupar cargos públicos. Os sofistas tipicamente se vangloriavam de que, como peritos em retórica, podiam "fazer o argumento mais fraco parecer o mais forte". O conhecimento que temos deles nos foi passado principalmente por intermédio de Platão e de seu discípulo Aristóteles, que não tinham muita consideração por eles e muito provavelmente os apresentavam sob uma luz desfavorável. O grupo dos sofistas era formado por Protágoras, Górgias, Pródico, Hípias, Trasímaco,

Cálicles e Eutídemo – todos personagens dos diálogos de Platão. Só os primeiros três são discutidos aqui.

Segundo Platão, Protágoras de Abdera (c.490-420 a.C.) foi de fato o primeiro sofista e cobrava taxas extorsivas pelos seus serviços. Diz-se que Protágoras, certa vez, aceitou um discípulo, Euatlo, combinando que seria pago assim que Euatlo ganhasse sua primeira causa no tribunal. Euatlo, entretanto, jamais ganhou uma causa, e Protágoras acabou por processá-lo por não pagamento. Protágoras afirmou que, se ganhasse a causa, seria pago e, se Euatlo ganhasse, seria pago da mesma maneira, pois Euatlo teria ganho uma causa. Euatlo replicou que, se ele ganhasse a causa, não teria de pagar, e se Protágoras ganhasse a causa, não teria de pagar da mesma maneira, pois ainda não teria ganho uma causa. Protágoras morou um período em Atenas e em 444 a.C. seu amigo Péricles convidou-o a escrever a constituição da colônia ateniense de Thuri, que havia sido recentemente fundada. Protágoras foi tanto um relativista quanto um agnóstico e, desse modo, uma figura controvertida, se não herética. É famosa sua afirmação de que "o homem é a medida de todas as coisas". Sua obra perdida, *Sobre os Deuses*, se iniciava com um trecho memorável e muitas vezes citado:

> *A respeito dos deuses, não posso ter certeza de que existem ou não, nem de como seria o seu aspecto; pois muitas coisas tornam difícil o conhecimento deles, da obscuridade do assunto à brevidade da vida humana.*

Protágoras representou uma passagem da filosofia natural de seus predecessores para a filosofia humana. Seu relativismo, particularmente na esfera moral, pode ter instigado a busca de Platão por uma âncora moral, culminando no conceito de formas permanentes e transcendentes.

Górgias (487-376 a.C.) nasceu em Leontinos, na Sicília, onde pode ter sido discípulo de Empédocles. Mudou-se para Atenas com a idade relativamente avançada de 60 anos, mas viveu até quase 110 anos, provando assim que a vida filosófica, se não é a melhor, é pelo menos a mais longa. Em *Sobre a Natureza ou o não Existente*, usou suas habilidades retóricas para sustentar que nada existe, ao mesmo tempo refutando e parodiando a tese eleata. Sua argumentação cética é com frequência resumida na forma de um trilema:

1. Nada existe;
2. mesmo que alguma coisa existisse, não poderia ser conhecida; e
3. mesmo que pudesse ser conhecida, esse conhecimento não poderia ser comunicado a outros.

Assim, tudo que pode ser investigado é o próprio *logos*, visto que é a única coisa que pode ser conhecida. No *Elogio de Helena*, Górgias tentou reabilitar a reputação de Helena de Troia, fazendo o argumento mais fraco parecer o mais forte. Sustentou que Helena sucumbiu ao amor, à força física (o rapto por Páris) ou à persuasão verbal (*logos*); em qualquer hipótese, não poderia ser considerada responsável por suas ações. É famosa a equiparação feita por Górgias entre o efeito do logos sobre a alma e o efeito das drogas sobre o corpo. Ele escreveu: "Assim como diferentes drogas trazem à tona diferentes humores do corpo – algumas interrompendo uma doença, outras, a vida –, o mesmo ocorre com as palavras: algumas causam dor, outras, alegria, algumas provocam o medo, outras incitam a coragem em seus ouvintes, outras, ainda, entorpecem e enfeitiçam a alma com crenças nocivas".

Pródico de Cós (465-415 a.C.) chegou a Atenas como embaixador de Cós. Caracterizado por Aristófanes como um "riacho tagarela", privilegiou a linguística em vez da retórica, insistiu sobre o uso correto das palavras e a distinção precisa entre sinônimos próximos. Em Platão, ele é frequentemente ridicularizado por Sócrates por causa de seu pedantismo e do amor ao dinheiro.

Claro, se eu tivesse assistido ao ciclo de palestras de cinquenta dracmas de Pródico, depois do qual, como ele mesmo diz, a pessoa fica totalmente instruída sobre este assunto, não haveria nada para impedir que descobríssemos de imediato a verdade sobre a correção das palavras; mas só frequentei o curso de uma dracma e por isso não sei qual é a verdade sobre tais matérias.

Platão, *Crátilo*

III. Sócrates

*A imagem habitual que se faz de Sócrates é
a de um plebeuzinho feio que inspirou um jovem
nobre e belo a escrever longos diálogos
sobre grandes temas.*

Richard Rorty

O "verdadeiro" Sócrates está envolto em mistério, visto que não deixou uma coleção de escritos de sua autoria e não existe relato estritamente histórico de sua vida e de seu pensamento. As três fontes principais sobre Sócrates são seus discípulos Platão e Xenofonte e também o comediante Aristófanes. Essas fontes não reivindicam precisão histórica, e as descrições que nos dão de Sócrates são sem a menor dúvida influenciadas pelas tendências e agendas de seus autores. A fonte mais rica a respeito de Sócrates é Platão, em cujos escritos é sempre duvidoso se o personagem Sócrates é o verdadeiro Sócrates ou o boneco de um ventríloquo. Concorda-se em geral que, à medida que o pensamento de Platão se desenvolvia, o personagem Sócrates se tornava cada vez menos o verdadeiro Sócrates e cada vez mais o boneco de um ventríloquo.

Sócrates nasceu em Atenas, em 469 a.C., após a derrota final dos persas em Plateia e Mícale e antes do início das guerras do Peloponeso contra Esparta e seus aliados. Segundo Platão, o pai de Sócrates, Sofronisco, foi pedreiro, e a mãe,

Fenarete, parteira. Sócrates foi criado durante o governo de Péricles, no auge da hegemonia imperial de Atenas. Desenvolveu-se como um homem feio: de baixa estatura, barrigudo, com nariz achatado e olhos esbugalhados. No *Teeteto*, Sócrates pede que o geômetra Teodoro lhe diga quais dos jovens de Atenas estava "dando sinais de que seria bom para dialogar". Teodoro imediatamente indica Teeteto, filho de Eufrônio de Sunium, a quem ele descreveu a Sócrates como "parecido com você, de nariz chato, com olhos que se projetam; embora esses traços não sejam tão pronunciados nele".

Sócrates se casou com Xantipa, uma megera, mas uns quarenta anos mais nova que ele. Segundo Xenofonte, Socrátes se casou com ela porque "quem pode tolerar seu espírito, pode com facilidade se afeiçoar a todos os outros seres humanos". Segundo Eliano, ela um dia pisoteou um bolo que fora enviado para Sócrates por seu *eromenos* Alcibíades, o famoso, ou melhor, o infame estadista e general ateniense. "Xantipa" entrou na nossa língua como um termo que designa uma mulher geniosa, embora o próprio Platão a retrate como nada mais que uma esposa devotada e mãe dos três filhos de Sócrates: Lamprocles, Sofronisco e Menexeno. No *Banquete*, Alcibíades diz que Sócrates é louco por belos rapazes, indo constantemente atrás deles "num perpétuo deslumbramento". Contudo, também diz que Sócrates se importa muito pouco com o fato de uma pessoa ser bonita, rica ou famosa: "Considera todas essas qualidades com desprezo e é também exatamente assim que considera todos nós".

Um amigo de Sócrates, Querefonte, um dia perguntou ao oráculo de Delfos se havia algum homem mais sábio que Sócrates, e a pitonisa (sacerdotisa) respondeu que ninguém era mais sábio. Para descobrir o significado desse pronunciamento divino, Sócrates questionou uma série de homens sábios e, em cada caso, concluiu: "É provável que eu tenha uma pequena margem a mais de sabedoria que ele, na medida em que não penso que sei o que não sei". Daí em diante, Sócrates dedicou-se ao serviço dos deuses investigando qualquer um que pudesse ser sábio e, "se não o fosse, mostrando-lhe que não era". Na *Apologia*, ele diz que os deuses o prenderam a Atenas como um grande e nobre cavalo que "precisasse ser despertado por uma espécie de mosca varejeira". No *Banquete*, Alcibíades diz de Sócrates que

> *(...) ele faz parecer que minha vida não vale a pena ser vivida! (...) Sempre me pega, você sabe como é, e me faz admitir que minha carreira política é uma perda de tempo, enquanto tudo que importa é justamente o que mais negligencio: minhas deficiências pessoais, que clamam pela maior atenção. Então me recuso a ouvi-lo;*

tapo os ouvidos e me obrigo a sair de perto dele, pois, como as Sereias, ele poderia me fazer ficar do seu lado até eu morrer.[1]

Segundo Platão, Sócrates dedicou-se inteiramente a discutir filosofia, sem jamais ter aceito pagamento por isso. Não está claro como ganhava a vida, mas uma combinação de parcas necessidades e amigos ricos pode ter sido suficiente para resolver sua situação. Sócrates raramente afirmava ter algum conhecimento real, e quando o fazia, era sempre porque o aprendera com outra pessoa ou porque fora divinamente inspirado. Por exemplo, afirmava ter aprendido a arte do amor com a filósofa e sacerdotisa Diotima, de Mantineia, e a arte da retórica com Aspásia, a hetaira amante de Péricles. É bem conhecido como, no *Teeteto*, Sócrates se compara a uma parteira que assiste não o trabalho do corpo, mas o trabalho da alma, ajudando outros a "descobrir dentro de si mesmos a multidão de coisas belas que dão à luz". Quando Sócrates pede que Teeteto defina conhecimento, este afirma que nunca havia encontrado uma resposta adequada para a questão e que não podia parar de se preocupar com ela. Sócrates lhe diz: "Sim; são as dores do parto, caro Teeteto. Acontecem porque você não está estéril, mas grávido". O método de Sócrates, o célebre "elenchus" ou método socrático, consiste em questionar uma ou mais pessoas sobre certo conceito – por exemplo, coragem ou sobriedade –, de modo a expor uma contradição em seus pressupostos iniciais acerca do conceito, provocando assim uma reavaliação do conceito. Como é repetido, o processo leva a uma definição cada vez mais precisa ou refinada do conceito ou, na maioria das vezes, à conclusão de que o conceito não pode ser definido e que, por conseguinte, nada sabemos.

No *Fedro*, Sócrates diz que há dois tipos de loucura, uma que resulta de enfermidade humana e a outra que resulta de uma libertação divinamente inspirada do comportamento normalmente aceito. Essa forma divina de loucura tem quatro partes: inspiração, misticismo, poesia e amor. Sócrates provavelmente acreditava que a loucura, como a virtude, é uma dádiva dos deuses e que as duas estão intimamente ligadas.[2] Ele questionava frequentemente a doutrina dos sofistas, na qual se afirmava que a virtude pode ser ensinada, e observava que homens virtuosos raramente, ou nunca, geram filhos que se equiparem a eles em excelência. Para Sócrates, virtude e conhecimento são uma só coisa, uma vez que ninguém que realmente conhece o melhor curso de ação pode deixar de escolhê-lo

---

1. Traduzido por Alexander Nehamas e Paul Woodruff.

2. Esse assunto é investigado de forma mais completa em meu livro *The Meaning of Madness*.

e todo o malfeito resulta da ignorância. Embora Sócrates raramente declarasse ter qualquer conhecimento real, ele de fato afirmava ter um *daimonion* ou *dáimon*, ou seja, "alguma coisa divina", uma voz interior ou um instinto que o impedia de cometer erros graves, como o de se envolver em política. No *Fedro*, ele diz:

> *A loucura, desde que venha como dádiva do céu, é o canal pelo qual recebemos as maiores bênçãos... Os homens de tempos antigos, que deram às coisas seus nomes, não viam desonra ou desgraça na loucura; do contrário, não a teriam associado ao nome da mais nobre das artes, a arte de desvendar o futuro, que chamaram de arte maníaca*... Portanto, segundo o testemunho fornecido por nossos antepassados, a loucura é uma coisa mais nobre que o sentimento de sobriedade... A loucura vem de Deus, enquanto o sentimento de sobriedade é meramente humano.[3]*

Vários diálogos de Platão se referem ao serviço militar de Sócrates. Sócrates serviu no exército ateniense durante as campanhas de Potideia (432 a.C.), Délio (424 a.C.) e Anfípolis (422 a.C.), e essas foram mais ou menos as únicas vezes em que ele deixou Atenas. No *Laques*, Laques recorre a Sócrates em busca de conselho em virtude de seu comportamento corajoso durante a retirada de Délio. No *Banquete*, Alcibíades diz que Sócrates, sem nenhuma ajuda, salvou sua vida em Potideia e que enfrentou as durezas da campanha "muito melhor que qualquer um em todo o exército".

Na *Apologia*, Sócrates diz que "um homem que realmente luta por justiça deve levar uma vida privada, não pública, se pretende sobreviver ao menos por um pequeno período". Ele cita o momento, em 406 a.C., em que estava presidindo a reunião da assembleia e se opôs sozinho ao julgamento em conjunto dos generais que, após a batalha de Arguinusas, deixaram de recolher, em consequência de uma violenta tempestade, os sobreviventes atenienses. Na época, os oradores estiveram à beira de processá-lo e afastá-lo dos trabalhos, embora mais tarde todos tenham percebido que o processo seria ilegal. Sócrates também cita o momento, em 404 a.C., em que os Trinta Tiranos pediram que ele e quatro outros trouxessem o inocente Leon de Salamina para ser executado e só ele se recusou a obedecer, embora sua recusa pudesse ter lhe custado a vida.

---

* Isto é, arte da *maniké*, mania. "Os contemporâneos, que não entendem as belas palavras, introduziram... um 't', transformando-a em *mantiké*, a arte divinatória." – *Fedro*, Martin Claret, São Paulo, 2001, p. 80. (N. do T.)

3. Traduzido por Walter Hamilton.

Em 399 a.C., aos 70 anos, Sócrates foi indiciado por Meleto, Ânito e Lícon por ofender os deuses olímpicos e, portanto, desrespeitar a lei contra a impiedade. Foi acusado de "estudar coisas no céu e debaixo da terra", "transformar o pior argumento no argumento mais forte" e "ensinar essas mesmas coisas a outros". A base real para o indiciamento de Sócrates pode ter sido suas inclinações antidemocráticas e sua íntima associação com aristocratas como Crítias e Cármides, que tinham sido figuras de destaque no reino de terror oligárquico. Contudo, o comportamento que teve quando se defrontou com as exigências dos Trinta Tiranos sugere que colocava sua ética muito acima de sua política.

Na *Apologia*, Sócrates faz uma defesa desafiadora, insinuando que os jurados deviam se sentir envergonhados de sua avidez de possuir o máximo possível de riqueza, reputação e honrarias, ao mesmo tempo que não se importavam nem davam atenção à sabedoria, à verdade ou à melhor condição possível de suas almas. Num floreio aristocrático, ele insiste que a "riqueza não traz a excelência, mas a excelência torna a riqueza e todas as outras coisas boas para os homens, tanto individual quanto coletivamente".[4] Depois de ser condenado e sentenciado à morte, ele diz aos jurados que foi sentenciado à morte não porque lhe faltassem palavras, mas porque lhe faltava a sem-vergonhice e a disposição de dizer o que, com o máximo prazer, teriam ouvido dele. "Não é difícil evitar a morte, cavalheiros; é muito mais difícil evitar a maldade, pois ela corre mais depressa que a morte."

Depois de ter sido sentenciado à morte, Sócrates teve uma oportunidade de fugir da prisão ateniense. No *Críton*, uma das principais justificativas que ele dá para o fato de não ter fugido é que, ao optar por morar em Atenas, tacitamente concordou em ser fiel às suas leis. No *Fedro*, que era conhecido pelos antigos como *Sobre a Alma*, Sócrates prepara-se para morrer. Diz aos amigos que um filósofo despreza o corpo em favor da alma porque o justo, o belo ou a realidade de qualquer coisa não podem ser apreendidos por meio dos sentidos, mas só por meio do pensamento. Sócrates aconselha os amigos a não se tornarem "misólogos",* pois não existe mal maior do que fugir à conversa racional. Em vez disso, ele os incita a serem corajosos e ávidos por "atingir o insondável". Depois de brincar com o carcereiro, Sócrates bebe a venenosa cicuta. Suas famosas últimas palavras são: "Críton, devo um galo a Asclépio; será que você vai se lembrar de pagar a dívida?".[5]

---

4. Traduzido por GMA Grube.

* Pessoas que têm ódio à lógica, ao raciocínio. (N. do T.)

5. Um galo era sacrificado por pessoas doentes à espera de uma cura, e Sócrates provavelmente quis dizer que a morte é uma cura para os males da vida.

Depois de ser sentenciado, Sócrates disse aos jurados: "Vocês fizeram isso na crença de que podem evitar prestar contas de suas vidas, mas afirmo que é exatamente o oposto que vai lhes acontecer. Haverá mais gente para testá-los, gente que eu agora contive, mas vocês não repararam nisso".[6]

Seu discípulo Platão estava em pé na audiência.

---

6. Traduzido por GMA Grube.

IV. Platão e suas obras

Atiro a maçã, e se você está disposta a me amar, pegue-a e
compartilhe sua mocidade comigo; mas se os seus pensamentos
são o que torço para que não sejam, mesmo assim
pegue-a e reflita sobre como a beleza é efêmera.

Platão, *Epigramas*

Platão nasceu em Atenas ou possivelmente em Egina, em 428-7 a.C. A mãe, Perictioné, descendia de Sólon, e a linhagem do pai, Aristão, podia remontar a Codro, o último rei de Atenas. Perictioné era também irmã de Cármides e sobrinha de Crítias, ambos figuras de destaque entre os Trinta Tiranos. Os antigos afirmaram mais tarde que Aristão era meramente padrasto de Platão e que seu verdadeiro pai era Apolo, deus das artes, da luz e da verdade – de onde derivam os epítetos de "filho de Apolo" e "divino mestre" dados a Platão. Platão tinha dois irmãos mais velhos, Adimanto e Gláucon, e uma irmã, Potone. Depois da morte precoce de Aristão, Perictioné casou-se com o tio materno, Pirilampo, que fizera amizade com Péricles. Pirilampo e Perictioné tiveram um filho, Antifonte, que foi o segundo filho de Pirilampo e meio-irmão de Platão. Platão tinha uma tendência a basear-se nos parentes ilustres para criar personagens em seus diálogos. Assim, há um diálogo batizado com o nome de Cármides; Crítias aparece em *Cármides*; Protágoras, Adimanto e Gláucon aparecem em *A República*, e Antifonte, em *Parmênides*.

Segundo a lenda, quando Platão, ainda criança de berço, estava dormindo num caramanchão de murta no Monte Himeto, abelhas pousaram em seus lábios, vaticinando as palavras doces que um dia fluiriam pela sua boca. Platão foi batizado com o nome do avô, Arístocles, mas seu treinador de luta livre, Aristão de Argos, apelidou-o de "Platão" ou "largo", por causa da largura de seus ombros. Também se afirma que o nome teria resultado do tamanho de sua testa ou da amplitude de sua eloquência. Tanto Crítias quanto Cármides eram amigos de Sócrates, por isso Platão foi provavelmente confiado a Sócrates quando jovem. Antes disso, Platão havia recebido instrução de Crátilo, que fora discípulo de Heráclito.

Foi declarado que Sócrates, num sonho, viu em seus joelhos um cisne que repentinamente abriu a plumagem e esvoaçou depois de soltar um pio alto e doce. E no dia seguinte, Platão lhe foi trazido como discípulo, após o que Sócrates reconheceu nele o cisne de seu sonho.

Diógenes Laércio, *Vidas e Doutrinas de Filósofos Ilustres*

Platão serviu no exército ateniense de 409 a 404 a.C., mas estava de olho em uma carreira política, não militar. Em 404 a.C., foi convidado a ingressar no governo dos Trinta Tiranos, mas não aceitou, desgostoso com sua opressão e a violência e, em particular, por causa da tentativa de envolver Sócrates na captura de Leon de Salamina. Na batalha de Muníquia, em 404 ou 403 a.C., os atenienses democratas no exílio derrotaram as forças dos Trinta Tiranos e tanto Crítias quanto Cármides foram mortos. Platão mais uma vez pensou na carreira política, mas a execução de Sócrates em 399 a.C. fez com que ficasse inteiramente desiludido com a política ateniense.

Em seguida à morte de Sócrates, Platão deixou Atenas e viajou para o Egito, a Sicília e a Itália, onde entrou em contato com alguns pitagóricos e aderiu à crença de que o estudo da matemática era a chave para compreender a estrutura e a ordem do universo. Na Sicília, fez amizade com o filósofo Dion e foi apresentado ao cunhado deste, Dionísio I, de Siracusa. Retornando a Atenas em 387 a.C., Platão fundou uma escola de ciência e filosofia num local chamado "Academia" em homenagem ao lendário herói ateniense Akademo. A escola tornou-se conhecida como Academia, e Platão ficou sendo seu diretor ou *escolarca* até sua morte, cerca de quarenta anos mais tarde.

Após a morte de Dionísio I em 367 a.C., Dion convidou Platão a voltar a Siracusa para servir de tutor a Dionísio II e transformá-lo no tipo de rei filósofo descrito na *República*. Platão nunca acalentou grandes esperanças acerca do dissoluto Dionísio II, mas sentia-se ligado a Dion e não queria ser "apenas um homem de teorias". Em 366 a.C., Dionísio II acusou Dion de conspiração e expulsou-o, depois do que Platão foi mantido, durante algum tempo, em semicativeiro. Por insistência de Dionísio II, e esperando influir na reabilitação de Dion, Platão retornou a Siracusa em 361 a.C., onde sem dúvida mais uma vez se lembrou de Sócrates, de sua crença de que a virtude não podia ser ensinada e de sua relutância – divinamente inspirada – a se envolver em política.

Quando morreu, em 348-7 a.C., Platão foi sucedido como escolarca da Academia não por Aristóteles, seu discípulo de 20 anos, mas pelo filho de sua irmã, Speusipo, que foi por sua vez sucedido por uma longa série de filósofos ilustres. A Academia sobreviveu de uma forma ou de outra por uns novecentos anos[7] até ser fechada pelo imperador cristão Justiniano, em 529 d.C., data que é frequentemente citada como o fim da Antiguidade clássica.

Obras

Tradicionalmente, têm sido atribuídos 35 diálogos a Platão, embora estudiosos modernos ponham em dúvida a autenticidade de seis (*Segundo Alcibíades, Hiparco, Amantes Rivais, Teages, Minos* e *Epínomis*) e não cheguem a um acordo sobre a autenticidade de três (*Primeiro Alcibíades, Hípias Maior* e *Clitófon*). Os 35 diálogos estão distribuídos em tetralogias segundo um esquema concebido por Trasilo, um estudioso de Platão, natural de Alexandria e astrólogo da corte do imperador romano Tibério (42 a.C-37 d.C.). O 36º registro, isto é, o quarto registro da nona tetralogia, consiste de treze "Cartas".

I. *Eutífron, Apologia, Críton, Fédon*
II. *Crátilo, Teeteto, Sofista, Político*
III. *Parmênides, Filebo, O Banquete, Fedro*
IV. *Primeiro Alcibíades, Segundo Alcibíades, Hiparco, Amantes Rivais*
V. *Teages, Cármides, Laques, Lísis*
VI. *Eutidemo, Protágoras, Górgias, Mênon*
VII. *Hípias Maior, Hípias Menor, Íon, Menexeno*
VIII. *Clitófon, A República, Timeu, Crítias*
IX. *Minos, Leis, Epínomis, Epístolas*

---

7. Mais tempo que, até agora, a University of Oxford.

Trasilo não incluiu em seu esquema tetralógico os diálogos que foram transmitidos sob o nome de Platão, mas cuja autenticidade foi posta em dúvida já na Antiguidade. Mencionados como *Notheuomenoi* (espúrios) ou *Apocrypha*, eles incluem Axíoco, Definições, Demódoco, Epigramas, Erixias, Halcion, Da Justiça, Da Virtude e Sísifo.

O esquema tetralógico de Trasilo está baseado em diferentes fatores e não pretende apresentar os diálogos na ordem provável de elaboração por Platão. Hoje, os diálogos são frequentemente classificados, de um modo aproximado, em três grupos: "da juventude", "da maturidade" e "tardios", com base em sua ordem presumível de elaboração e com a intenção de traçar o desenvolvimento provável do pensamento de Platão. Para determinar a ordem de elaboração dos diálogos, os estudiosos contam com quase certezas históricas, referências internas e comparações de formato, conteúdo e estilo. Contudo, a ordem da elaboração dos diálogos continua a provocar muito debate e muita controvérsia.

A autoria de Platão provavelmente abarcou uns cinquenta anos: da morte de Sócrates, em 399 a.C., até a sua própria morte, em 348-7 a.C. Os diálogos do grupo da juventude são relativamente curtos. São às vezes mencionados como diálogos socráticos porque apresentam mais do "verdadeiro" Sócrates, tipicamente discutindo temas éticos com amigos ou com um suposto perito. Sócrates usa o *elenchus* para demonstrar aos interlocutores que eles não compreendem realmente o tema em discussão e para estimular o leitor a participar do processo de raciocínio e, talvez, a chegar a uma conclusão independente. Exemplos de temas em discussão são a coragem, como no *Laques*, ou a sobriedade, como no *Cármides*. O grupo da juventude também inclui alguns componentes girando em torno do julgamento e da execução de Sócrates, a saber, *Eutífron, Apologia* e *Críton*. O *Protágoras, Górgias* e *Mênon* são considerados diálogos da juventude em transição ou diálogos do período de maturidade. Assim, podemos ver o grupo de diálogos da juventude, que era composto de *Eutífron, Apologia, Críton, Alcibíades, Laques, Cármides, Lísis, Íon, Hípias Maior, Hípias Menor, Menexeno, Protágoras, Górgias* e *Mênon*.

Com base nesses pontos de partida, Platão gradualmente elaborou distintas ideias filosóficas, como sua Teoria das Formas, que é desenvolvida em diálogos da maturidade, como *O Banquete, Fédon* e *A República*. Acredita-se que nesses diálogos o personagem Sócrates seja menos o verdadeiro Sócrates e mais um porta-voz de Platão; e é consequentemente mais didático, apresentando doutrinas positivas, não mais um conteúdo meramente para questionar e refutar. Podemos ver o grupo de diálogos da maturidade composto de *Eutidemo, Crátilo, Fedro, O Banquete, Fédon, A República, Parmênides* e *Teeteto*.

Comparados aos diálogos da juventude e da maturidade, os diálogos posteriores são mais extensos e mais filosoficamente desafiadores, mas desprovidos de força dramática. O personagem Sócrates deixa de tomar parte ativa na conversa, que lembra agora mais uma conferência *ex cathedra* do que um diálogo. Com exceção do *Timeu*, a Teoria das Formas está ausente ou é periférica, sugerindo que talvez tenha sido abandonada por Platão. Podemos ver o grupo de diálogos posteriores composto de *Sofista, Político, Filebo, Timeu, Crítias e Leis. Leis* é o último e mais longo dos diálogos de Platão e ainda não havia sido publicado no momento de sua morte.

A Paginação Stephanus

Edições e traduções modernas de Platão empregam um sistema de referências e organização chamado paginação Stephanus, baseado numa edição de Platão feita em 1578 por Henricus Stephanus (Henri Estienne). O texto é dividido em números que se referem aos números de página da edição de 1578, e cada número é posteriormente dividido em seções iguais: *a, b, c, d e e*. Como a edição de 1578 se estende por vários volumes, os números de página se repetem e devem ser usados associados a um título para dar uma indicação específica. Um exemplo é "Banquete 197a", no qual pode ser encontrada a frase: "Aquele que o Amor toca não anda na escuridão".

Influência

Após a morte de Platão, a Academia sobreviveu, de uma forma ou de outra, por cerca de novecentos anos, até ser fechada pelo imperador cristão Justiniano, em 529 d.C. Como parte de seu programa para impor uma ortodoxia cristã, Justiniano emitiu um decreto declarando: "Doravante, ninguém jamais dará cursos de filosofia ou explicará as leis em Atenas". Àquela altura, o platonismo já havia exercido uma profunda influência sobre o desenvolvimento do pensamento cristão. No primeiro século d.C., Filo de Alexandria conciliou a filosofia grega e o judaísmo, querendo fornecer ao judaísmo uma base filosófica. O exemplo de Filo, por sua vez, inspirou antigos filósofos cristãos, como Orígenes e Santo Agostinho, que consideravam o platonismo e o neoplatonismo como os melhores instrumentos disponíveis para compreender e defender os ensinamentos da Escritura e a tradição da Igreja. "Neoplatonismo" é o termo moderno para uma escola de filosofia religiosa e mística que tomou forma no século III, fundada por Plotino e baseada no platonismo. Nesse contexto, a importância específica do neoplatonismo é que sua dimensão mística tornou-o, e por conseguinte tornou o platonismo, compatível com o monoteísmo.

Durante a época medieval, o único escrito de Platão a que os filósofos escolásticos do Ocidente tinham acesso era uma incompleta tradução latina do *Timeu*. Contudo, o estudo de Platão continuava no Oriente, onde filósofos persas e árabes, como Al-Farabi, Avicena e Averróis, escreveram extensos comentários sobre seus textos. Os escritos de Platão foram reintroduzidos no Ocidente pelo filósofo platônico bizantino Jorge Gemistos Pleton, cujas palestras em Florença levaram Cosimo de Médici a fundar a *Accademia Platonica*, em 1462. Cosimo de Médici nomeou Marsílio Ficino como diretor da Academia e encarregou-o de traduzir todos os escritos de Platão para o latim. Essa tradução de Ficino reabilitou Platão e exerceu uma importante influência no movimento da Renascença, inclusive sobre o neto de Cosimo, Lourenço, o Magnífico. Ao contrário de seu discípulo Aristóteles, cujos escritos nunca foram perdidos, Platão estava interessado principalmente em filosofia moral e sustentava que a filosofia natural, isto é, a ciência, era um tipo de conhecimento inferior e sem valor. A obra-prima renascentista de Rafael, *A Escola de Atenas* (c.1511), descreve Platão e Aristóteles caminhando lado a lado, cercados por uma série de outros filósofos e personalidades da Antiguidade, incluindo Sócrates, Alcibíades e vários pré-socráticos. Um Platão idoso está segurando um exemplar do *Timeu* e apontando verticalmente para a majestosa abóbada sobre suas cabeças, enquanto um Aristóteles mais jovem segura um exemplar de seu *Ética a Nicômaco* e gesticula horizontalmente para os degraus aos pés deles. Como um encara o outro, podemos imaginar o Divino Mestre citando do *Timeu*: "A verdade está para a crença como o ser para o 'vir a ser'". E o Filósofo, talvez, respondendo com uma citação da *Ética a Nicômaco*: "Platão é meu amigo, mas a verdade é uma amiga ainda maior".

Em *Processo e Realidade* (1929), o filósofo Alfred North Whitehead escreveu que "a mais segura caracterização geral da tradição filosófica europeia é que ela consiste de uma série de notas de rodapé a Platão". Platão achava que só a filosofia pode trazer compreensão verdadeira, porque só ela examina as pressuposições e suposições que outras matérias simplesmente tomam como certas. Ele concebeu a filosofia como uma disciplina particular, definida por uma abordagem intelectual característica e capaz de levar o pensamento humano para bem longe dos domínios do senso comum ou da experiência cotidiana. Platão criou e trabalhou sistematicamente em todos os ramos básicos da filosofia, incluindo a epistemologia, a metafísica, a filosofia da religião, a estética, a ética e a filosofia política. O alcance e o poder de penetração inigualáveis de seus escritos, assim como o permanente apelo estético e emocional, conquistaram o coração e a mente de várias gerações de leitores. Ao contrário dos filósofos pré-socráticos que o precederam, Platão jamais falou com sua própria voz. Em vez disso, ofereceu aos leitores uma variedade de perspectivas a serem examinadas, deixando-os livres para tirarem suas próprias – às vezes, radicalmente diferentes – conclusões. "Ninguém" – disse ele – "jamais ensina bem quem quer ensinar ou governa bem quem quer governar."

SEÇÃO 2 –
DIÁLOGOS DE PLATÃO

CAPÍTULO 1

Alcibíades

(...) sua beleza, que não é você, está murchando,
justo quando seu verdadeiro eu está começando a florir.

O *Alcibíades* apresenta Sócrates numa conversa particular com um jovem Alcibíades que está prestes a ingressar na vida pública. Sócrates diz que, se Alcibíades pretende satisfazer a sua ambição e aconselhar os atenienses, deve então saber mais do que eles. Porque o aprendeu de outros ou porque o descobriu por si mesmo. Contudo, só pode ter se disposto a fazer uma coisa ou outra se houve um tempo em que julgava que não sabia o que agora supõe saber.

Sócrates pergunta sobre o que Alcibíades pretende aconselhar os atenienses. Observa que toda a instrução de Alcibíades consistia apenas em escrever, tocar a lira e lutar corpo a corpo e que, embora Alcibíades seja nobre, rico e tenha boa aparência, essas qualidades não o qualificam para aconselhar, a respeito de tudo, os atenienses. Por exemplo, não há dúvida de que um mestre de obras poderia aconselhar os atenienses melhor do que ele a respeito de construções, fosse o mestre de obras grande ou pequeno, rico ou pobre, bonito ou feio. Assim, se um homem há de dar bons conselhos sobre alguma coisa, não é porque tenha riquezas, mas porque tem conhecimento.

Alcibíades diz que pretende aconselhar os atenienses "sobre suas próprias preocupações", o que, ele então especifica, significa "guerra e paz" e "qualquer

51

outro assunto do Estado". Sócrates lhe pede para explicar o significado do "melhor" em termos de fazer guerra e paz e finge surpresa quando ele é incapaz de fazê-lo. Sócrates então sugere que o "melhor" em termos de fazer guerra e paz significa justiça; como Alcibíades afirma possuir perícia em justiça, sem nunca ter contado com um professor de justiça, deve sem dúvida tê-la descoberto por si mesmo. Contudo, ele só teria ficado inclinado a descobri-la se tivesse passado por um momento em que julgasse não saber o que agora supõe que sabe. Houve alguma vez um momento desses? Sócrates lembra que, quando Alcibíades era menino, costumava jogar dados e acusar os colegas de estarem sendo desonestos; isso sugere que, mesmo naquela época, ele achava que sabia o que era a justiça.

Como Alcibíades nunca tivera um professor de justiça e nunca a descobrira sozinho, não era possível que soubesse o que era a justiça. Quando Alcibíades sugere que ficou sabendo da justiça por meio da multidão, Sócrates replica: "Você se abriga sob ela? Não posso dizer muita coisa de seu professor". Sócrates então argumenta que, como essa multidão dificilmente poderia ensinar Alcibíades a jogar coisas como gamão, parece altamente improvável que lhe pudesse ensinar algo tão complexo quanto a justiça. Alcibíades não concorda e salienta que fora com a multidão que aprendera o grego. Sócrates replica que ele só foi capaz de aprender o grego com a multidão porque as pessoas da multidão concordavam umas com as outras e consigo mesmas acerca das palavras gregas e assim se podia dizer que tinham conhecimento do grego. Contudo, as pessoas da multidão sem dúvida não concordam umas com as outras e consigo mesmas acerca da justiça e de fato não há outro assunto em que possam estar em tamanha discrepância: como as pessoas não vão à guerra e matam umas às outras com base nos princípios da saúde e da doença, o que deflagrou a Guerra de Troia, e muitas outras guerras além dela, foi uma discussão sobre os princípios da justiça e da injustiça. Por essa razão, Alcibíades não pode ter aprendido a justiça com a multidão e, como também não a aprendeu com um professor nem a descobriu por si mesmo, não pode de forma alguma saber o que é a justiça. "Na verdade, meu caro amigo, o plano que você acalenta de ensinar o que não sabe, e não se esforçou minimamente para aprender, é uma completa insanidade."

Alcibíades responde que aquilo que os atenienses realmente querem saber dele não é qual curso de ação é o mais justo, mas qual curso de ação é o mais útil. A justiça e a utilidade têm de ser coisas diferentes, já que muita gente que age injustamente tira proveito disso e muita gente que age justamente nada alcança de bom. Sócrates responde que, mesmo que assim aconteça, Alcibíades não pode afirmar que sabe o que é útil, assim como não pode afirmar que sabe o que é justo.

Contudo, Alcibíades pode mesmo provar que o justo nem sempre é o útil? Quando Alcibíades deixa de apresentar uma prova, Sócrates se oferece para provar exatamente o contrário, desde que Alcibíades responda às suas perguntas. Alcibíades reclama que é Sócrates quem devia estar respondendo às perguntas dele, e tem lugar a seguinte troca de palavras:

S: *Ora, você não quer ser convencido?*
A: *Certamente, quero.*
S: *E o que é melhor que sua própria boca para convencê-lo?*
A: *Acho que nada.*

Sócrates então argumenta por meio de Alcibíades que, se tudo que é justo é honroso e tudo que é honroso é bom, todas as coisas justas são também boas. Alcibíades objeta que algumas coisas honrosas são más e algumas coisas desonrosas são boas; por exemplo, um homem que resgata um companheiro do campo de batalha pode ser morto no processo, ao passo que um homem que simplesmente foge pode ter a vida poupada. Sócrates diz que Alcibíades deve estar querendo dizer que embora resgatar um companheiro de um campo de batalha é bom na medida em que é honroso, é mau na medida em que pode resultar em morte. Mas como pode a mesma ação ser ao mesmo tempo boa *e* má? "Nada honroso, encarado como honroso, é mau; nem algo torpe, encarado como torpe, é bom." Aquele que age de maneira honrada age bem, o que age bem é feliz e assim os felizes são aqueles que conseguem o bem agindo bem e de maneira honrada. Tudo que vemos que é honroso, também vemos que é bom, e tudo que vemos que é bom, também vemos que é útil. Pois se tudo que é justo é honroso, e tudo que é honroso é bom, e tudo que é bom é útil, então tudo que é justo é também útil. A isso, Alcibíades responde: "Declaro solenemente, Sócrates, que não sei o que estou dizendo. Na verdade, entrei num estado estranho, pois quando você me faz perguntas, tenho diferentes pontos de vista em instantes sucessivos".

Sócrates diz que Alcibíades está desorientado acerca da justiça porque é ignorante acerca da justiça *e* não sabe que é ignorante acerca da justiça. Ao contrário, não está desorientado sobre como ascender ao céu porque, nesse caso, sabe que é ignorante acerca de como ascender ao céu. Por conseguinte, um homem não precisa ficar desorientado acerca daquilo de que é ignorante, desde que saiba que é ignorante da coisa. Por outro lado, se acha que sabe o que de fato não sabe, cometerá erros e seus maiores erros estarão relacionados com as questões mais importantes, isto é, as questões do justo, do honroso, do bom e do útil.

Meu bom amigo, você está preso à ignorância do tipo mais vergonhoso e disso foi convencido, não por mim, mas por sua própria boca e por sua própria argumentação; é por essa razão que se atira na política antes de estar instruído. Tampouco seu caso é para ser considerado singular. Pois eu poderia dizer o mesmo de quase todos os nossos políticos, com exceção, talvez, de seu tutor, Péricles.

Sócrates argumenta que um homem que é sábio em alguma coisa deveria ser capaz de partilhar sua sabedoria e, desse modo, dar uma excelente prova dela. Péricles, porém, nunca tornou ninguém sábio, nem mesmo os dois filhos, Xântipo e Páralo, ou os dois protegidos, Alcibíades e seu irmão Cleinias. Alcibíades promete que, com a ajuda de Sócrates, irá se esforçar ao máximo para conseguir se sair melhor que os outros políticos. Sócrates ressalta que os verdadeiros rivais de Alcibíades não são outros políticos, mas os lacedemônios e os reis persas, que só poderão ser um dia vencidos por muito trabalho, perícia e pela observância da inscrição "conhece-te a ti mesmo" de Delfos.

O objetivo de fazer esforços tão grandes é alcançar a virtude dos homens bons, mas o que é essa virtude? Talvez um homem seja bom com relação àquilo em que é sábio e mau com relação àquilo em que é ignorante. Contudo, se fosse assim, um sapateiro que fosse sábio com relação a fazer sapatos e ignorante com relação a fazer peças de roupas seria ao mesmo tempo bom e mau, o que é impossível. Quem sabe se um homem não é bom na medida em que seja capaz de governar a cidade, isto é, governar outros homens que se relacionam entre si? Alcibíades se esforça ao máximo para explicar a virtude dos homens bons e alternadamente sugere que corresponde "à melhor ordem e à preservação da cidade", que é "amizade e acordo" e que ocorre "quando alguém faz seu trabalho".

> A: *Mas, na verdade, Sócrates, não sei o que estou*
> *dizendo; e estou há muito tempo, sem disso ter consciência,*
> *num estado extremamente vergonhoso.*
> S: *Mesmo assim, coragem; se você tivesse descoberto*
> *sua deficiência aos 50 anos, já estaria*
> *velho demais e o tempo para cuidar de*
> *si mesmo teria passado, mas você*
> *está exatamente na idade em que a descoberta deve ser feita.*

Então, Sócrates pergunta: qual é o sentido de um homem cuidar de si mesmo? Certamente, a arte não é do tipo que torna alguma de nossas posses melhor, mas do tipo que torna melhores a nós mesmos. Assim como não podemos saber que arte torna um sapato melhor se não conhecermos um sapato, também não podemos saber que arte nos torna melhores se não conhecermos a nós mesmos. O autoconhecimento, contudo, é uma coisa difícil que poucos conseguem alcançar. O homem é uma das três coisas: corpo, alma ou corpo e alma juntos. O homem usa o corpo como um harpista usa a harpa, e, assim como um harpista não é sua harpa, o homem não é seu corpo. Se o homem não é seu corpo e no entanto tem domínio sobre ele, então talvez ele seja corpo e alma juntos. Isso parece impossível, pois como poderiam corpo e alma governar unidos quando o corpo está tão evidentemente submetido à alma? Por conseguinte, ou o homem não tem existência real ou o homem é alma. "E se a prova, embora não perfeita, for suficiente, nos daremos por satisfeitos..." Quando um homem desafia outro a se conhecer, está querendo que ele conheça sua alma. Nem o médico, nem o treinador, nem qualquer artesão conhece sua alma, razão pela qual suas artes são consideradas vulgares e não seriam praticadas por um homem de bem. Aquele que trata o corpo com carinho trata com carinho não a si mesmo, mas aquilo que lhe pertence, e aquele que trata o dinheiro com carinho trata com carinho não a si mesmo nem aquilo que lhe pertence, mas aquilo que está uma jornada adiante de si mesmo. Aquele que ama a pessoa de Alcibíades não ama Alcibíades, mas o que Alcibíades possui, enquanto o que tem amor pela alma de Alcibíades é o verdadeiro amante. O amante do corpo vai embora quando murcha a flor da juventude, mas o amante da alma não vai embora, contanto que a alma continue perseguindo a virtude.

S: *E sou eu o amante que não vai embora, mas*
continua a seu lado quando você não é mais
jovem e os outros se foram?

A: *Sim, Sócrates; e a esse respeito você age bem, e*
espero que fique.

S: *Então deve tentar examinar o que você tem de melhor...*

(...) Amo você por você mesmo, enquanto outros
homens amam o que você possui; e sua
beleza, que não é você, está murchando,
justo quando seu verdadeiro eu está começando a florir.
E jamais o deixarei, se você não for
estragado e deformado pelo povo ateniense;
pois o perigo que mais temo é que você

se torne um amante do povo e seja
estragado por ele. Muito nobre ateniense tem
sido desse modo arruinado.

Para conhecermos a nós mesmos, então, devemos ter um conhecimento perfeito da alma. Mas como vamos obter esse conhecimento? Se alguém dissesse ao olho: "Veja a Ti Mesmo", o olho daria uma olhada num espelho para se ver. Sendo a pupila do olho como um espelho, um olho pode ver a si mesmo olhando num olho. Similarmente, a alma pode ver a si mesma olhando para a alma e, particularmente, para aquela parte da alma que tem maior relação com a sabedoria e que está, portanto, mais aparentada ao divino. O autoconhecimento, de fato, não é outra coisa além de sabedoria e, a não ser que o alcancemos, poderemos jamais conhecer nosso próprio bem e mal, nem o que nos pertence, nem o que pertence a nossos pertences, nem os pertences de outros e nem os negócios de Estados. Se aquele que não chegou ao autoconhecimento acabasse se tornando um estadista, cairia em erro, seria um desgraçado e transformaria todos em desgraçados. O que não é sábio não pode ser feliz, e é melhor para tal homem ser comandado por um superior em sabedoria. Como o que é melhor é também mais adequado, a escravidão é mais adequada para tal homem. E a condição de escravo é para ser evitada não com a ajuda de Péricles, nem mesmo com ajuda de Sócrates, mas com a ajuda de Deus.

CAPÍTULO 2

Laques

*Tomamos nossas decisões com base
no conhecimento, não em números.*

O *Laques* se inicia com Lisímaco e Melesias pedindo a Laques e Nícias conselho
sobre a questão de seus filhos deverem ou não ser treinados para lutar com armadura. Lisímaco é filho de Aristides, que foi um dos dez comandantes liderados
por Miltíades na batalha de Maratona. Melesias é filho de Tucídides, que durante
muitos anos fora o líder da facção conservadora ateniense. Os filhos de Lisímaco
e Melesias têm os nomes dos avós famosos, isto é, Aristides e Tucídides. Ao contrário de Aristides e Tucídides, Lisímaco e Melesias não são particularmente
ilustres; gostariam imensamente que os filhos não tivessem o mesmo destino
deles e vivessem de acordo com a honra ligada a seus nomes. Laques e Nícias são
dois ilustres generais atenienses. Em 421 a.C., Nícias conduziu negociações de
paz com Esparta, que levaram à chamada "Paz de Nícias". Ele foi executado oito
anos mais tarde, em seguida à completa derrota dos atenienses na batalha de
Siracusa. No *Laques*, Lisímaco e Melesias estão pedindo conselho a Laques e
Nícias pelo fato de serem generais ilustres e de já terem criado filhos. Laques
expressa surpresa por Lisímaco e Melesias não terem consultado Sócrates sobre
o assunto, já que Sócrates era não só um famoso mestre dos jovens, mas também

um brilhante exemplo de coragem. Laques recorda a conduta de Sócrates durante a retirada de Délio e diz que Atenas poderia ter saído vitoriosa se os demais atenienses tivessem se comportado como ele. Em vista disso, Lisímaco pede que Sócrates se junte à conversa.

Lisímaco pergunta a Sócrates se ele aprova o treinamento para lutar com armadura. Sócrates responde que ele próprio é relativamente jovem e inexperiente, que deviam ouvir primeiro Laques e Nícias para aprender com eles. Nícias diz que aprova o treinamento para lutar com armadura, já que se trata, sem dúvida, de uma forma de exercício físico. Além disso, inspira audácia e bravura na batalha; é útil na batalha, especialmente quando as fileiras são rompidas, e leva ao estudo da ciência da tática e daí ao estudo da "arte do general". Laques diz que é difícil argumentar contra o treinamento para a luta com armadura, já que, em teoria, parece uma boa ideia aprender tudo. Contudo, ele suspeita que a luta com armadura talvez não seja um verdadeiro tema de conhecimento ou, pelo menos, não um tema muito importante. De fato, conheceu vários homens que são peritos na luta com armadura, mas que nunca se distinguiram na guerra. Estesilao, por exemplo, parece ser um professor competente de luta com armadura, mas é tão pobre no campo de batalha que provoca o riso nos outros. A respeitada opinião de Laques é então que ele desaprova o treinamento para lutar com armadura.

Dado que Nícias e Laques estão em desacordo, Lisímaco pede que Sócrates dê o voto decisivo. Sócrates responde que "Tomamos nossas decisões com base no conhecimento, não em números", querendo dizer que as decisões deveriam ser baseadas no conhecimento, não no sentimento popular. Assim, eles devem primeiro averiguar se algum dos presentes é especialista no tema em debate, caso em que deveriam ouvir sua opinião e desconsiderar a de qualquer outro. Se nenhum dos presentes for especialista no tema em debate, devem então procurar alguém que seja. Sócrates lembra ao grupo que o tema em debate é, em última análise, muito importante, pois poderia determinar se os filhos de Lisímaco e Melesias se tornariam pessoas de valor, em vez de "envergonhar seus antepassados mostrando-se inúteis".

Mas antes mesmo de encontrar um especialista no tema em debate, devem descobrir a que realmente o tema diz respeito. Sócrates dá o exemplo de um homem que se aconselha sobre se devia ou não usar certo medicamento para passar nos olhos. Ele está se aconselhando sobre o medicamento ou sobre os olhos? Sócrates sustenta que sempre que um homem reflete sobre uma coisa em função de outra, está de fato se aconselhando não sobre a primeira, mas sobre a segunda coisa. Em outras palavras, devemos nos concentrar mais nos fins do que nos meios. Assim, o tema em debate é de fato a alma dos rapazes. Sócrates pergunta se algum dos presentes é perito no cuidado da alma e se teve bons mestres sobre a matéria.

Sócrates se descarta como especialista no cuidado da alma, dizendo que nunca pôde se dar ao luxo de ter um mestre no assunto, embora sempre tenha ansiado por um. Nícias e Laques, contudo, são ambos mais ricos e mais experientes que ele, tendo assim muito mais possibilidade de serem peritos no cuidado da alma. Sócrates pergunta se foram descobridores da arte ou se foram discípulos de alguém. E se tivessem sido uma coisa ou outra, quem, por meio de seus cuidados, já haviam transformado em homens de bem? Ninguém, diz ele, seria tão tolo a ponto de "se iniciar no ofício de oleiro com uma jarra de vinho" (sendo a jarra de vinho o recipiente maior).

Nícias está irritado com o espalhafatoso sarcasmo de Sócrates e diz que já faz algum tempo que percebeu que, se Sócrates estava presente, a conversa "não seria sobre os rapazes, mas sobre nós mesmos". Laques diz que é ao mesmo tempo um entusiasta e um inimigo dessas discussões. Gosta delas quando um homem é digno das palavras sábias que profere, pois então existe uma harmonia entre o homem e suas palavras. "E tal homem", diz ele, "parece-me genuinamente musical, produzindo a harmonia mais bela, não na lira ou em algum outro instrumento agradável, mas tornando sua própria vida harmoniosa ao ajustar seus feitos a suas palavras de um modo verdadeiramente dórico... a única harmonia que é autenticamente grega." A despeito de Sócrates já ter descartado a si próprio como especialista no cuidado da alma, Laques o convida a ensinar-lhes sobre o tema. A base para o convite está no fato de Laques ter tido experiência direta com os feitos de Sócrates e tê-los invariavelmente julgado virtuosos.

Mas em que, pergunta Sócrates, consiste a virtude? Como julga ambicioso demais investigar toda a virtude, ele resolve investigar só uma de suas partes, a saber, a coragem, já que a coragem é a parte da virtude que parece estar mais intimamente relacionada à luta com armadura. Sócrates interroga Laques a respeito da coragem, pedindo-lhe para explicar o que é a coragem. Laques acha que é uma questão fácil e responde que há coragem quando um homem está determinado a permanecer em seu posto e a defender-se do inimigo, como Sócrates fez em Délio. Sócrates argumenta que um homem que foge de seu posto também pode, às vezes, ser considerado corajoso. Dá os exemplos da cavalaria Cita, que lutava tanto em perseguição quanto em retirada, e do herói Eneias, que, segundo Homero, estava sempre fugindo em seus cavalos. Homero louvou Eneias por seu conhecimento do medo e chamou-o de "mestre do medo".

Laques diz que Eneias e a cavalaria Cita são casos relativos a cavaleiros e carros de guerra, não a hoplitas (soldados a pé). Sócrates então lhe dá o exemplo dos hoplitas espartanos na batalha de Plateia, que fugiram do inimigo, mas voltaram para lutar assim que as linhas inimigas foram rompidas. O que Sócrates realmente quer saber é o que é a coragem em cada caso, para o hoplita, para o cavaleiro, para guerreiros de todo tipo e também para os que "mostram coragem na doença e na pobreza", "são bravos diante da dor e do medo" e assim por diante. O que é que todos esses casos de coragem têm em comum? Por exemplo, a rapidez pode ser encontrada na corrida, na fala ou em tocar a lira e, em todos esses casos, "a rapidez" pode ser definida como "a capacidade de realizar muito em pouco tempo". Existe uma definição similar, específica de "coragem", para cada exemplo de coragem?

Laques define coragem como um tipo de resistência da alma. Sócrates diz que não pode ser assim, pois a resistência pode ser acompanhada pela insensatez em vez da sabedoria, situação em que é prejudicial. A coragem, ao contrário, é sempre uma coisa boa. Laques, então, revê sua definição e diz que a coragem é a resistência sensata. Quem, pergunta Sócrates, é o mais corajoso: o homem que está disposto a manter-se firme na batalha sabendo que está numa posição mais forte ou o homem no campo inimigo que está disposto mesmo assim a resistir? Laques admite que o segundo homem é sem dúvida o mais corajoso, embora sua resistência seja mais insensata que a do primeiro homem. Entretanto, a resistência insensata é ao mesmo tempo desonrosa e prejudicial, enquanto a coragem é sempre uma coisa boa, nobre.

A despeito da óbvia confusão, Sócrates insiste que eles deveriam perseverar na indagação "para que a própria coragem não se ria de nossa incapacidade de buscá-la corajosamente". Laques ainda acha que sabe o que é a coragem, mas não compreende por que não consegue expressá-lo em palavras. Nícias diz que um dia ouviu da boca de Sócrates que cada um de nós é bom com relação àquilo em que é sábio e mau com relação àquilo que ignora. Assim, a coragem deve ser uma espécie de conhecimento ou sabedoria. Se a coragem é uma espécie de conhecimento, pergunta Sócrates, ela é o conhecimento de quê? Nícias responde que a coragem é o conhecimento do que há de temível e de promissor na guerra e em qualquer outra esfera ou situação.

Laques acusa Nícias de "estar falando absurdos" e sustenta que a sabedoria é uma coisa diferente da coragem. A argumentação de Laques, diz Nícias, é motivada unicamente por um desejo de mostrar que Nícias está errado, porque um momento atrás provou-se que Laques estava errado e Laques não consegue aceitar que Nícias possa se sair melhor que ele. Para reforçar seu argumento, Laques pede que Nícias pense no caso de uma doença, quando o médico é o único que conhece de fato o que se deve temer, mas o paciente é o único que é corajoso. Nícias replica que o conhecimento de um médico significa apenas uma capacidade de descrever a saúde e a doença, enquanto o paciente tem o conhecimento de que a doença deve ou não ser mais temida que a recuperação. Em outras palavras, o paciente sabe o que deve ser temido e que esperança pode ter. Sócrates diz que se Nícias pretende dizer que a coragem é o conhecimento das razões do medo e da esperança, então a coragem é muito rara entre os homens, e os animais nunca poderiam ser chamados de "corajosos", mas no máximo de "afoitos". Nícias concorda com isso e acrescenta que o mesmo também se aplica às crianças: "Ou você acha realmente que chamo as crianças, que nada temem porque não têm juízo, de corajosas?".

Sócrates em seguida se propõe a investigar os fundamentos do medo e da esperança. O medo é produzido pela antecipação de coisas más, mas não por coisas más que aconteceram ou que estão acontecendo. Ao contrário, a esperança é produzida pela antecipação de coisas boas ou pela antecipação de coisas não más. Nícias concorda com Sócrates quando esse afirma que a coragem significa exatamente o conhecimento dessas coisas. Sócrates argumenta ainda que, para qualquer ciência do conhecimento, não há uma ciência do passado, nem uma do presente, nem do futuro: o conhecimento do passado, do presente e do futuro não são diferentes tipos de conhecimento, mas o mesmo tipo de conhecimento. Assim, a coragem não é simplesmente o conhecimento de coisas temíveis e de coisas promissoras, mas o conhecimento de todas as coisas, incluindo aquelas que estão no presente e no passado. Um homem que possuísse tal conhecimento não poderia ser descrito como de pouca coragem, mas também não poderia ser descrito como carente de quaisquer das outras virtudes, como a justiça, a piedade ou a sobriedade. Assim, ao tentar definir a coragem, que é uma parte da virtude, conseguiram definir a própria virtude. A virtude é conhecimento.

Nícias e Laques estão devidamente impressionados e concluem que Sócrates deveria cuidar da educação dos filhos de Lisímaco e Melesias. Sócrates responde que, embora fosse "uma coisa terrível não estar disposto a participar do empenho

61

em ajudar um homem a se tornar o melhor possível", ele ainda não compreende a virtude. Sugere, então, que continuem procurando o melhor mestre possível para os garotos e também para si mesmos. "E se alguém rir de nós por acharmos que vale a pena, na nossa idade, passar nosso tempo na escola, penso que devemos enfrentá-lo com o dito de Homero: 'O retraimento não é uma boa companhia para um homem necessitado.'"

CAPÍTULO 3

Cármides

Ele disse que a alma era tratada com certos encantamentos, meu caro
Cármides, e que esses encantamentos eram belas palavras.

O elenco do *Cármides* compõe-se de Sócrates, Crítias, amigo de Sócrates, e seu sobrinho e tutor do jovem Crítias, Cármides. Tanto Crítias quanto Cármides eram parentes de Platão, cuja mãe, Perictioné, era irmã de Cármides e sobrinha de Crítias. O diálogo tem lugar em 432 a.C., quando do retorno de Sócrates a Atenas depois do serviço militar na batalha de Potideia. Seu tema é a virtude da *sophrosyne*, geralmente traduzida como "sobriedade". *Sophrosyne* deriva de uma "alma ordeira" e é a virtude *por excelência* do aristocrata. Traduz-se num senso de dignidade, de autocomando e numa consciência dos legítimos deveres da pessoa com relação aos outros e com relação a si mesma. O fato, porém, de tanto Cármides quanto Crítias se tornarem mais tarde famosos pelo envolvimento com os Trinta Tiranos não deve ser desprezado pelos leitores. Os dois morreram na batalha de Muníquia, em 404 ou 403 a.C., lutando contra as forças dos democratas atenienses no exílio.

O cenário do *Cármides* é a Palestra de Táureas,* um dos velhos refúgios de Sócrates. Ele havia acabado de retornar a Atenas depois do serviço na batalha de Potideia e fora recebido por um grupo de velhos amigos e conhecidos, que lhe fizeram um rosário de perguntas sobre o exército e a batalha. Sócrates por sua vez pergunta sobre a situação de Atenas e se há jovens particularmente sábios ou belos. Crítias fala a Sócrates sobre Cármides, que entra seguido por um grupo de admiradores. Sócrates fica impressionado com a beleza de Cármides e convence Crítias a chamá-lo. Quando Cármides se senta, Sócrates vê de relance o "interior de seu traje" e sente despertar nele um "apetite de animal selvagem". Cármides vinha sofrendo de dores de cabeça e Sócrates lhe fala sobre um encantamento para dor de cabeça que recentemente aprendera com um dos médicos místicos do rei da Trácia. Segundo aquele médico, porém, era melhor curar a alma antes de curar o corpo, pois saúde e felicidade dependem em última análise do estado da alma.

Como a sobriedade é o indicador da saúde da alma, Sócrates pergunta a Cármides se ele se considera suficientemente sóbrio. Cármides responde que afirmar que era suficientemente sóbrio seria se vangloriar, enquanto afirmar que lhe faltava sobriedade seria uma inconveniente autoacusação. Sócrates concorda e sugere então que investiguem a questão em conjunto. Se Cármides é sóbrio, deve certamente ter uma opinião sobre o que é a sobriedade. Após alguma hesitação, Cármides sugere que a sobriedade é fazer tudo com tranquilidade, "uma espécie de calma". Sócrates responde que a sobriedade não pode ser um tipo de calma porque a sobriedade é sempre uma coisa boa, enquanto há muitas coisas (por exemplo, correr, ler e recordar) em que a rapidez e a intensidade são melhores que a lentidão e a calma. Se essas coisas fossem feitas "devagar ou com tranquilidade" seriam malfeitas e, portanto, não seriam feitas de maneira sóbria. Cármides em seguida sugere que a sobriedade é modéstia, já que deixa as pessoas discretas e tímidas. Sócrates cita Homero dizendo que "a modéstia não é uma boa companhia para um homem necessitado", como em uma demonstração autorizada de que a modéstia pode ser ao mesmo tempo uma coisa boa e uma coisa má. Ao contrário, a sobriedade não pode jamais ser outra coisa senão uma coisa boa. Assim, a sobriedade não pode ser modéstia. Cármides de repente se lembra de algo que um dia ouvira de "alguém", a saber, que havia sobriedade quando a pessoa "cuidava só de suas coisas". Sócrates responde que, se assim fosse, a lei de uma cidade bem gover-

---

* A Palestra de Táureas era um pátio com um pórtico, onde se realizavam exercícios físicos e onde costumavam se reunir jovens atenienses. Fazia parte de um ginásio. Táureas era provavelmente um sofista ou um treinador. (N. do T.)

nada e, portanto, governada com sobriedade, mandaria cada homem "tecer e lavar o próprio manto, fabricar os próprios sapatos, o frasco de óleo e a lâmina de barbear, conduzindo-se em relação a tudo com base no mesmo princípio...". Como isso seria absurdo, a sobriedade não poderia significar "cuidar só de suas coisas".

Crítias parece pouco à vontade e Sócrates desconfia que pode ser ele o "alguém" de quem Cármides ouvira um dia dizer que a sobriedade era "cuidar só de suas coisas". Pede, portanto, que Crítias defenda sua posição contra a afirmação de que os artesãos que arranjam e fazem coisas não só para si mesmos, mas também para outros, podem, não obstante, ser sóbrios. Crítias cita Hesíodo dizendo que "trabalhar não é desonra" e argumenta que *fazer* alguma coisa para os outros não é o mesmo que *cuidar* das coisas dos outros. Até onde é útil e nobre, o trabalho de um homem é sua própria coisa, e, portanto, o homem que trabalha pode não obstante ser sóbrio. Sócrates faz objeções ao excesso de sutileza de Crítias acerca das definições de cuidar, fazer e trabalhar, que compara às "intermináveis distinções" de Pródico, um sofista pedante que insistia no uso correto das palavras e na discriminação precisa entre sinônimos próximos. Será que Crítias está simplesmente querendo dizer que a sobriedade é a feitura de boas coisas? Crítias concorda que é de fato o que pretende dizer, mas Sócrates ainda não está satisfeito: a sobriedade não pode ser a feitura de boas coisas, já que um homem pode agir de forma sóbria e, no entanto, não ter consciência se agiu para o melhor ou para o pior. Crítias sugere, então, que a sobriedade é autoconhecimento e argumenta que o mandamento do oráculo de Delfos, "conhece-te a ti mesmo", é de fato um mandamento para sermos sóbrios. Sócrates argumenta que, se a sobriedade é autoconhecimento, será então um tipo de conhecimento ou uma ciência como a medicina ou a arquitetura. Se o produto da medicina é a saúde e o produto da arquitetura são os prédios, qual é o produto da sobriedade? Crítias responde que nem todas as ciências precisam ter esse gênero de produtos; o produto da geometria, por exemplo, é bem diferente do produto da medicina ou do produto da arquitetura. Sócrates concorda com Crítias quanto a esse ponto. Contudo, com relação a ciências como a geometria, a medicina ou a arquitetura, pode-se pelo menos dizer que cada uma é a ciência de alguma coisa. Crítias afirma que a sobriedade é a ciência de si mesma e das outras ciências e acusa Sócrates de contestar seus argumentos pelo prazer de contestar, ignorando a verdadeira questão em debate. Sócrates diz que está tentando contestá-lo porque está procurando a verdade, basicamente para seu prazer, "mas talvez também para o prazer de meus amigos".

Sócrates continua dizendo que, se a sobriedade é a ciência de si mesma e das outras ciências, então um homem sóbrio é capaz de conhecer tanto o que sabe quanto o que não sabe, assim como o que outras pessoas acham que sabem e não sabem. Sócrates pergunta se é possível um homem conhecer o que conhece e o que não conhece. Por exemplo, poderia haver uma forma de audição que "não ouça qualquer som, mas ouça a si própria e a outras audições e não audições?" Ele argumenta que é da natureza de uma ciência ser a ciência *de* alguma coisa, pois parece que tudo tem uma relação definidora com alguma coisa e nunca consigo mesmo. Sócrates julga possível haver exemplos de algo que tenha uma relação definidora consigo mesmo, como "a energia do calor que esquenta" ou "a energia do automovimento". Entretanto, tais exemplos ainda não o convenceram. Mesmo que exista a ciência de si mesma, como poderia essa ciência levar a pessoa ao autoconhecimento e como poderia esse autoconhecimento ser útil? O auto-conhecimento pode não capacitar a pessoa a diferenciar entre o que ela sabe e o que não sabe, já que saber sobre o que se sabe e o que não se sabe não é o mesmo que saber sobre o conhecimento ou a ignorância de alguma coisa especí-fica, como a medicina ou a arquitetura. Assim, o autoconhecimento pode nos capacitar a saber *que* se sabe, mas não *o que* se sabe. Por exemplo, um homem que é sóbrio, e portanto sábio, pode não ter conhecimento do bom ou do mau medicamento a não ser que ele próprio seja médico. Numa cidade ideal, e por-tanto sóbria, toda pessoa saberia exatamente o que sabia e o que não sabia, dando como resultado que tudo funcionaria perfeitamente. O fato de essa cidade ideal não existir sugere que tal conhecimento também não existe. Mas talvez seja pedir demais desse conhecimento, que talvez nada mais faça que acompanhar e facili-tar o estudo de coisas específicas como arquitetura ou medicina. Sócrates retorna mais uma vez à noção da cidade ideal e duvida de que seus habitantes fossem verdadeiramente felizes. Contudo, não explica por quê.

Sócrates conclui que a investigação que fizeram acerca da sobriedade termi-nou em *aporia* (um estado de inconclusivo não conhecimento), não só porque demasiadas concessões foram feitas (por exemplo, que é possível um homem saber o que não sabe ou que existe tal coisa como uma ciência da ciência), mas também porque não pareceu que sobriedade ou sabedoria tivessem alguma uti-lidade. Sócrates acusa a si próprio de ser um investigador imprestável, um "taga-rela", e incentiva Cármides a continuar acreditando que a sobriedade é um grande bem. Cármides responde que dificilmente pode-se esperar que ele saiba se é ou não suficientemente sóbrio, quando Sócrates e Crítias não conseguem sequer definir sobriedade. Apesar disso, pede para se tornar discípulo de Sócrates "e ficar todo dia submetido à sua magia".

CAPÍTULO 4

Lísis

Sim, pelo cão do Egito,* eu preferiria mil vezes ter um verdadeiro
amigo que todo o ouro de Dario ou mesmo o próprio Dario.

Sócrates está indo direto da Academia para o Liceu** quando se depara com
Hipótales e Ctesipo. Hipótales aborda Sócrates e lhe pede que se reúna a eles
numa conversa no ginásio recentemente construído. Sócrates pergunta se há um
instrutor ali e Hipótales responde que Mico, um velho amigo e admirador de
Sócrates, está lá. Sócrates pergunta quem é o favorito entre eles. Hipótales responde que não há um favorito evidente e Sócrates pergunta quem é o favorito
dele. Quando Hipótales fica vermelho, Sócrates diz: "Vejo que não está só apaixonado, mas que essa paixão já vem de longe. Ainda que eu seja simples e tolo,
os Deuses me deram a capacidade de compreender afetos dessa espécie". Ctesipo
zomba amistosamente de Hipótales ao vê-lo com tanta timidez, ele, que fica o
tempo todo enchendo os ouvidos dos amigos com louvores a Lísis e até com
poemas e canções a ele dedicados. Sócrates pede para ouvir alguns desses poemas
e algumas dessas canções, mas Hipótales nega categoricamente sua existência.
Então Sócrates pede um relato de como Hipótales se comporta com Lísis. Revela-se

---

* Fórmula de juramento usada frequentemente por Sócrates. (N. do T.)
** A Academia e o Liceu eram dois famosos ginásios de Atenas. (N. do T.)

que Hipótales tem louvado os antepassados de Lísis e não muito mais que isso. Sócrates diz que esses louvores são no fundo dirigidos não a Lísis, mas ao próprio Hipótales, como eventual amante de Lísis. Ele também censura Hipótales por encher Lísis de orgulho e presunção, tornado-o assim ainda mais difícil de seduzir. Hipótales pede que Sócrates o aconselhe sobre como devia estar agindo. Sócrates se propõe a mostrar a Hipótales como falar com Lísis, em vez de tecer-lhe louvores. Com isso em mente, o trio parte para o ginásio ao encontro de Lísis.

Começam a conversar e, bem depressa, Menexeno, amigo de Lísis, senta-se ao lado deles, seguido por Lísis e vários outros jovens. Hipótales permanece no grupo, mas fora da visão de Lísis. Sócrates pergunta a Menexeno qual dos dois, ele ou Lísis, é o mais velho e qual é o mais nobre, ao que Menexeno responde que vivem discutindo isso. Ele então pergunta qual é o mais belo, e os dois se limitam a rir. Sócrates diz que não pode perguntar quem é o mais rico, já que são amigos e amigos possuem todas as coisas em comum. Nesse momento, Menexeno é chamado pelo instrutor. Sócrates se vira para Lísis e comenta que seus pais o conservam na situação de escravo ao proibi-lo de fazer coisas como conduzir o carro ou mesmo a carroça de mulas. Lísis diz que a razão disso é que ele ainda não tem idade. Sócrates assinala que eles o deixam fazer muitas outras coisas igualmente importantes como ler e escrever para a família ou afinar a lira. Lísis diz que a razão disso é que ele compreende certas coisas, mas ainda não outras. Sócrates dessa vez concorda com ele: "A razão não é qualquer deficiência de anos, mas uma deficiência de conhecimento". Pergunta então a Lísis se seus pais, os vizinhos, o povo de Atenas e até mesmo o rei da Ásia não confiariam nele para administrar seus assuntos se tivessem certeza de que era suficientemente sábio para fazê-lo. Sócrates conclui que, "nas coisas que conhecemos, teremos a confiança de todos". Inversamente, ninguém confiará em nós em coisas que não conhecemos, nem mesmo nossos pais ou amigos mais íntimos. De fato, se não tivéssemos nenhuma sabedoria, não teríamos sequer amigos com quem conversar, pois não seríamos úteis a ninguém. Nem mesmo nossos pais gostariam de nós.

> *E, portanto, meu rapaz, se você for sábio, todos os homens serão seus amigos e parentes, pois você será útil e bom; mas se você não for sábio, nem pai, nem mãe, nem parente, nem ninguém será seu amigo.*

Sócrates diz que, pelo fato de precisar de um mestre, Lísis ainda não é sábio e, portanto, nada tem do que se gabar. Lísis concorda. Sócrates quase comete o erro de fazer algum comentário com Hipótales, que "mostra grande nervosismo e confusão acerca do que foi dito". Quando Menexeno retorna, Lísis começa a murmurar no ouvido de Sócrates. Pede que Sócrates debata com Menexeno, pois este é muito brigão e precisa que alguém lhe abaixe um pouco a crista.

Antes de continuar, Sócrates diz ao rapaz que, enquanto algumas pessoas desejam cavalos, cachorros, ouro ou fama, ele preferiria um bom amigo ao melhor galo ou à melhor codorna do mundo: "Sim, pelo cão do Egito, eu preferiria mil vezes ter um verdadeiro amigo que todo o ouro de Dario ou mesmo o próprio Dario; gosto realmente muito de ter amigos". Como Lísis e Menexeno parecem possuir o tesouro da amizade um do outro, talvez Menexeno possa lhe dizer: quando alguém ama alguém, quem é amigo de quem, o que ama ou o que é amado? Menexeno responde que cada um pode ser amigo do outro, isto é, os dois são amigos. Sócrates diz que pode não ser esse o caso, já que uma pessoa pode amar outra que não a ama, ou mesmo que a odeia. Menexeno replica que, a não ser que uma goste da outra, nenhuma das duas é amiga. Sócrates argumenta que, se algo que não correspondesse ao amor nunca pudesse ser amado por um amante, não haveria amantes de coisas como cavalos, cachorros, vinho ou sabedoria. Portanto, o que é amado, dê ou não retorno desse amor, pode ser querido pelo amante. É o caso, por exemplo, de crianças que são novas demais para amar ou que odeiam os pais que as castigam. Isso sugere que o amado é o amigo do amante e o odiado é o inimigo do que odeia, mas a implicação é que muitos homens são amados por seus inimigos e odiados por seus amigos, o que parece absurdo. Assim, nem sempre podemos dizer que o amante e o amado são amigos um do outro.

Sócrates sugere a Menexeno que eles podem ter errado em suas conclusões. Nesse ponto, Lísis aparteia dizendo que devem ter errado. Lísis fica vermelho, mas Sócrates está satisfeito com o interesse dele na conversa. Em busca de orientação, Sócrates se volta para os poetas e filósofos que dizem que "o semelhante gosta do semelhante". Sócrates afirma que esse aforismo só deve se aplicar a pessoas generosas, pois pessoas más são, em certo aspecto, dissemelhantes e provavelmente odiarão, como qualquer um, outras pessoas más. Isso indica que pessoas generosas são amigas de outras pessoas generosas, enquanto pessoas más absolutamente não têm amigos. Sócrates acha que podem agora responder: "Quem são amigos" com "Os bons são amigos". Contudo, ele ainda não se convenceu, porque o semelhante não pode ter qualquer utilidade para o semelhante e, se uma pessoa não pode ter qualquer utilidade para outra, elas não podem se amar. Continua sendo possível que amem uma à outra no sentido de que ambas são semelhantes porque ambas são generosas, mas o bem é por definição autossuficiente, não ansiando, assim, por amizade.

69

Que espaço existe então para a amizade se, quando estão separados, os homens bons não têm necessidade um do outro (pois mesmo quando sozinhos bastam a si mesmos) e, quando estão juntos, não podem ser úteis um ao outro? Como podem essas pessoas ser induzidas a prezar uma à outra?

Sócrates sugere que podem mais uma vez ter errado. Cita Hesíodo dizendo que "os que mais se assemelham entre si estão cheios de muita inveja, de rivalidade, de ódio uns dos outros, e os que menos se parecem, de amizade". Menexeno acha que Hesíodo tem razão ao dizer que a amizade nasce da diferença, não da semelhança, mas Sócrates ainda não se convence. Sustenta que Hesíodo sugere não apenas que o inimigo é o amigo do amigo e o amigo do amigo do inimigo, mas também que o homem justo é o amigo do injusto, o homem bom, o amigo do mau, e assim por diante. Isso, diz ele, é simplesmente monstruoso. Assim, nem semelhante e semelhante nem diferente e diferente podem ser amigos.

Sócrates sugere em seguida que o amigo do bom não é nem o bom nem o mau, mas aquele que não é bom nem mau. Além disso, o bom é também o belo, aquela "coisa suave, macia, escorregadia" que "facilmente se introduz em nossa alma e a satura". Como semelhante e semelhante não podem ser amigos, o nem bom nem mau não pode fazer amizade com o nem bom nem mau, e como ninguém pode fazer amizade com o mau, eles também não podem fazer amizade com o mau. Assim, o nem bom nem mau deve fazer amizade com o bom e o belo. E embora o bom e o belo não possam fazer amizade com o bom e o belo ou com o mau, não há nada para impedi-los de fazer amizade com o nem bom nem mau. Por exemplo, o corpo é nem bom nem mau, mas se for corrompido pela doença, que é má, então ele se torna o amigo do médico. O fato de o corpo ser corrompido por alguma coisa má não o torna mau, assim como cobrir os cachos ruivos de Menexeno com pigmento branco não os torna brancos, na medida em que os cabelos continuam sendo realmente ruivos. Sócrates conclui que descobriram a natureza da amizade: "É o amor que, em razão da presença do mau, o nem bom nem mau tem do bom, quer na alma, no corpo ou onde for". Contudo, uma "suspeita inexplicável" toma conta dele e ele sente que essa conclusão é falsa.

Em essência, Sócrates argumenta que, se aquele que não é bom nem mau é o amigo do bom por causa do mau, e em consideração do bom e do amigo, então o amigo é um amigo em consideração ao amigo, e por causa do inimigo. Assim, o medicamento é um amigo em consideração da saúde e a saúde é também querida e, se querida, é então querida em consideração a alguma coisa, alguma coisa que também deve ser querida, e assim por diante. Não há então um primeiro princípio de amizade ou afeto em consideração ao qual todas as outras coisas são queridas? Por exemplo, se um pai preza o filho acima de todas as coisas, também preza outras coisas em consideração ao filho. Se, por exemplo, o filho tivesse bebido cicuta e ele achasse que o vinho poderia salvá-lo, prezaria o vinho e inclusive o recipiente que o contivesse. Contudo, não é realmente pelo vinho ou pelo recipiente que está tendo apreço, mas pelo filho. "Aquilo que só nos é querido em consideração a alguma outra coisa é impropriamente dito ser querido. O verdadeiramente querido é aquilo para o qual todas essas ditas amizades queridas confluem." Sócrates deduz que o verdadeiramente querido é o bom, mas assinala que o bom parece ser amado não por causa de si mesmo, mas em razão do mau. Contudo, se o mau fosse erradicado, o amor e a amizade ainda existiriam, sugerindo que deve haver alguma outra causa de amizade. Sócrates sugere que o desejo é a causa da amizade e que aquele que deseja deseja aquilo de que tem falta e, portanto, aquilo que lhe é caro. Assim, desejo, amor e amizade parecem resultar da afinidade, quer da alma, do caráter, dos modos ou do aspecto. Sócrates diz que, se o amor resulta da afinidade, então o verdadeiro amante deve necessariamente ter seu amor correspondido, com o que Hipótales ganha "toda a sorte de cores". Ele assinala, contudo, que essa teoria não funciona se o que tem afinidade for apenas o semelhante, pois já demonstraram que o semelhante não pode fazer amizade com o semelhante.

Então, o que deve ser feito? Ou melhor, há alguma coisa a ser feita? Posso apenas, como os versados que debatem nos tribunais, fazer o sumário dos argumentos: Se nem o amado, nem o amante, nem o semelhante, nem o diferente, nem o bom, nem o afim, nem qualquer outro de quem falamos – pois houve um tal número que não consigo me lembrar de todos –, se nenhum desses são amigos, não sei o que sobra para ser dito... Oh, Menexeno e Lísis, que ridículo que vocês, dois garotos, e eu, um velho garoto que se alegraria em ser um de vocês, pudéssemos ter imaginado que éramos amigos (é o que os espectadores sairão dizendo por aí) e até agora não tenhamos conseguido descobrir o que é um amigo!

CAPÍTULO 5

Hípias Maior (Hippias Major)

(...) Quando os que estão tentando fazer as leis não conseguem fazer com que sejam boas, também não conseguem legitimá-las – torná-las, de fato, leis. O que você acha?

Hípias é um sofista e um embaixador de Élis que ganha muito dinheiro com aulas particulares e exibições públicas de sabedoria aonde quer que vá. Neste diálogo, Sócrates testa as reivindicações de Hípias pela sabedoria. Hípias diz a Sócrates que foi mandado de Élis numa missão diplomática a Atenas. Sócrates lhe pergunta por que a maioria das pessoas famosas pela sabedoria se mantinha afastada dos negócios de Estado. Hípias responde que isso acontecia porque eram demasiadamente fracas para que fossem bem-sucedidas em ambas as esferas, a pública e a privada. Sócrates sugere que isso também ocorria com os artesãos antigos, que tinham pouco mérito em comparação com os modernos. A sabedoria de pensadores como Hípias, Górgias e Protágoras era tão grande que eles conseguiam administrar tanto os negócios públicos como os negócios privados, enquanto os pensadores mais antigos eram tão obtusos que não julgavam sequer adequado cobrar honorários. Talvez simplesmente não percebessem o grande valor da moeda. Hípias conta a Sócrates que ganhara uma fortuna viajando de um lugar para o outro, dando aulas particulares e fazendo demonstrações públicas de sabedoria – mais dinheiro, de fato, que quaisquer outros dois sofistas somados. Sócrates diz que a quantidade de dinheiro que alguém faz é um indicador de sua sabedoria e que Hípias é prova suficiente da superioridade dos pensadores modernos sobre os antigos. Anaxágoras comprova isso, por ter herdado uma grande soma de dinheiro e ter perdido tudo graças à negligência – exatamente o oposto de Hípias.

Apesar de sua perspicácia em relação às finanças, Hípias não conseguiu ganhar dinheiro em Esparta. Sócrates diz que isso é surpreendente, já que Esparta é uma cidade obediente à lei e, numa cidade obediente à lei, nada merece tanto apreço quanto a virtude. Como era possível que um mestre da virtude como Hípias não conseguisse ganhar algum dinheiro em Esparta? Hípias explica que há uma tradição ancestral em Esparta que proíbe os espartanos de mudar as leis de sua cidade e de dar aos filhos qualquer educação que seja contrária aos costumes estabelecidos. Sócrates argumenta que os legisladores fazem leis que devem servir ao bem maior da cidade; se não servem, não são legítimas e, portanto, não são leis. Hípias concorda com Sócrates e lastima o fato de as pessoas comuns não usarem as palavras tão precisamente quanto ele. Se o que é mais benéfico é mais legítimo, certamente a educação de Hípias é mais legítima que a educação lacedemônia. Assim, os espartanos estavam infringindo a lei ao não dar seu dinheiro a Hípias. Sócrates pergunta a respeito de o que os espartanos gostam de ouvir dele. Hípias diz que eles não se interessam por temas como astronomia ou aritmética, que só gostam de ouvi-lo quando fala sobre história antiga. De fato, ele ia fazer uma palestra sobre história antiga dali a dois dias. A palestra começa com Neoptólemo, filho de Aquiles, pedindo que o sábio e idoso Nestor lhe diga que tipo de atividade é bela (ver o *Hípias Menor*).

Sócrates diz que andara criticando a palestra de "um conhecido". O homem lhe perguntara como ele sabia que coisas eram belas (*kalon* – belas, excelentes, nobres) e que coisas eram feias. Infelizmente, ele não pôde dar uma resposta e teve de se despedir. Quem sabe Hípias, com toda a sua sabedoria, não lhe desse uma resposta que ele pudesse levar ao homem? Hípias diz que a questão é fácil, mas Sócrates insiste em se colocar no papel do homem e defender o outro lado da argumentação. Sócrates diz que, assim como é pela sabedoria que as pessoas sábias são sábias, e pela justiça que as coisas justas são justas, é pela beleza que as coisas belas são belas. Mas que tipo de coisa é a beleza? Hípias não consegue ver qualquer diferença entre uma coisa bela e o belo e acha que não existe nenhuma. Então afirma que uma bela moça é uma bela coisa. Ainda se colocando no papel do outro homem, Sócrates pergunta se uma bela égua de Élis, uma bela lira ou uma bela panela não são também coisas belas. Hípias admite que são, embora uma bela panela não seja digna de comparação com um belo cavalo ou uma bela moça. Sócrates pergunta se mesmo a moça mais bela não seria feia quando comparada a uma deusa. Se assim for, como pode uma coisa bela ser uma bela moça? De qualquer modo, há um número infinito de coisas belas além de belas moças. O que torna bela cada uma dessas coisas? Hípias sugere que o belo é o ouro, visto que qualquer coisa pode ser tornada bela pela simples adição de ouro. Sócrates argumenta que o belo não pode ser ouro, já que a grande estátua de Atena no Partenon, criada por Fídias, é feita principalmente de marfim e pedras preciosas. Teria Fídias escolhido esses materiais por ignorância? E mais: se uma colher feita de pau de figueira é melhor para mexer a sopa do que uma colher feita de ouro, quem vai dizer que a colher feita de pau de figueira não é a mais bela? Hípias então afirma que o belo deve ser rico e respeitado:

> *Digo, então, que é sempre o mais belo, para qualquer homem e em toda parte, ser rico, saudável e honrado pelos gregos, chegar à idade madura, fazer um belo mausoléu para seus pais quando eles morrerem e receber um belo e grandioso sepultamento de seus próprios filhos.*

Sócrates diz que, se desse essa resposta ao homem, ele provavelmente o espancaria com um pedaço de pau. Que dizer de Aquiles ou Héracles, que foram enterrados antes dos pais? O que é belo para os homens não é também belo para heróis e deuses?

Cansando-se dos esforços de Hípias, Sócrates sugere que belo é o que é conveniente. Contudo, está inseguro a respeito dessa definição, pois a conveniência pode meramente fazer as coisas parecerem belas, em vez de fazê-las realmente belas. Quem sabe o belo não é o que é útil? Se o útil é o que é capaz de executar uma determinada coisa, então a capacidade é bela e a incapacidade é feia. Contudo, as pessoas são capazes de executar tanto coisas boas *quanto* coisas más, por isso o belo não pode ser aquilo que é útil. Hípias sugere que o belo pode ser o que é útil, *se for útil para fazer boas coisas*. Se assim for, diz Sócrates, então o belo é o benéfico, isto é, o criador do bom. A implicação é que o belo não pode ser também o bom, desde que (segundo a lógica) uma causa tem de ser diferente de seu efeito ou será a causa de si mesma. Tanto Sócrates quanto Hípias pensam que isso é absurdo, e assim a definição é abandonada.

Sócrates sugere a seguir que o belo é o que nos dá prazer pela audição e pela visão. Contudo, logo assinala que essa definição exclui as coisas belas mais elevadas, como leis e atividades, assim como as que nos dão prazer pelos outros sentidos. De que modo o que nos dá prazer pela audição e pela visão é diferente do que o que nos dá prazer pelos outros sentidos? Colocando de outra maneira: o que torna belo o que nos dá prazer pela audição e pela visão? Seja o que for, tem de fazer parte tanto da audição e da visão em conjunto quanto de uma e outra tomadas isoladamente ou o belo não estaria em ambas e em cada uma. Na maioria dos casos, o que se aplica a A e B também se aplica a A isoladamente e a B isoladamente, mas existem alguns casos raros em que o que se aplica a A e B *não* se aplica isoladamente a A e isoladamente a B. Por exemplo, a soma de A e B seria um número par, enquanto A sozinho e B sozinho seriam números ímpares. Felizmente, o belo não parece ser um desses casos raros e também se aplica a A isoladamente e a B isoladamente. Contudo, se o belo faz parte de A isoladamente e B isoladamente, então aquilo que nos dá prazer por meio de A e B não é mais o belo, já que "por meio de A e B" leva a concluir que só ambos podem ser belos e não cada um isoladamente.

Hípias repreende Sócrates pela "tagarelice absurda" e diz que ele deveria desistir do que faz para praticar a arte do orador, que, sem dúvida, consiste em fazer belas e convincentes palestras. Sócrates diz que sábios como Hípias censuram-no por perder tempo com coisas tolas, pequenas e fúteis, enquanto o homem com quem convive o censura por falar do belo quando nem consegue definir o que o belo seja. Tudo que ele realmente sabe é o que diz o provérbio grego: "O que é belo é complicado".

CAPÍTULO 6

Hípias Menor (Hippias Minor)

Está, então, na natureza do homem bom cometer injustiça voluntariamente e na do homem mau cometê-la involuntariamente.

Hípias acabou de exibir seus talentos fazendo uma palestra sobre Homero. Sócrates está relutante em elogiar ou criticar a palestra, sem dúvida, porque descobriu recentemente que não tem conhecimento do belo (ver *Hípias Maior*). Sócrates diz que a *Ilíada*, de Homero, tem sido considerada um poema mais belo que sua *Odisseia*, na medida em que Aquiles, de quem fala a *Ilíada*, seria um homem melhor que Ulisses, de quem fala a *Odisseia*. Ele pergunta qual desses dois homens Hípias considera o melhor. Hípias diz que pode responder a qualquer pergunta que lhe façam e que nunca encontrou ninguém que lhe fosse superior em nada. Diz que Homero fez de Aquiles o melhor e mais valente dos homens que foram a Troia, e de Ulisses, o mais astuto. Sócrates diz que não compreende o que Hípias quer dizer, visto que Homero também fez Aquiles ser astuto. Hípias cita as palavras que Aquiles dirige a Ulisses para demonstrar que Aquiles é o simples e sincero, enquanto Ulisses é o astuto e mentiroso.

Filho de Laércio, descendente de Zeus, engenhoso Ulisses,
Preciso dizer as palavras diretamente,
Como as levarei a cabo e como penso que se cumprirão.
Pois me é odioso como os portões do Hades
O que oculta uma coisa na mente e diz outra.
Eu, porém, vou falar tal qual será cumprido.

Sócrates vê agora que Hípias quer dizer que o homem astuto é mentiroso e pergunta a Hípias se Homero achava que o homem sincero é um tipo de pessoa e o mentiroso é outro tipo, uma pessoa distinta. Hípias responde que seria estranho se Homero tivesse pensado de outra forma. Sócrates pede que Hípias concorde com o fato de que, quanto mais um homem conhece um assunto, mais poderoso ele é e mais possibilidade tem de mentir a respeito desse assunto. Quem pode fazer o que deseja quando deseja é poderoso. Se alguém lhe perguntasse qual é o produto de três por setecentos, Hípias poderia, se assim o desejasse, dizer a verdade melhor e mais depressa que todos. Contudo, o fato de Hípias ter a melhor habilitação para dizer a verdade acerca de cálculos também significa que tem a maior possibilidade de mentir acerca de cálculos. Ao contrário, uma pessoa que não tivesse muita habilitação para dizer a verdade sobre cálculos poderia, involuntariamente, dizer a verdade. Assim, se Ulisses era mentiroso, era também sincero, e se Aquiles era sincero, era também mentiroso.

Como Hípias não concorda, Sócrates cita alguns versos ditos por Aquiles em que ele sem dúvida não fala a verdade. Hípias sustenta que, ao contrário de Ulisses, Aquiles não mente voluntariamente, mas involuntariamente. Sócrates responde que é impossível acreditar que Aquiles, que era filho da deusa Tétis e que fora educado por Quíron, um centauro extremamente sábio, fosse tão desmiolado a ponto de esquecer que dissera a Ulisses que ia zarpar e a Ajax que ia ficar. Segundo Hípias, foi por causa de sua franqueza que Aquiles foi levado a dizer uma coisa a Ulisses e outra a Ajax. Ao contrário, quando Ulisses diz a verdade, é sempre com um propósito, e quando diz uma mentira, também. Sócrates diz que, se assim for, então Ulisses é melhor que Aquiles, já que os homens que mentem voluntariamente são melhores que os homens que mentem involuntariamente. Hípias discorda de Sócrates e sustenta que há mais indulgência para os que cometem injustiça involuntariamente do que para os que a cometem voluntariamente. Sócrates insiste em dizer que os que cometem injustiça voluntariamente são melhores que aqueles que a cometem involuntariamente, embora confesse que, às vezes, pensa o contrário e que, às vezes, vai de um lado para o outro, porque não sabe.

Meu atual estado mental se deve à nossa discussão anterior, que me inclina a acreditar que, em geral, os que agem errado involuntariamente são piores que aqueles que agem errado voluntariamente, e, portanto, espero que seja generoso comigo e não se recuse a me corrigir, pois me curando a alma da ignorância fará um bem muito maior do que se curasse meu corpo de uma enfermidade.

Hípias acusa Sócrates de argumentar de maneira desleal, mas Sócrates responde que, se está argumentando de maneira desleal, não o faz voluntariamente, mas involuntariamente, e pede perdão![8] Estimulado por Éudico, seu anfitrião, Hípias concorda em levar adiante a conversa. Sócrates diz que quem corre bem é um bom corredor e quem corre velozmente corre bem. Portanto, numa competição, e numa corrida, a rapidez é boa e a lentidão é má. Segue-se que o corredor que corre devagar voluntariamente é um corredor melhor que aquele que corre devagar involuntariamente. E o mesmo princípio se aplica não apenas à corrida, mas a tudo. Por essa razão, é melhor fazer coisas más voluntariamente que fazê-las involuntariamente.

Sócrates em seguida afirma que a justiça é um tipo de poder, um tipo de conhecimento ou ambas as coisas. Se justiça é poder, a alma mais poderosa é a mais justa. E se justiça é conhecimento, a alma mais sábia é a mais justa. A alma mais poderosa e mais sábia é mais capaz de realizar tanto coisas boas quanto coisas vergonhosas e quando realiza coisas vergonhosas o faz voluntariamente. Por essa razão, um homem que voluntariamente faz coisas vergonhosas não pode ser senão um homem bom. Tanto Hípias quanto Sócrates sentem-se incapazes de concordar com essa conclusão. E no entanto o argumento parece válido.

---

8. Não se trata aqui apenas da ironia socrática em seu melhor momento, mas também de um primeiro exemplo do paradoxo do mentiroso.

CAPÍTULO 7

Protágoras

E qual é, Sócrates, o alimento da alma?
Certamente, eu disse, o conhecimento é o alimento da alma.

O *Protágoras* tem lugar no auge da era dourada ateniense, quando Sócrates ainda era jovem. Seu tema é a natureza da virtude e apresenta um grande número de elementos familiares, incluindo os sofistas Protágoras, Hípias e Pródico; os filhos de Péricles, Páralo e Xantipo; os parentes de Platão, Crítias e Cármides; e a maior parte do elenco do *Banquete*. O diálogo começa com um amigo não nomeado zombando, num tom afetuoso, da caça que Sócrates faz a Alcibíades. Sócrates diz ao amigo que colocou Alcibíades em segundo plano porque encontrou um "amor muito mais belo" no idoso Protágoras, que estava, no momento, de visita a Atenas.

A: *E em sua opinião esse estrangeiro é realmente um amor mais belo que o filho de Clínias?*
S: *E o mais sábio não é sempre o mais belo, querido amigo?*

Sócrates relata o encontro que teve mais cedo, naquele mesmo dia, com Protágoras. Enquanto era ainda noite, seu amigo Hipócrates foi até sua casa e interrompeu-lhe o sono. Hipócrates descobrira que Protágoras estava hospedado na casa de Cálias e ficou empolgado com a perspectiva de pedir que Protágoras se

81

tornasse seu mestre. Sócrates concordou em acompanhar Hipócrates à casa de Cálias e a interceder junto a Protágoras a seu favor, mas questionou Hipócrates quanto ao desejo que tinha de se tornar discípulo de Protágoras. Se Hipócrates fosse dar seu dinheiro a Hipócrates de Cós, Sócrates diria que ia dar dinheiro a um médico para ser transformado num médico. Mas quem é Protágoras e em que Protágoras pode transformar alguém? Se podemos dizer que um pintor sabe coisas importantes sobre pintura, podemos dizer que um sofista sabe coisas importantes sobre falar com eloquência, mas, enquanto o pintor pode fazer uma pessoa falar eloquentemente sobre pintura, parece não haver nada acerca de que um sofista possa fazer uma pessoa falar eloquentemente.

> *Eu continuei: Não é um sofista, Hipócrates, alguém que negocia no atacado ou no varejo com o alimento da alma? Para mim parece ser essa sua natureza.*
> *E qual é, Sócrates, o alimento da alma?*
> *Certamente, eu disse, o conhecimento é o alimento da alma; e devemos ter cuidado, meu amigo, para que o sofista não nos engane quando elogia o que vende...*

Quando a dupla chega à casa de Cálias, o eunuco que atende à porta confunde-os com sofistas e se recusa a deixá-los entrar! Quando conseguem entrar, encontram Protágoras dando um passeio no átrio, cercado por uma considerável comitiva de atenienses e estrangeiros. Sócrates diz a Protágoras que seu amigo Hipócrates está confuso no que diz respeito aos benefícios de se tornar discípulo dele. Protágoras responde que a arte do sofista é antiga, embora os antigos frequentemente a disfarçassem em diferentes formas, como a poesia de Homero, Hesíodo e Simônides, ou o misticismo e a profecia de Orfeu e Museu.* Em contraste, Protágoras não hesita em se chamar de sofista e fica feliz em conversar publicamente com eles sobre sua arte: ele afirma que se Hipócrates associar-se a ele, irá se tornar dia a dia um homem melhor. Sócrates pede que Protágoras seja mais específico e diga de que modo Hipócrates se tornaria um homem melhor. Protágoras responde que Hipócrates aprenderá a arte da política e se tornará um bom cidadão. Sócrates duvida de que esse tipo de conhecimento possa ser ensinado: quando os atenienses se reúnem em assembleia, ouvem peritos sobre assuntos referentes às artes e aos ofícios, mas ouvem qualquer um sobre assuntos referentes à política; e embora possam censurar um não perito que opine sobre assuntos referentes às artes e aos ofícios, jamais censurariam alguém que opinasse

---

* Personagem lendário associado a Orfeu. (N. do T.)

sobre assuntos referentes à política. Isso acontece certamente porque presumem que esse tipo de conhecimento não pode ser ensinado. Além disso, mesmo os melhores e mais sábios cidadãos são incapazes de ensinar sua virtude a outros. Por exemplo, Péricles deu aos filhos excelente instrução sobre tudo que pudesse ser aprendido de professores, mas, quando se tratou da virtude, simplesmente os deixou "vagando a seu livre-arbítrio, com alguma esperança de que se deparassem, espontaneamente, com a virtude".

Protágoras responde a Sócrates com uma história de gênese. Um dia, os deuses moldaram os animais da Terra, misturando terra e fogo. Pediram então que Prometeu e Epimeteu os equipassem com qualidades próprias. Tomando cuidado para evitar a extinção de qualquer um dos animais, Epitemeu atribuiu força a uns, rapidez a outros e, ainda, asas, garras, cascos, couros e pelos. No momento em que se voltou para os seres humanos, nada havia sobrado para lhes dar. Vendo os seres humanos nus e sem meios de defesa, Prometeu lhes deu o fogo e as artes mecânicas, que roubara para eles de Atena e Hefesto. Infelizmente, Prometeu não lhes deu sabedoria política, razão pela qual viviam dispersos, isolados e à mercê de animais selvagens. Tentaram se unir em busca de segurança, mas tratavam tão mal uns aos outros que de novo se dispersaram. Como participavam do mundo divino, faziam culto aos deuses; e Zeus, com pena deles, mandou que Hermes lhes enviasse o sentido moral e a justiça. Hermes perguntou a Zeus como deveria distribuir essas virtudes: devia dá-las, como acontecia com as artes, a uns poucos privilegiados ou devia dá-las a todos?

"A todos", disse Zeus; eu gostaria que todos tivessem uma parte; pois as cidades não podem existir se apenas uns poucos compartilham as virtudes, como nas artes. E, além disso, imponha uma lei por ordem minha: que todo aquele que não participar do sentido moral e da justiça seja condenado à morte, pois é uma praga do Estado.

Protágoras concorda com Sócrates no sentido de que cada homem é visto pelos outros como possuidor de uma parcela de virtude política: enquanto um homem que diz que não é um bom flautista é considerado perfeitamente sensato, um homem que diz que é desonesto é considerado inteiramente louco. Contudo, ele discorda quando Sócrates diz que os homens não encaram a virtude política como algo que possa ser ensinado: ninguém puniria um homem por ser feio ou baixo, mas todos o puniriam por ser ímpio ou injusto. Isso certamente acontece porque presumem que a piedade, a justiça e a virtude em geral não resultam da natureza ou do acaso, mas do estudo e do exercício. Além disso, não puniriam esse homem por causa do erro que ele houvesse cometido, mas visando dissuadi-lo de fazer de novo o errado, sugerindo assim, claramente, que a virtude pode ser ensinada. Sócrates está igualmente incorreto ao afirmar que homens bons não ensinam a virtude aos filhos, já que a educação e a repreensão começam nos primeiros anos da infância e continuam pela vida toda: "E se ele obedece, tudo ótimo; caso contrário, é corrigido com ameaças e golpes, como um pedaço de madeira vergado ou empenado". Assim como todos são professores da língua grega, todos são professores da virtude, e a virtude, como a língua, é aprendida por se viver numa comunidade. Dito isso, vê-se que é fato que algumas pessoas são melhores mestras de virtude que outras, e Protágoras é um mestre de virtude particularmente bom.

Ainda atordoado pelo longo e belo discurso de Protágoras, Sócrates faz uma série de perguntas breves sobre a natureza da virtude. Protágoras responde que a justiça, a sobriedade e a piedade não são os nomes de uma única e mesma coisa, mas diferentes partes da virtude. Assim, um homem pode ter uma parte da virtude, mas não outra, como ser corajoso, mas não justo ou justo, mas não sábio. Sócrates discorda de Protágoras e afirma que as partes da virtude compartilham muita coisa em comum. Por exemplo, enquanto a justiça é certamente justa e a piedade é certamente pia, a justiça é também pia e a piedade também é justa. Usando exemplos como força/fraqueza e bem/mal, Sócrates argumenta que cada oposto tem apenas um oposto. Visto que o oposto de sabedoria é loucura e o oposto da sobriedade é também loucura, sobriedade e sabedoria devem ser uma coisa só. Protágoras está confundido pela linha de argumentação de Sócrates e retorna à relativa segurança de discursos longos e ofuscantes. Sócrates se queixa de que sua memória não é boa o bastante para acompanhar essas falas, mas Protágoras se recusa a retornar ao diálogo simples. Sócrates mostra intenção de se retirar, mas é dissuadido por Cálias. Com grandiloquência, Hípias incita Sócrates e Protágoras à conciliação e sugere que seja designado um árbitro imparcial para moderar o debate. Sócrates concorda em permanecer e designa o público como árbitro.

Protágoras propõe que discutam a virtude com referência a um poema de Simônides. Protágoras acha que Simônides é incoerente quando diz "Dificilmente pode um homem tornar-se verdadeiramente bom"; e, mais adiante, "Não concordo com a sentença de Pítaco, mesmo que seja a declaração de um sábio, quando ele diz: Dificilmente pode um homem ser bom". Sócrates acha que Simônides é perfeitamente coerente se compreendermos que "ser" não é o mesmo que "tornar-se". Protágoras diz que, se Sócrates está certo, então Simônides está sugerindo que é fácil ser bom. Sócrates diz que Simônides está de fato sugerindo que é impossível (e não meramente difícil) ser bom. Enquanto é difícil para um homem *tornar-se* bom, é impossível *ser* (como em *se manter*) bom, porque ele é continuamente dominado pelas circunstâncias. Como um homem é bom na medida em que tem conhecimento do que é bom, ser dominado pelas circunstâncias é passar a ficar carente desse conhecimento. Ninguém jamais faz o mal conscientemente, e todo ato mau resulta de uma falta de conhecimento.

Sócrates prefere falar de filosofia em vez de poesia e faz um recalcitrante Protágoras voltar ao ponto onde estavam. Protágoras havia sustentado que os cinco aspectos da virtude (coragem, sabedoria, justiça, piedade, sobriedade) não são nomes diferentes para a virtude, mas diferentes partes da virtude. Protágoras muda agora de rumo afirmando que quatro aspectos da virtude estão razoavelmente próximos uns dos outros, mas que a coragem é completamente diferente. Na verdade, algumas pessoas podem ser extremamente ignorantes, injustas, impiedosas, insensatas e se mostrar extremamente corajosas. Sócrates demonstra que por "corajosas" Protágoras quer dizer "confiantes" e afirma que pessoas demasiadamente confiantes são consideradas tolas ou loucas, caso em que a confiança delas dificilmente seria virtuosa. Protágoras responde que, embora todos os exemplos de coragem sejam exemplos de confiança, nem todos os exemplos de confiança são exemplos de coragem. Por analogia, se todos os fortes são poderosos, isso não indica que todos os poderosos sejam fortes, na medida em que força e poder não são a mesma coisa. Como a confiança, o poder pode derivar da força, assim como pode derivar do conhecimento ou da loucura.

Sócrates argumenta em seguida que tudo que é agradável é bom e tudo que é doloroso é mau. Coisas agradáveis como comida, bebida ou sexo podem trazer prazer a curto prazo, mas enfermidade, pobreza e outras coisas más, a longo prazo. Inversamente, coisas desagradáveis como exercícios físicos e tratamentos médicos podem trazer dor a curto prazo, mas prazer, alívio e eliminação da dor a longo prazo. Assim, além de prazer e dor, não há outro critério segundo o qual as coisas possam ser classificadas em boas ou más. Já que é impossível viver de forma agradável fazendo más ações, ninguém quer fazer más ações. Se as pessoas fazem más ações é porque são incapazes de medir e comparar os prazeres, não – como a maioria das pessoas pensa – porque sua ética tenha sido sobrepujada por um desejo de prazer. Em outras palavras, as pessoas só fazem más ações em virtude da ignorância, e é precisamente esse tipo de ignorância que Protágoras afirmava poder curar. Retornando ao tema da coragem, o que as pessoas chamam de coragem é o conhecimento do que é e do que não é para ser temido, e o que chamam de covardia é a ignorância desse conhecimento. Se a covardia é ignorância e a coragem é o oposto da covardia, então a coragem não é outra coisa senão a sabedoria. Sendo assim, como é possível que Protágoras defenda que a coragem seja diferente dos outros aspectos da virtude?

Em conclusão, Sócrates observa que começou afirmando que a virtude não pode ser ensinada, mas acabou afirmando que a virtude não é outra coisa senão o conhecimento, e , portanto, pode ser ensinada. Protágoras, ao contrário, começou afirmando que a virtude pode ser ensinada, mas terminou afirmando que algumas formas de virtude não são conhecimento, e, portanto, não podem ser ensinadas!

CAPÍTULO 8

Górgias

(...) Espero nunca estar tão ocupado a ponto de me privar de discussões como esta, conduzida do modo como está sendo conduzida, por achar mais prático fazer alguma outra coisa.

Górgias foi um famoso mestre de oratória e autor de manuais com modelos de oratória. Cálicles convida Sócrates e seu amigo Querefonte para se encontrarem na casa dele com Górgias, que afirma ser capaz de responder, de forma precisa e convincente, a qualquer pergunta que lhe seja feita. Sócrates está ávido para descobrir "o que a arte de Górgias pode realizar" e pede a ele que diga do que a oratória é o conhecimento. Górgias responde que a oratória é o conhecimento dos discursos. Sócrates argumenta que outras artes também envolvem o conhecimento dos discursos, com cada arte se preocupando com aqueles discursos que dizem respeito a seu objeto. Por exemplo, a medicina está preocupada com os discursos que dizem respeito à saúde e à doença. Artes como a medicina não deveriam ser também chamadas de oratória? Górgias responde que, ao contrário dessas outras artes, a oratória exerce sua influência inteiramente por meio do discurso. Sócrates sublinha que artes como a aritmética ou a geometria também exercem, na maioria das vezes, sua influência por meio do discurso. No caso da aritmética ou da geometria, é possível dizer do que tratam essas artes. Mas do que trata a oratória?

Górgias diz que a oratória trata da maior e mais nobre das coisas humanas, a saber, a capacidade de persuadir pela fala os juízes, os senadores e "os homens em qualquer outra assembleia política". Assim, a oratória é para cada pessoa a fonte de domínio sobre outras pessoas. Sócrates redefine a oratória como uma "produtora de persuasão" e Górgias concorda com essa definição. Sócrates diz que outras artes, por exemplo, a aritmética ou o ensino, também produzem persuasão. Assim, se a oratória é uma "produtora de persuasão", que tipo de persuasão ela produz? Górgias responde que a oratória produz o tipo de persuasão que é encontrado nos tribunais, isto é, a persuasão sobre o certo e o errado.

Sócrates contrapõe "ser convencido" (crença) a "ter aprendido" (conhecimento). Embora tanto as pessoas que foram convencidas quanto as pessoas que aprenderam tenham sido persuadidas, as primeiras têm convicção sem conhecimento, enquanto as últimas têm o conhecimento em si. Em outras palavras, embora possa haver crença verdadeira e crença falsa, só pode haver conhecimento verdadeiro, e nunca falso conhecimento. É a oratória o tipo de persuasão que resulta em crença e convicção ou é o tipo de persuasão que resulta em conhecimento e aprendizado? Górgias admite que a oratória é o tipo de persuasão que resulta em crença e convicção.

Nesse ponto, Sócrates diz:

> *De minha parte, eu ficaria feliz em continuar a questioná-lo se você fosse o mesmo tipo de homem que eu; senão, desistiria. E que tipo de homem sou eu? Um dos que ficaria feliz em ser refutado se dissesse alguma coisa falsa e que ficaria feliz em refutar alguém que dissesse alguma coisa falsa; um homem, no entanto, que de modo algum ficaria menos feliz em ser refutado do que em refutar. Pois considero ser refutado como um bem maior, na medida em que é um bem maior a pessoa ser libertada do maior dos males do que libertar outra pessoa disso.*

Górgias responde que, embora ele seja esse tipo de homem, deviam pôr um fim na conversa, porque algumas das pessoas que os ouviam podiam querer sair para se ocupar de outra coisa. Querefonte, no entanto, o estimula a continuar, dizendo:

> *(...) Espero nunca estar tão ocupado a ponto de me privar de discussões como esta, conduzida do modo como está sendo conduzida, por achar mais prático fazer alguma outra coisa.*

E assim a conversa continua. Sócrates pergunta a Górgias se ele pode transformar alguém em um orador. Górgias diz que é realmente capaz de transformar uma pessoa em um orador, um orador que possa, numa assembleia, ser até mais persuasivo acerca de um determinado tema que um especialista da área. Sócrates salienta que "numa assembleia" significa simplesmente "entre aqueles que não têm conhecimento", pois certamente um orador não seria mais persuasivo que um médico numa audiência que consistisse inteiramente de médicos. Sócrates enfatiza que, quando um orador tem maior poder de persuasão sobre um assunto que um especialista no assunto, isso acontece porque, entre não conhecedores, um não conhecedor pode ser mais persuasivo que um conhecedor. Mas se um orador não tem conhecimento sobre medicina ou algum outro assunto, será que também não lhe falta conhecimento sobre o que é justo e injusto? Assim como um homem que aprendeu música é músico e um homem que aprendeu carpintaria é carpinteiro, um homem que aprendeu o que é justo é um homem justo. Como um homem justo é aquele que faz coisas justas, um orador (que, se presume, seja um homem justo) jamais iria querer fazer o que é injusto. Górgias fica particularmente embaraçado com essa linha de raciocínio, já que anteriormente deixara escapar que um orador pode, às vezes, agir injustamente.

Polo, um dos discípulos de Górgias, dá um salto à frente e pergunta a Sócrates do que *ele* acha que a oratória é o conhecimento. Sócrates diz que não considera a oratória uma arte, mas uma habilidade e um componente da adulação. Um homem que usa a oratória carece de conhecimento do que é bom e mau, podendo assim fazer o que julga adequado em vez do que quer, porque supõe que o que julga adequado é melhor para ele, quando é de fato pior, enquanto o que quer é (por definição) sempre bom para ele. Ao contrário do que pensa Polo, não se pode dizer que tal homem tenha algum poder real. Polo pergunta a Sócrates se ele não sentiria inveja de alguém que, quando julgasse adequado, pudesse condenar outra pessoa à morte, confiná-la ou confiscar suas propriedades. Sócrates responde que de modo algum sentiria inveja se essas coisas fossem feitas injustamente, porque "não devemos invejar os que não são invejáveis ou os desgraçados; devemos ter pena deles". Polo pergunta em seguida a Sócrates se não é, antes, a pessoa condenada à morte injustamente que deveria ser considerada infeliz e lamentada. Sócrates argumenta que a pessoa condenada à morte injustamente é de fato menos infeliz e menos digna de piedade do que a pessoa que a condenou à morte ou a pessoa que é justamente condenada à morte, pois fazer o que é injusto é a pior coisa que há. Embora Sócrates nem desejasse condenar alguém à morte injustamente nem quisesse ser condenado à morte injustamente, preferia a segunda à primeira hipótese, porque aqueles que fazem o que é injusto são necessariamente infelizes, em particular se não obtêm a devida punição. Ao contrário de Sócrates, Polo acredita claramente que é possível um homem ser injusto e feliz, desde que escape de sua devida punição. Cita o exemplo de Arquelau, tirano da Macedônia, e pergunta se um homem como Arquelau, que de forma injusta – mas bem--sucedida – conspira para estabelecer-se como tirano, não é mais feliz que o homem que injustamente conspira para estabelecer-se como tirano, mas é capturado e torturado até a morte. Sócrates responde que nenhum dos dois é mais feliz, "pois de duas pessoas desgraçadas uma não pode ser mais feliz que a outra". Contudo, ele acha que o homem que consegue estabelecer-se como tirano é o mais desgraçado dos dois. Quando Polo dá uma gargalhada, ele diz:

Que é isso, Polo? Está rindo? É algum novo estilo de refutação, rir quando alguém defende uma ideia, em vez de refutá-lo?

Polo diz que Sócrates já foi suficientemente refutado, visto que ninguém compartilharia seu ponto de vista. Sócrates responde que não discute nada com a maioria e que só pode chamar como testemunha o homem com quem está tendo uma discussão. Afirma que fazer o que é injusto é mais vergonhoso do que sofrer a injustiça, sendo, portanto, pior. Quando Polo discorda, ele diz que Polo evidentemente não compreende que "admirável" e "bom" significam a mesma coisa, assim como "mau" e "vergonhoso". Desse modo, demonstra a Polo que ninguém chamaria de admirável uma coisa que também não fosse boa ou de vergonhosa uma coisa que também não fosse má. Por conseguinte, se fazer o que é injusto é mais vergonhoso do que sofrer a injustiça, é também pior. Polo é obrigado a ceder quanto a esse ponto. Sócrates em seguida afirma que sofrer pena por alguma falta e ser justamente punido pelo erro é a mesma coisa. Seja qual for o modo como uma coisa que age sobre outra coisa age sobre ela, é desse modo que a coisa que sofre a ação é atingida pela coisa que age sobre ela. Por exemplo, se alguém que golpeia bate com força e depressa, a coisa sendo batida é batida com força e depressa. Sofrer pena por alguma falta é um exemplo de sofrer a ação de alguém que age de forma justa. Como as coisas justas são admiráveis, a pessoa que sofre pena por alguma falta tem algo admirável e, portanto, algo bom feito para ela. Para as finanças, para o corpo e para a alma de alguém, há três modalidades de males, a saber, a pobreza, a doença e a injustiça. Desses, a injustiça é o mais vergonhoso e também o pior. O remédio para a pobreza é a gerência das finanças, o remédio para a doença é a medicina, e o remédio para a injustiça é a justiça. Dos três, a justiça é de longe o mais admirável. Tomar um medicamento para o corpo é desagradável, mas benéfico, o que é também verdade quando se recebe uma punição para a alma. O homem que tem maldade na alma e sofre por causa de seu erro é feliz, enquanto o homem que tem maldade na alma, mas escapa da punição é tão infeliz que não mede esforços para acumular riquezas e amigos, e arranjar meios de falar com o máximo possível de persuasão. A conclusão lógica é que o transgressor que se entrega à punição está de fato agindo de acordo com o que lhe causará maior benefício.

Sócrates revela a Cálicles que a filosofia diz coisas assombrosas e que a pessoa deve comprometer-se com essas coisas e viver de acordo com elas. Ele diz:

> (...) Penso que é melhor ter minha lira ou um coro em que eu pudesse reger desafinados e dissonantes, e ter a grande maioria dos homens discordando de mim e me contradizendo, que ficar em desarmonia comigo mesmo, que me contradizer, embora eu seja uma só pessoa.

Cálicles fica irritado com Sócrates e o acusa de brincar com as palavras. Cálicles diz que, quando vê filosofia num jovem, acha-a admirável, mas quando a vê em alguém mais velho, pensa que o homem precisa de umas boas chicotadas. Sócrates diz que tem sorte por haver atingido Cálicles, porque Cálicles tem todas as três qualidades necessárias para pôr uma alma a teste: conhecimento, boa vontade e franqueza. Embora muita gente tenha uma ou outra dessas três qualidades, poucas pessoas têm todas elas. Por exemplo, Górgias e Polo têm – ambos – conhecimento e boa vontade, mas não franqueza. Sócrates diz que, como tanto ele quanto Cálicles têm essas três qualidades em combinação, aquilo com que ambos concordarem, seja o que for, deve ser a verdade.

O tópico da discussão se volta para a natureza da justiça. Cálicles argumenta que a justiça é a justiça natural, de acordo com a qual o nobre e o forte governam o humilde e o fraco. Sócrates questiona se o nobre e o forte podem governar a si mesmos, isto é, praticar a sobriedade e o autocontrole. Cálicles diz que a sobriedade é sinal de fraqueza e que o poder e a felicidade são resultado de deixarmos que nossos desejos cresçam sem limitação. Sócrates compara a alma de um homem que deixa seus desejos crescerem sem limitação a um tonel furado, que está sempre precisando de mais. A não ser que tal homem pratique a sobriedade e o autocontrole, não se pode dizer que seja verdadeiramente feliz. Cálicles nega isso, igualando o que é prazeroso e, portanto, desejável ao que é bom. Sócrates demonstra que o que dá prazer não pode ser igualado ao que é bom. Argumenta que um apetite físico, como a fome, é doloroso, enquanto comer para aliviar essa fome é prazeroso. Assim, quando comemos para aliviar a fome, estamos experimentando prazer e dor ao mesmo tempo. Mas na realidade não podemos estar ao mesmo tempo passando bem e passando mal. Por conseguinte, o que é prazeroso não pode ser igualado ao que é bom e o que é doloroso não pode ser igualado ao que é mau. Cálicles não reage à argumentação de Sócrates.

Sócrates afirma mais adiante que homens tolos sentem prazer e dor com a mesma intensidade ou com uma intensidade maior que homens sábios, embora homens tolos sejam maus e homens sábios sejam bons. Também por essa razão, o que é prazeroso não pode ser igualado ao que é bom e o que é doloroso não pode ser igualado ao que é mau. Se a pessoa quer ter uma existência digna, deve fazer as coisas, incluindo as coisas agradáveis, por amor às coisas boas e não coisas boas por amor às coisas agradáveis. Uma técnica ou aptidão – como assar um pão doce – que está relacionada ao que é agradável deve ser diferenciada de um ofício ou uma arte como a medicina, que está relacionada ao que é bom. Visto que a oratória é uma aptidão e a filosofia é uma arte, a oratória está para a filosofia como o preparo de um pão doce está para a medicina ou como o gosto da indumentária está para a ginástica. Artesãos e artistas proporcionam ordem e disciplina. Por exemplo, médicos e treinadores físicos proporcionam ordem e disciplina ao corpo. Um corpo adequadamente em ordem é um corpo saudável e forte, e uma alma adequadamente em ordem é uma alma justa e sóbria.

Cálicles está relutante em prosseguir o debate e convida Sócrates a continuar sozinho, fazendo perguntas e respondendo-as ele próprio. Sócrates pronuncia um longo monólogo, demonstrando assim que o melhor tipo de oratória é o tipo que é usado contra a própria pessoa. Diz que a presença de justiça e sobriedade é necessariamente acompanhada pela presença de coragem e piedade e, portanto, aquele cuja alma é justa e sóbria é perfeitamente bom e também perfeitamente feliz. Devíamos cuidar melhor da alma do que do corpo, porque a alma contém nossos traços mais complexos e mais puros e porque a alma sobrevive à morte do corpo. E devíamos estender essa busca da virtude à nossa cidade e aos que são cidadãos como nós, na esperança de que possam também se tornar tão bons e tão felizes quanto possível. Sócrates comenta que não ficaria surpreso se fosse condenado à morte, já que é um dos poucos atenienses – senão o único – a praticar a verdadeira política, isto é, a fazer discursos que não têm como objetivo uma recompensa material, mas sim o que é melhor. Como não está inclinado a se ocupar com a oratória, sua defesa será pobre e será julgado "do modo como um médico é julgado por um júri de crianças se um cozinheiro de padaria fizer acusações contra ele". Seja como for, um homem com coragem e bom senso tem muito mais medo de fazer o que é injusto do que de morrer.

No final do *Górgias*, Sócrates relata um mito escatológico (ou mito da morte). Depois de Zeus, Possêidon e Plutão tomarem o poder de Cronos, pai deles, eles dividiram o mundo entre si. No tempo de Cronos, um homem que tivesse levado uma vida justa e piedosa ia para as Ilhas dos Bem-Aventurados, mas um homem que tivesse levado uma vida injusta e ímpia ia para o Tártaro, onde sofria o que lhe era apropriado sofrer. Os homens eram julgados por juízes vivos no dia em que iam morrer. Como os casos eram mal decididos, Zeus julgou benéfico fazer três alterações: primeira, que não deviam saber quando iam morrer; segunda, que só deviam ser julgados depois de mortos, despidos de suas roupas e seus corpos dissimuladores; e terceira, que os próprios juízes deviam estar mortos para que pudessem julgar apenas com suas almas, "em vez de ter olhos, ouvidos e todos os seus corpos erguidos como biombos diante de suas almas". Zeus designou três de seus filhos, Minos, Radamanto e Éaco, para agir como juízes na interseção de três caminhos da qual saem as duas estradas, uma para as Ilhas dos Bem-Aventurados e outra para o Tártaro. Os que eles punem com maior severidade vêm das fileiras dos tiranos, dos reis, dos potentados e dos ativos na política, já que estão numa posição de onde podem cometer os erros mais sérios e impiedosos. Por essa razão, aqueles que Homero descreve como submetidos à punição eterna no Hades não são pessoas simples, mas reis e potentados como Sísifo, Tântalo ou Tício.

Sócrates diz a Cálicles que, embora os que são extremamente perversos venham das fileiras dos poderosos, não há nada que impeça que surjam homens de bem entre eles. Tais homens merecem grande louvor, pois é muito difícil levar uma vida de forma justa quando se recebeu ampla liberdade para fazer o que é injusto. Contudo, como ele demonstrou desde o início, nada de verdadeiramente mau pode jamais acontecer a um homem verdadeiramente bom.

Pois é uma coisa vergonhosa para nós, estando na situação em que parecemos estar no presente – quando nunca pensamos o mesmo sobre os mesmos assuntos, incluindo os de maior importância –, nos vangloriarmos como se valêssemos alguma coisa. É a esse ponto de atraso que chegamos em termos de educação. Portanto, usemos como guia o relato que agora nos foi revelado, que nos indica que a melhor maneira de viver é a que consiste na prática da justiça e das demais virtudes, tanto na vida quanto na morte. Vamos seguir, então, encorajando outros a fazer o mesmo, esse estilo de vida, não aquele em que você acredita e me aconselha a seguir. Pois esse, Cálicles, não vale nada.

CAPÍTULO 9

Clitófon

Para onde, oh, homens, vão com tanta pressa?

Sócrates descobriu recentemente que Clitófon andou fazendo críticas a ele para o orador Lísias, enquanto elogiava o retórico Trasímaco. Clitófon se dispõe a contar a Sócrates o que disse a Lísias.

Clitófon diz que estava muito impressionado com as esplêndidas falas de Sócrates, em particular, com a famosa exortação à virtude:

Para onde, oh, homens, vão com tanta pressa? Não sabem mesmo que não estão fazendo nenhuma das coisas que deviam, pois gastam toda a energia com a riqueza e o modo de adquiri-la; enquanto no que tange aos filhos, a quem a transmitirão, descuidam de se assegurar de que saberão usá-la de forma justa... Contudo, é de fato por causa disso... que sem medida ou harmonia colidem irmão com irmão, cidade com cidade, e entram em disputa, e nas guerras perpetram e sofrem os piores horrores. Mas vocês afirmam que os injustos são injustos não em consequência da falta de educação e da falta de conhecimento, mas voluntariamente, enquanto por outro lado não hesitam em afirmar que a injustiça é uma coisa torpe e abominável para os Céus. Como então, digam, poderia alguém escolher voluntariamente um mal de tal espécie? Poderia alguém, respondem vocês, que fosse

95

dominado por seus prazeres. Mas não é essa condição também involuntária, mesmo que o ato de dominar seja voluntário? Assim, em todos os aspectos, o argumento prova que a ação injusta é involuntária e que cada homem, privadamente, e todas as cidades, publicamente, deviam prestar mais atenção a esse assunto do que agora fazem.

Clitófon elogia a bela conclusão de Sócrates: assim como alguém que não sabe usar uma lira não devia usar nenhuma, alguém que não sabe usar sua alma melhor faria deixando a alma descansar e não vivendo ou, pelo menos, vivendo como escravo e cedendo a outro o leme de sua mente. Depois de ser estimulado por essa fala e outras falas semelhantes, Clitófon quis saber o que viria em seguida e pôs a questão para amigos e seguidores de Sócrates:

Pergunto-lhes, meus caríssimos senhores, em que sentido agora aceitam a exortação à virtude que Sócrates dirigiu a nós. Não devemos passar daí, encarando como impossível continuar perseguindo o objeto para apreendê-lo plenamente, admitindo que nossa tarefa perpétua será apenas exortar os que ainda não foram exortados, gente que por sua vez exortaria outros? Ou, depois de concordarmos que é exatamente isso que um homem deve fazer, teríamos de fazer a Sócrates, e uns aos outros, a pergunta adicional: "Qual é o próximo passo?". Como e por onde, em nossa opinião, devíamos dar início ao estudo da justiça?

O mais notável dentre os amigos e seguidores de Sócrates respondeu que a arte que diz respeito à virtude da alma é a própria justiça. Clitófon então lhe pediu para, além de definir a arte, descrever seu produto. Se o produto da medicina é a saúde e o produto da carpintaria é uma casa, qual é o produto da justiça? O homem respondeu que esse produto era "o benéfico", outro disse "o apropriado", outro, ainda, "o útil", e finalmente outro, "o vantajoso". Clitófon argumentou que todas essas palavras hão de ser empregadas também com relação a outras artes, mas o que é, no caso da justiça, que todas elas têm em mira? Qual é, em suma, o produto peculiar da justiça? Alguém respondeu que o produto peculiar da justiça era a "amizade dentro das cidades". Contudo, não reconheceríamos as amizades de crianças ou animais como verdadeiras amizades, já que a amizade é sempre boa e nunca má, enquanto as amizades de crianças ou animais são com mais frequência prejudiciais do que boas. Ao contrário, a amizade verdadeira consiste não em associação, mas em *acordo*. Clitófon perguntou se esse acordo consistia em crença ou conhecimento, ao que o homem respondeu que consistia em conhecimento, já que as crenças que o homem compartilha são frequentemente nocivas, enquanto a amizade é sempre boa, nunca má. Alguns espectadores indicaram que a argumentação havia caído num círculo vicioso, já que a medicina é também uma espécie de acordo. Contudo, no caso da medicina, é fácil dizer em torno de que é feito esse acordo. No caso da justiça, porém, é um acordo sobre o quê?

Finalmente, Clitófon pôs a questão ao próprio Sócrates, que respondeu que o objetivo da justiça é fazer mal aos inimigos e socorrer os amigos. Contudo, comprovou-se mais tarde que o homem justo jamais prejudica alguém, pois tudo que faz é em benefício de todos. Clitófon chegou finalmente à conclusão de que, embora Sócrates fosse melhor do que ninguém para despertar o interesse das pessoas na busca da virtude, não sabia nada sobre ela ou estava guardando para si o que sabia. Por essa razão, ele se voltou para Trasímaco.

Pois insistirei, Sócrates, que embora você tenha um valor incalculável para um homem que ainda não foi estimulado a buscar a virtude, para o que já foi, você é quase um obstáculo material, impedindo-o de alcançar o objetivo da virtude e tornar-se um homem feliz.

CAPÍTULO 10

Eutífron

*Aquilo que é sagrado é amado pelos deuses porque é
sagrado ou é sagrado porque é amado pelos deuses?*

Sócrates está em vias de responder a uma acusação de impiedade, feita contra ele
por um certo Meleto, por corromper jovens e criar novos deuses, não acreditando
nos antigos. Ele se depara com Eutífron na ágora, ou praça central. Eutífron é um
ortodoxo, um homem dogmaticamente religioso que, em seguida à morte de um
criado, fez uma acusação de homicídio contra o próprio pai. Eutífron diz a Sócrates que está processando o pai por ter assassinado, inadvertidamente, o criado
que, num estado de embriaguez, matara um dos escravos da casa. Após amarrar
o criado e atirá-lo num fosso, o pai de Eutífron mandou um mensageiro perguntar a um sacerdote o que devia ser feito. Infelizmente, o criado morreu de fome
e frio antes que o mensageiro tivesse tempo de voltar.

Sócrates faz um agrado a Eutífron, sugerindo que ele tem de estar muito
avançado em sabedoria para se mostrar disposto a processar o próprio pai com
base numa acusação tão questionável. Eutífron diz que os parentes estão revol-
tados com ele, ao vê-lo processar o pai por homicídio por causa de um criado
assassino que o pai não matara deliberadamente. Os parentes de Eutífron acham
que ele está se comportando impiedosamente, mas Eutífron acha que está se
comportando de forma piedosa e que tem conhecimento apurado da piedade e

da impiedade. Fazendo-se passar por ignorante, Sócrates pede que Eutífron defina o piedoso e o ímpio. Eutífron responde que piedoso é processar um transgressor independentemente da relação que tivermos com ele e ímpio é não processá-lo. Dá o exemplo de Zeus, "o melhor e mais justo dos deuses", que acorrentou o pai, Cronos, porque ele injustamente devorava os filhos. Sócrates diz que muitas ações podem ser piedosas, mas o que é que torna piedosas todas as ações piedosas e impiedosas todas as ações impiedosas? Qual é, em suma, a essência da piedade? Eutífron sugere que a piedade é o que é caro aos deuses. Assim, uma ação cara ou um homem caro aos deuses são piedosos, enquanto uma ação ou um homem odiados pelos deuses são impiedosos. Sócrates sustenta que os deuses podem estar em conflito uns com os outros e, por conseguinte, aquilo que é piedoso para um deus pode não sê-lo para outro. Eutífron replica que nenhum deus estaria em conflito com outro a respeito de um assunto como esse. Sócrates afirma que, embora tanto os homens quanto os deuses possam concordar que todo aquele que matou alguém injustamente deva receber uma pena, eles ainda podem discordar sobre quem é o transgressor, o que ele fez e assim por diante. Pode Eutífron ter certeza de que todos os deuses estão de acordo nesse caso particular? Mesmo presumindo que estejam, isso meramente significa que a ação é odiada pelos deuses. Não significa que o que é odiado pelos deuses seja ímpio, o que é amado pelos deuses seja piedoso e o que é odiado por alguns deuses – mas amado por outros deuses – seja ambas as coisas ou nem uma coisa nem outra. Mesmo que assim fosse, o que é piedoso é amado pelos deuses porque é piedoso ou é piedoso porque é amado pelos deuses?[9] Se os deuses amam alguma coisa porque ela é piedosa, então não pode ser o amor deles que a torna piedosa. Ao passo que se alguma coisa é piedosa porque os deuses a amam, ainda não sabemos por que razão eles a amam. Eutífron se queixa de que Sócrates faz seus argumentos rodarem em círculos, mas Sócrates salienta que tudo que está fazendo são perguntas; são as respostas e os argumentos de Eutífron que estão rodando em círculos.

Sócrates argumenta em seguida que tudo que é piedoso é necessariamente justo. Enquanto tudo que é piedoso é necessariamente justo, nem tudo que é justo é necessariamente piedoso: parte é e parte não é. Assim, onde há piedade há também justiça, mas onde há justiça não há necessariamente piedade, porque a piedade é uma parte da justiça. Então que parte da justiça é a piedade? Eutífron responde que a piedade é a parte da justiça que diz respeito ao cuidado dos

---

9. Esse é o famoso "dilema de Eutífron".

deuses e a parte restante da justiça é a justiça que diz respeito ao cuidado dos homens. Sócrates pergunta a Eutífron o que ele entende por "cuidado". Na maioria dos casos, "cuidar" significa "ter como objetivo o bem daquilo que é cuidado". Então a piedade, que diz respeito ao cuidado dos deuses, tem como objetivo torná-los melhores? Eutífron sugere que a piedade, o cuidado dos deuses, é o tipo de cuidado que os escravos têm pelos seus amos, sendo por conseguinte um tipo de serviço. Se a piedade é um tipo de serviço aos deuses, pergunta Sócrates, qual é o objetivo desse serviço? O objetivo do serviço aos médicos é a saúde e o objetivo do serviço aos construtores navais é a construção de um navio. Então qual é o objetivo do serviço aos deuses? Eutífron responde que o serviço aos deuses é o conhecimento de como dizer e fazer o que é agradável aos deuses, na prece e no sacrifício, para preservar tanto os afazeres privados quanto os assuntos públicos do Estado.

Sócrates diz que, se o piedoso é o conhecimento de como rezar e oferecer sacrifício, é então o conhecimento de como pedir e dar alguma coisa aos deuses. Rogar corretamente seria pedir-lhes as coisas de que precisamos, ao passo que oferecer corretamente seria dar-lhes as coisas de que precisam, e a piedade equivaleria a uma espécie de arte da negociação entre deuses e homens. Eutífron diz "Negociação, sim, se é como prefere chamar", ao que Sócrates responde "Não prefiro nada, salvo o que for verdadeiro". Sócrates pergunta que benefício os deuses tiram dos presentes que recebem de nós. Ou temos tanta vantagem na negociação que recebemos deles todas as nossas bênçãos e eles nada recebem de nós? Eutífron diz que damos presentes aos deuses para reverenciá-los e agradá-los. Sócrates pergunta se o piedoso é então agradável aos deuses, mas não benéfico ou caro a eles, ao que Eutífron responde: "Acho que, de todas as coisas, a piedade é o mais importante para eles". Sócrates chama a atenção para o fato de terem retornado à definição original de piedade dada por Eutífron – a piedade é aquilo que é caro aos deuses. Sócrates diz que Eutífron é mais habilidoso que Dédalo,* visto que Dédalo podia apenas fazer as coisas andarem, enquanto Eutífron pode fazê-las andar em círculo. Sócrates sugere que comecem de novo a investigação, mas Eutífron diz que está com pressa e vai embora!

---

* Dédalo é um personagem da mitologia grega, notável arquiteto e inventor, capaz de construir coisas que podiam se movimentar sozinhas. (N. do T.)

CAPÍTULO 11

Apologia

(...) a vida que não passa por um exame
não vale a pena ser vivida...

Sócrates foi acusado por Meleto, Ânito e Lícon de transgredir a lei contra a impiedade, ofendendo os deuses do Olimpo, e faz sua "apologia", ou seu discurso de defesa, diante de 501 jurados. Começa afirmando que não conseguia se reconhecer nas falas de seus acusadores. Os acusadores exortaram os jurados a não se deixarem enganar por sua eloquência, mas, a não ser que por "eloquência" pretendessem se referir a "falar a verdade", ele pode ter sido tudo, menos eloquente. Ao contrário de seus acusadores, não iria proferir um discurso montado, cheio de estudo e artifício, mas simplesmente improvisar, como era hábito seu. Apesar de ter uma idade avançada, era a primeira vez que comparecia a um tribunal e não estava acostumado à sua linguagem. Que os jurados perdoassem quaisquer deslizes de seu habitual estilo coloquial e se limitassem a considerar se o que diz é verdadeiro ou não.

Antes de responder aos acusadores, Sócrates se propõe a responder a "acusadores mais antigos", que têm dito a todos que ele é um malfeitor que "investiga as coisas sob a terra e no céu", "faz a causa pior parecer a melhor" e "ensina a outros as doutrinas acima mencionadas". Os acusadores mais antigos são mais perigosos que Meleto e seus ajudantes porque, há muitos anos, vêm fazendo maquinações

103

contra ele e é provável que tenham influído sobre os jurados. Com exceção, no entanto, do humorista Aristófanes, que o retratou flutuando em pleno ar e falando disparates sobre coisas divinas; ele não sabe quem são seus velhos acusadores, sendo, portanto, incapaz de desafiá-los. Contudo, os jurados podem dar testemunho do fato de que ele jamais se manifestou sobre coisas divinas. E ao contrário de sofistas como Górgias, Hípias ou Pródico, jamais pretendeu compreender a virtude, nem aceitar dinheiro pelos seus serviços. Então, o que levou a todas essas acusações contra ele?

Sócrates explica que criou uma reputação de sabedoria; não a sabedoria super-humana dos sofistas, mas o tipo de sabedoria que pode ser atingido pelos homens. Vários anos antes, seu impetuoso amigo Querefonte perguntou ao oráculo de Delfos se havia alguém mais sábio que Sócrates, e a pitonisa respondeu que não havia ninguém mais sábio. Sabendo que não tinha mais que pouquíssima sabedoria, ele presumiu que a resposta fosse uma espécie de enigma e recorreu a um determinado político que era "considerado sábio por muitos e ainda mais sábio por ele próprio". A conversa que tiveram, no entanto, revelou que não era absolutamente sábio.

> *(...) e procurei explicar-lhe que ele se considerava sábio, mas não era realmente sábio; e o resultado disso foi que passou a me odiar e sua inimizade foi compartilhada por vários dos que estavam presentes e me ouviram.*

Embora ele e o político nada soubessem, era mais sábio que o político, visto que ele pelo menos sabia que nada sabia. Então procurou um homem atrás do outro; primeiro, políticos; depois, poetas; depois, artesãos, e descobriu que os que dentre eles tinham a maior reputação de serem sábios eram os mais tolos de todos. Assim, o propósito do deus Apolo fora dizer que a sabedoria dos homens é pouca coisa ou nada e que os homens que sabem disso têm o máximo possível de sabedoria que um homem pode alcançar. Em obediência a Apolo, viu como sua obrigação ir de um lado para o outro investigando a sabedoria de quem pretendesse possuí-la. Isso o ocupou de tal forma que não lhe sobrou tempo algum para dedicar a assuntos públicos ou privados. Fez muitos amigos entre os jovens das classes ociosas, que começaram a imitar seu comportamento. Contudo, fez também muitos inimigos, já que as pessoas que se revelavam carentes de sabedoria não ficavam irritadas consigo mesmas, mas com ele. Como não podiam dizer por que estavam irritadas, apareciam com todas aquelas acusações que costumam ser feitas contra todos os filósofos, como "investigar as coisas sob a terra e no céu", "fazer a causa pior parecer a melhor", e assim por diante.

Tendo dito o bastante sobre seus acusadores mais antigos, Sócrates se volta para Meleto e o acusa de estar realmente disposto a levar outros homens a julgamento por questões que lhe são indiferentes. Para demonstrar, por exemplo, que Meleto não tem interesse no melhoramento da juventude, Sócrates pede que Meleto especifique o que ele considera que tornaria melhor a juventude. Após alguma hesitação, Meleto responde que o que tornaria melhor a juventude seriam as leis.

S: *Quem, mais que todos, conhece as leis?*

M: *Os juízes, Sócrates, que estão presentes no tribunal.*

S: *Está querendo dizer, Meleto, que eles são capazes de instruir e tornar melhor a juventude?*

M: *Certamente são.*

S: *Bem, todos eles, ou apenas uns e outros não?*

M: *Todos eles.*

Sob a pressão do interrogatório de Sócrates, Meleto diz que os senadores e os membros da Assembleia também tornam melhor a juventude, deixando subentendido que todos os cidadãos atenienses, com a única exceção de Sócrates, melhoram a juventude. Sócrates pergunta a Meleto se isso também não pode ser dito de cavalos, quando todos lhes fazem bem e apenas um homem os prejudica. Ou será o contrário, com todos a prejudicá-los com exceção de um homem, o treinador de cavalos, o único a fazer-lhes bem? Tendo demonstrado que Meleto nunca deu a menor importância ao melhoramento da juventude, Sócrates se propõe a demonstrar que ele poderia, não intencionalmente, ter corrompido a juventude.

S: *O bom não faz o bem aos vizinhos e o mau não lhes faz mal?*

M: *Certamente.*

S: *E há alguém que prefira ser prejudicado em vez de beneficiado por aqueles que vivem a seu lado?*

M: *Certamente não.*

S: *E quando você me acusa de corromper e tornar pior a juventude, você afirma que a corrompo voluntariamente ou involuntariamente?*

M: *Digo que é voluntariamente.*

Sócrates argumenta que não teria corrompido a juventude voluntariamente, pois saberia que fazê-lo equivaleria a condenar a si próprio. Por conseguinte, se corrompeu a juventude, ele o fez involuntariamente e não merece ser julgado e punido, mas censurado e educado.

Sócrates pergunta em seguida o que Meleto pretendeu dizer quando o acusou de ensinar os jovens a reconhecer deuses diferentes dos reconhecidos pelo Estado. Meleto quis dizer: 1) que ele, Sócrates, acredita em alguns deuses, embora não naqueles reconhecidos pelo Estado, ou 2) que é ateu e não acredita absolutamente em nenhum deus? Meleto afirma que Sócrates é ateu, já que acredita que o Sol é pedra e a Lua é terra. Sócrates salienta que essa não é de fato sua opinião, mas a do filósofo Anaxágoras. Afirma então que, assim como é impossível acreditar na existência de coisas humanas, mas não na de seres humanos, ou acreditar na existência da equitação, mas não na de cavalos, é impossível acreditar na existência de coisas divinas, mas na não de deuses. Assim, ao acusá-lo de ensinar os jovens a reconhecerem deuses diferentes dos reconhecidos pelo Estado, Meleto deixou subentendido que ele, Sócrates, crê na existência de deuses.

Tendo dito o bastante sobre Meleto, Sócrates explica que optou por levar a vida de filósofo, apesar dos riscos envolvidos, porque a pessoa não deve pensar na possibilidade de viver ou morrer, mas apenas considerar se o que faz é bom ou mau. O grande herói Aquiles não temia a morte, mas temia perder sua honra e fracassar em vingar a morte de seu amante Pátroclo. "Que eu morra já", disse ele, "(...) em vez de permanecer aqui, alvo de riso junto a navios tombados, um fardo sobre a terra." Sócrates diz que, assim como não abandonou seu posto nas batalhas de Potideia, Anfípolis e Délio, não abandonará a vida de filósofo. Se o fizesse por medo da morte, estaria se iludindo por pensar que era sábio quando não era, já que ninguém pode saber se a morte é o maior mal ou o maior bem.

Homens de Atenas, estou grato a todos e sou amigo, mas obedecerei ao deus em vez de obedecer a vocês e, enquanto respirar e for capaz, não deixarei de praticar a filosofia para aconselhá-los e, como é meu costume, para dizer a qualquer um que por acaso encontre: bom homem, como ateniense, cidadão da maior e mais famosa das cidades, tanto pela sabedoria quanto pelo poderio, não se envergonha da avidez em possuir o máximo possível de riqueza, reputação e honrarias sem se importar, sem dar a menor atenção à sabedoria, à verdade ou à melhor condição possível de sua alma?[10]

---

10. Traduzido por GMA Grube.

O Estado jamais foi agraciado por bem maior que o serviço que ele, Sócrates, presta ao deus, pois tudo que faz é ir de um lado para o outro persuadindo os homens a não se preocuparem tanto com riqueza, reputação e honrarias, mas a se preocuparem, em primeiro lugar, com a excelência e a virtude. "A riqueza", diz ele, "não traz a excelência, mas a excelência torna a riqueza e todas as outras coisas boas para os homens, tanto individual quanto coletivamente." É a essência de seu ensinamento; se corrompe os jovens, então que seja. Ao condená-lo à morte, o júri estaria causando a si mesmo um dano muito maior que a ele, já que sentenciar um homem inocente à morte é muito pior que matar a si próprio. Dificilmente encontrariam outro homem como ele, que era para o Estado o que uma mosca varejeira era para um cavalo nobre, mas apático, incessantemente a picá-lo e a irritá-lo. Ele se transformou na mosca varejeira de Atenas em obediência ao deus e sua pobreza é prova suficiente de que nunca aceitou nenhum dinheiro por isso. Chegou de fato a pensar em entrar na arena pública, mas seu *daemonion* o proibiu de fazê-lo sob o pretexto de que, se ele se tornasse um político, seria logo assassinado e a ninguém seria útil.

> *Pois tenho certeza, homens de Atenas, que se tivesse me envolvido em política há muito tempo já estaria morto e não teria sido útil em nada, nem a vocês, nem a mim mesmo. E não se sintam ofendidos por eu lhes dizer a verdade; pois a verdade é que nenhum homem que se choque com vocês ou com qualquer outra gente ao lutar, com sinceridade, contra a prática da injustiça e do erro no Estado salvará sua vida. Quem quer combater realmente pelo que é justo, se pretende viver pelo menos mais algum tempo, deve ter uma ocupação privada, não pública.*

Ele cita a ocasião, em 406 a.C., em que lhe coube presidir a Assembleia e se opôs sozinho ao julgamento coletivo dos generais que, após a batalha de Arginusas, deixaram de recolher os sobreviventes atenienses por causa de uma violenta tempestade. Nessa época, os oradores estiveram à beira de afastá-lo, embora mais tarde todos percebessem que o processo teria sido ilegal. Também cita a ocasião, em 404 a.C., em que os Trinta Tiranos pediram a ele e a quatro outros que trouxessem o inocente Leon de Salamina para ser executado e só ele se recusou, embora sua recusa pudesse ter lhe custado a vida. Assim como procedia na esfera pública, procedia na esfera privada. Nunca teve discípulos regulares, mas falava livremente para todos os que vinham lhe fazer perguntas, fossem novos ou velhos, ricos ou pobres. Como nunca lhes ensinou coisa alguma, não merece louvor ou censura por suas ações subsequentes. Contudo, se de fato os corrompeu, por que seus pais e irmãos não tomam a frente para acusá-lo? Vários deles estão lá, entre o público, incluindo Críton e seu filho Critóbulo, Lisânias de Esfeto e o filho Esquines, Adimanto e seu irmão Platão, além de vários outros. Por que Meleto não convoca nenhum deles como testemunha?

Essa é toda a defesa que tem a oferecer. Alguns jurados podem ficar ofendidos por não vê-lo recorrer a rogos e súplicas, a lágrimas derramadas ou à apresentação de seus filhos jovens com um pelotão de parentes e amigos. Tais cenas deploráveis não estariam à altura de sua idade e reputação, nem dos jurados, nem de fato da própria Atenas.

Vi homens de reputação se comportando do modo mais estranho ao serem condenados. Pareciam imaginar que iam sofrer algo pavoroso se morressem e que poderiam ser imortais se lhes permitissem viver. Acho que eram uma vergonha para o Estado e que qualquer estrangeiro que aqui chegasse diria, se referindo a eles, que os homens mais eminentes de Atenas, a quem os atenienses atribuem honra e postos de comando, não são melhores que mulheres.

Os jurados não deveriam dar os vereditos a seu bel-prazer, mas com base em fatos relevantes.

[O júri considera Sócrates culpado, e Meleto pede a pena de morte.]

Sócrates responde ao veredito do júri. Não tinha a menor dúvida de que seria considerado culpado e está surpreso que a diferença entre os votos pró e contra seja tão pequena. Pede que lhe deem nem mais nem menos do que merece, que não é a morte, mas refeições gratuitas no Pritaneu,[11] exatamente como fazem com os vencedores dos Jogos Olímpicos.* Afinal, os campeões olímpicos dão aos atenienses apenas uma aparência de felicidade, enquanto Sócrates lhes dá a realidade. Ele nunca fez mal a ninguém e não começará agora, pedindo para si próprio uma pena que não merece. Considera as alternativas: uma multa, que dificilmente poderia pagar, o encarceramento, que o transformaria num escravo, ou o exílio, que o transformaria num proscrito e num pária. O exílio poderia ser tolerável se ele segurasse a língua, mas não estava disposto a fazê-lo.

---

11. Prédio público em Atenas onde a hospitalidade oficial era estendida aos cidadãos e estrangeiros ilustres.

* Com a culpa, mas não a sentença definida, Sócrates tinha direito, como cidadão de Atenas, de sugerir penas alternativas à condenação à morte pedida por Mileto. (N. do T.)

Pois se eu disser que seria uma desobediência a um comando divino e que, portanto, não posso segurar minha língua, não acreditarão que estou falando sério; e se eu disser de novo que o maior bem para um homem é conversar diariamente sobre a virtude e sobre todos aqueles temas pertinentes em que vocês me ouvem examinando a mim mesmo e a outros, e que a vida que não passa por um exame não vale a pena ser vivida, é ainda menos provável que acreditem nisso.

No final, ele propõe uma multa de uma mina,[12] mas depois eleva para 30 minas, seguindo o conselho de Platão, Críton, Critóbulo e Apolodoro.

[O júri condena Sócrates à morte.]

Sócrates faz comentários sobre a sentença. Os jurados não ganharam muito tempo condenando-o à morte, pois ele tem mais de 70 anos e não está longe dela. Por outro lado, deram aos detratores da cidade a oportunidade de dizer que os atenienses mataram um homem sábio. Se o condenaram, não foi por falta de palavras da parte dele, mas por falta de disposição para dizer e fazer o que fosse preciso. Contudo, bem mais difícil é fugir da maldade, que corre mais que a morte, e ele prefere morrer a comprometer seus princípios. Velho e preguiçoso, fora apanhado pela morte, enquanto seus acusadores eram ágeis, rápidos, e tinham sido apanhados pela maldade. Pode ter sido condenado por eles, mas eles foram condenados pela Verdade e terão uma punição muito pior que a sua. Uma vez morto, outros críticos aparecerão, pedindo que prestem contas de suas vidas. Não é matando pessoas que escaparão de prestar contas de suas vidas, mas se tornando melhores.

Sócrates então se dirige aos que votaram pela absolvição. Seu *daemonion* permanecera silencioso do início ao fim do processo, o que era uma grande prova de que a morte é de fato uma coisa boa. A morte é um estado de nada e de total inconsciência, ou é uma jornada para outro lugar. No primeiro caso, é como um sono profundo, tranquilo, e a eternidade não é mais que uma simples noite. No segundo caso, é uma peregrinação a uma terra povoada por grandes homens, como Orfeu e Museu, Ulisses e Sísifo, Hesíodo e Homero.

Bem, se for isto que acontece, me deixem morrer muitas vezes... Que infinito prazer haveria em conversar com eles e lhes fazer perguntas! Pois em tal mundo não condenariam um homem à morte por causa disso; certamente não... Pelo que, oh, juízes, mostrem-se animados com relação à morte e considerem ao menos esta

---

12. Cem dracmas, sendo que uma dracma era o salário diário padrão de um trabalhador.

verdade – não pode acontecer mal algum a um homem de bem, nem na vida nem depois da morte.

Assim, chegou à conclusão de que para ele era melhor morrer do que viver e não estava absolutamente irritado com os que o acusaram e condenaram. Embora não tivessem pretendido lhe fazer nenhum bem, não lhe fizeram nenhum mal. Finalmente, pede que os amigos cuidem bem de seus três filhos.

Quando meus filhos ficarem adultos, pediria que vocês os punissem, oh, meus amigos; gostaria que os atormentassem do modo como atormentei vocês, se parecerem mais interessados em riquezas ou em algo senão a virtude; ou se pretenderem ser alguma coisa não sendo realmente nada...

A hora da partida chegou e tomamos nossos caminhos – eu para morrer e vocês para viverem. O que é melhor só Deus sabe.

CAPÍTULO 12

Críton

*Então, meu amigo, não devemos considerar o que os
outros dirão de nós, mas o que dirá um único homem que tenha
compreensão do justo e do injusto, e o que dirá a verdade.*

Sócrates continuava vivo um mês depois do julgamento porque nenhuma execução era permitida até o retorno da galera pública ateniense, que estava fazendo sua peregrinação anual a Delos, para comemorar a vitória de Teseu sobre o Minotauro. É ainda noite quando Críton suborna o guarda e consegue entrar na cela da prisão. Sócrates parece dormir tão tranquilamente que Críton, em vez de acordá-lo, fica a velar por ele até o raiar do dia, quando Sócrates então se mexe. Críton explica que veio porque a galera da cidade fora avistada em Súnio. Era provável que chegasse ao Pireu ainda naquele dia e, nesse caso, Sócrates seria executado no dia seguinte. Sócrates diz que tinha acabado de ter um sonho em que uma bela mulher de roupa branca o chamava e falava: "Oh, Sócrates, depois de amanhã irás para Fétia".[13] Isso devia certamente significar que a galera da cidade ia demorar mais um dia.

Críton mais uma vez renova seus apelos para que Sócrates fuja. Se Sócrates morresse, as pessoas achariam que Críton não havia subornado os guardas e que, portanto, dava mais valor ao dinheiro do que à vida de um amigo. Sócrates diz

---

13. Fétia era a terra natal do herói Aquiles.

111

que Críton não deve se preocupar com a opinião dos outros, mas Críton lembra que foi a opinião dos outros que condenou Sócrates à morte. Sócrates diz que, se a multidão fosse capaz de praticar o que havia de pior, também seria capaz de praticar o que havia de melhor. Contudo, não era capaz nem de uma coisa nem de outra, não conseguia tornar um homem sábio nem louco; tudo que fazia era apenas resultado do acaso. Críton pergunta se Sócrates não está disposto a fugir em consideração aos amigos, mesmo que eles tivessem de pagar suborno e correr o risco de serem presos e punidos. Críton garante a Sócrates que seus amigos têm muitos recursos e estão dispostos a correr qualquer risco. Há muitos lugares onde ele seria bem recebido, como a Tessália, onde Críton tem alguns amigos. Seja como for, ficar ali seria injusto, pois faria o jogo de seus inimigos e deixaria seus filhos sem um pai para educá-los. As pessoas pensariam que era um covarde e pensariam o mesmo de Críton e dos outros amigos dele. Aquela noite era sua última chance de escapar; tinha de tomar uma decisão, não havia mais tempo para delongas.

Sócrates responde que eles não podem abandonar princípios que sempre defenderam por se encontrarem inesperadamente diante da morte. Não estavam certos quando defendiam que só as opiniões dos homens de bem e dos sábios deveriam ser levadas em conta? Se não quer arruinar o corpo, o estudante de ginástica só deve levar em consideração o elogio ou a censura do médico ou do treinador. O que vale para a ginástica vale também para a justiça e o que vale para o corpo vale também para a parte mais elevada do homem, sendo esta inclusive mais importante que aquela. Críton está correto em dizer que a opinião da multidão pode condenar um homem à morte. Contudo, não é a vida que deve ser valorizada, mas o viver bem, isto é, viver com honra e conforme a justiça. Assim, Sócrates só vai fugir se puderem lhe provar que fazê-lo é justo e honroso. Dinheiro, opinião pública ou criação dos filhos são "apenas as doutrinas da multidão, que, se pudesse, estaria tão pronta a ressuscitar as pessoas quanto está pronta para condená-las à morte – com a mesma leviandade". Critón admite que Sócrates tem razão.

Se agir errado é sempre uma coisa nociva e vergonhosa, então deviam agir corretamente. Em particular, não agiriam mal com os que agiram mal com eles. Ao fugir, Sócrates estaria agindo mal com a cidade ao violar o acordo de respeitar suas leis. [Durante o restante do trecho, Sócrates se coloca no lugar da cidade e faz com que "ela" lhe diga o que vem a seguir.] Foi graças à cidade que sua mãe casou com seu pai e o gerou, foi graças à cidade que o criaram e graças à cidade foi educado nas artes e na ginástica. Deve mais à cidade que aos pais, e é como um filho ou escravo para ela. Quando atingiu a maioridade, a cidade lhe deu a oportunidade de deixá-la. Ele não só permaneceu, mas permaneceu de forma mais consistente que qualquer outro, só a abandonando meia dúzia de vezes – em geral, em serviço militar. Em seu julgamento, preferiu a morte ao exílio. Ao optar por se manter na cidade, fez um acordo tácito com ela de ser fiel às suas leis. A cidade nada mais é que suas leis, e violá-las equivaleria a destruí-la. Um filho ou escravo não deveria querer se vingar do pai ou do amo que o punisse, nem deveria um soldado fugir do campo de batalha para salvar-se. Se Sócrates pudesse escapar da punição, não o faria transgredindo as leis da cidade, mas convencendo a cidade de que ela o condenara injustamente.

Além disso, se resolvesse transgredir as leis da cidade e escapar, provavelmente seus amigos perderiam suas propriedades ou seriam mandados para o exílio. Seja como for, para onde iria ele? Que cidade bem governada acolheria um homem que transgredira as leis da cidade em que morara durante setenta anos? Os jurados que o condenaram achariam muito provável que um homem que transgride as leis da cidade corrompesse a juventude e, portanto, o teriam condenado com razão. Que tipo de vida levaria ele, fugindo de cidades bem governadas e não podendo mais falar sobre a justiça e a virtude? Se optasse por viver pensando nos filhos, teria de levá-los para o exílio, privando-os da cidadania ateniense, ou deixá-los para trás, para serem cuidados por amigos, amigos que cuidariam deles da mesma maneira, quer Sócrates estivesse vivo ou morto. Deixando as coisas como estão, partirá inocente desta vida, vítima do povo antes que das leis, e se sairá bem diante dos juízes do outro mundo. Ao contrário, se transgredisse as leis da cidade e escapasse, não seria mais uma vítima, mas um autor do mal, e sofreria tanto no que lhe sobrava desta vida quanto na eternidade da próxima.

S: *Esta é a voz, como o som da flauta nos ouvidos do místico, que pareço ouvir murmurando em meus ouvidos; essa voz, eu repito, está me sussurrando no ouvido e me impede de ouvir qualquer outra. E sei que qualquer coisa que você disser a mais será em vão. Mas fale, se tiver algo a dizer.*

C: *Nada tenho a dizer, Sócrates.*

S: *Então me deixe seguir os imperativos da vontade de Deus.*

CAPÍTULO 13

Mênon

E como vai investigar, Sócrates, aquilo
que você não sabe o que é?

Mênon é descendente de uma das principais famílias aristocráticas da Tessália e ex-discípulo do sofista Górgias. Encontra-se com Sócrates, a quem pergunta se a virtude pode ser adquirida por ensinamento. Sócrates começa louvando os tessálios por suas fabulosas riquezas e por seus cavalos, assim como por uma reputação de sabedoria recentemente adquirida. Se Mênon fizesse a pergunta a um tessálio, certamente receberia a resposta no grandioso e arrojado estilo de Górgias. Ao contrário, um ateniense daria simplesmente uma risada, dizendo que não sabia sequer o que era a virtude, muito menos se ela poderia ou não ser adquirida por ensinamento. Para surpresa de Mênon, Sócrates diz que ele mesmo não sabe o que é a virtude. Além disso, diz que jamais conheceu alguém que soubesse. Será que Mênon conseguiria defini-la?

Mênon acha que a questão é fácil e afirma que há diferentes virtudes para homens, mulheres, crianças, escravos, e assim por diante. Por exemplo, a virtude de um homem é cuidar dos negócios públicos, ajudar os amigos, prejudicar os inimigos e proteger a si próprio, enquanto a virtude de uma mulher é cuidar do lar, preservar os pertences domésticos e ser submissa ao marido. Sócrates está deliciado de ser apresentado a tantas virtudes diferentes, que compara a um

115

enxame de abelhas. Se as abelhas são muitas e variadas, elas não diferem no que têm de essencial como abelhas, mas diferem em certos detalhes como beleza ou tamanho. O que torna, então, cada abelha uma abelha? Assim como a natureza da saúde ou da força é a mesma num homem ou numa mulher, também a natureza da virtude é a mesma em todos os seus exemplos. Sócrates leva Mênon a concordar que cada exemplo de virtude envolve sobriedade e justiça e, portanto, que sobriedade e justiça são coisas comuns a todos os casos de virtude.

Não conseguindo acompanhar muito bem a argumentação de Sócrates, Mênon propõe que a virtude é a aptidão para governar as pessoas. Contudo, se fosse esse o caso, como se poderia alguma vez afirmar que uma criança ou um escravo fossem virtuosos? Certamente, se a virtude é a aptidão para governar as pessoas, não é a aptidão para governar as pessoas *de forma injusta*, mas a aptidão para governar as pessoas *de forma justa*. Mênon concorda e diz que "justiça é virtude". Sócrates pergunta se ele quer dizer que a justiça é a virtude ou que a justiça é *uma* virtude. Mênon responde que a justiça é *uma* virtude e que há também outras virtudes como a coragem, a sobriedade e a sabedoria. Sócrates indica que estão de novo diante do mesmo problema: ao buscar uma virtude, encontraram muitas, mas foram incapazes de encontrar a virtude comum que atravessa todas elas. Uma figura redonda é "uma figura" e não "a figura", assim como o branco é "uma cor" e não "a cor". Sócrates resolve definir "figura" e "cor" como exemplos para Mênon. Define "figura", a seu modo, como "aquilo que limita um sólido" e define "cor", ao modo de Górgias e Empédocles, como "um eflúvio de forma proporcionado à visão e acessível à percepção".

> M: *Essa definição, Sócrates, me parece excelente.*
> S: *Claro, porque sem dúvida é do tipo que você está acostumado a ouvir.*

Mênon propõe outra definição de virtude, dessa vez por meio da citação de um poeta: "A virtude é o desejo de coisas honrosas e o poder de alcançá-las". Sócrates argumenta que quem deseja coisas honrosas deseja coisas boas e que todas as pessoas desejam coisas boas, já que coisas ruins são prejudiciais e ninguém quer ser prejudicado. Ninguém deseja coisas ruins, a não ser que ignore sua maldade, "pois o que é o sofrimento senão o desejo e a posse do mal?". Se todos desejam coisas boas e a virtude é o desejo de alcançar coisas boas, então ninguém é melhor que ninguém a esse respeito. Ou será que a virtude é apenas o poder de alcançar coisas boas? Sócrates diz que, se por "coisas boas" Mênon pretende se referir a coisas como saúde, riqueza e posição, então a virtude só consistiria no poder de alcançá-las de forma justa e piedosa, não no poder de alcançá-las de forma injusta ou ímpia, o que equivaleria à perversidade. Contudo, a justiça e a piedade são partes da virtude, e Mênon não pode simplesmente definir a virtude em termos de si mesma. Mênon admite que é incapaz de definir a virtude, embora tenha proferido "uma infinita variedade" de discursos sobre o tema. Compara Sócrates à achatada arraia elétrica, que dá choques ou entorpece os que chegam perto dela. "E penso que age com muita prudência [não saindo de Atenas], pois se fizesse em outros lugares o que faz em Atenas, seria atirado na prisão como bruxo."

Mênon pergunta a Sócrates como ele vai procurar a virtude se não sabe o que ela é.

E como vai investigar, Sócrates, aquilo que você não sabe o que é? O que vai propor como objeto da busca? E se achar o que quer, como poderá saber que é a coisa que você não sabia o que era?

Sócrates entende o que Mênon quer dizer: uma pessoa não pode investigar nem o que conhece nem o que não conhece, pois, se conhece, não tem necessidade de investigar e, se não conhece, desconhece o próprio objeto a ser investigado. Sócrates ouviu de certos homens e mulheres sábios, "que falavam de coisas divinas", que a alma é imortal, que nasceu muitas vezes e que viu todas as coisas que estão em cima e embaixo da terra. Como a alma já sabe tudo, "aprender" significa simplesmente recordar o que já é sabido. Mênon pede que Sócrates prove que isso é verdade.

Sócrates desenha um quadrado no chão e pergunta a um dos jovens escravos de Mênon qual seria a área do quadrado se cada um dos lados tivesse 2 metros de comprimento. O garoto responde corretamente: 4 metros. Sócrates, então, pergunta qual seria o comprimento dos lados do quadrado se sua área fosse duas vezes essa, isto é, fosse de 8 metros. O garoto responde incorretamente que o comprimento dos lados do quadrado seria o dobro, isto é, 4 metros. Prolongando os lados do quadrado e fazendo perguntas, Sócrates leva o garoto a reconhecer que a área de um quadrado com lados de 4 metros não seria de 8 metros, mas de 16 metros, isto é, quatro vezes a área do quadrado original de 4 metros. Visto que a área de um quadrado com lados de 2 metros é 4 e que a área de um quadrado com lados de 4 metros é 16, qual é o comprimento dos lados de um quadrado com uma área de 8? O garoto responde que são 3 metros, mas Sócrates o faz reconhecer que a área de um quadrado com lados de 3 metros seria de 9 metros, um metro a mais do que os 8 metros requeridos. Olhando por um momento para Mênon, Sócrates salienta que, embora tenha levado choques, o garoto já está em melhor situação do que quando começou o exercício, visto que agora sabe o que não sabe e há de querer corrigir sua ignorância. Sócrates continua com o garoto, lembrando a Mênon que não está ensinando o garoto, mas meramente lhe fazendo perguntas. Sócrates divide o quadrado de 16 metros em quatro quadrados de 4 metros e traça quatro linhas diagonais que ligam os centros de cada lado do quadrado de 16 metros (Figura 2). Deixa então o garoto ver que o quadrado contido dentro das quatro linhas diagonais teria de fato 8 metros e, portanto, 1) que o comprimento que ele está procurando é o comprimento da diagonal e que 2) o dobro da área de um quadrado é o quadrado de sua diagonal. Sócrates afirma ter provado que o garoto chegara ao conhecimento não por meio do ensinamento, mas por meio da recordação. Esse conhecimento já estava nele, esperando para ser trazido à tona como num sonho. Se isso é verdade, então devemos confiantemente procurar as coisas que não "conhecemos", em vez de acreditar – como sugere Mênon – que isso é impossível.

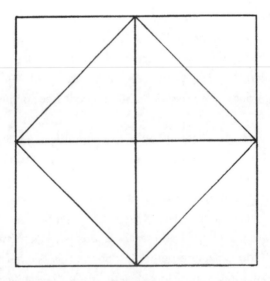

Figura 2 A "lição" de geometria do garoto escravo.

Como devemos confiantemente procurar as coisas que não "conhecemos", Sócrates sugere um retorno ao tema da natureza da virtude. Mênon diz que preferia retornar à sua questão original, isto é, se a virtude pode ser adquirida por ensinamento. Sócrates responde:

> *Se eu tivesse comando sobre você, Mênon, e sobre mim mesmo, eu não tentaria investigar se a virtude pode ou não ser concedida pela instrução sem antes averiguar o que ela é. Mas como você só pensa em controlar a mim, que sou seu escravo, e jamais em controlar a si próprio – sendo essa sua noção de liberdade –, tenho de me render a você, pois você é irresistível.*

Sócrates prossegue com a hipótese de que, se a virtude era um tipo de conhecimento, podia então ser ensinada, assim como outros tipos de conhecimento (como a geometria) podiam ser ensinados. Se tudo que é bom é conhecimento e se a virtude é boa, então a virtude tem de ser conhecimento. O que é bom é benéfico, e coisas como beleza, força e riqueza são boas e benéficas. Essas coisas, porém, também podem ser prejudiciais, dependendo de como são usadas. O mesmo se aplica a faculdades da alma, como coragem, justiça e sobriedade. A coragem, por exemplo, pode ser prejudicial se equivale à imprudência. Assim, as faculdades da alma só são benéficas se forem acompanhadas de sabedoria. Dado que a virtude é boa e benéfica e dado que o que é benéfico só o é se for acompanhado de sabedoria, a virtude é ou inteiramente ou parcialmente sabedoria. Se isso está correto, a implicação é que homens virtuosos não o são por natureza e, se não o são por natureza, são por ensinamento. Sócrates, no entanto, está desconfiado dessa linha de raciocínio: se a virtude é conhecimento e se a virtude pode ser ensinada, por que não há professores de virtude?

Nesse ponto, Sócrates pede que Ânito se junte à conversa. Ânito é um homem rico, poderoso, bastante respeitado, e é mais provável que ele seja capaz de responder a essa pergunta do que a maioria das pessoas. Sócrates diz que, se alguém quer se tornar médico, deve procurar se instruir com um médico, e se quiser se tornar sapateiro, deve procurar se instruir com um sapateiro; similarmente, se quer se tornar sábio e virtuoso, deve procurar se instruir com um sofista. Ânito está chocado com essa sugestão e afirma que os sofistas têm uma forte influência corruptora sobre todos os que lhes são confiados. Sócrates aparenta incredulidade: como poderia um renomado sofista como Protágoras passar quarenta anos praticando seu ofício e, no entanto, continuar não sendo detectado como uma fraude? Ânito afirma que quem dá seu dinheiro aos sofistas não está no seu juízo perfeito e que se Mênon quer se tornar sábio e virtuoso deveria procurar se instruir não com um sofista, mas com um dos cavalheiros de Atenas.

Sócrates pergunta por que os cavalheiros de Atenas são capazes de ensinar a outros aquilo que eles próprios jamais aprenderam. Ânito responde que esses cavalheiros aprenderam com a geração anterior de cavalheiros de Atenas. Sócrates argumenta que homens de sabedoria e virtude parecem ser muito malsucedidos na transmissão dessas qualidades. Por exemplo, Temístocles foi capaz de ensinar ao filho Cleofanto habilidades como ficar em pé sobre o cavalo e atirar suas lanças, mas ninguém jamais disse que Cleofanto fosse sábio e virtuoso – e o mesmo pode ser dito de Lisímaco e do filho Aristides, de Péricles e dos filhos Páralo e Xantipo, de Tucídides e dos filhos Melesias e Estéfano. Ânito fica irritado com Sócrates por difamar homens tão eminentes e o aconselha a ter cuidado.

> *Oh, Mênon, penso que Ânito está com raiva. É compreensível que esteja assim, pois, em primeiro lugar, acha que estou difamando esses cavalheiros e, em segundo lugar, é de opinião que ele próprio seja um deles. Mas um dia Ânito vai entender o que significa a difamação e, se esse dia realmente chegar, me perdoará. Enquanto isso, retornarei a você, Mênon, pois suponho que também em sua região há cavalheiros?*

Mênon diz que as pessoas na Tessália não estão de acordo sobre a questão de a virtude poder ou não ser ensinada. Ele próprio não tem certeza de que mesmo os sofistas sejam capazes de ensinar a virtude: quando Górgias ouve outros sofistas prometendo que podem ensinar a virtude, limita-se a rir deles. Sócrates diz que até o poeta Teógnis tinha dúvidas acerca de que a virtude pudesse ou não ser ensinada, sugerindo em alguns versos que sim e em outros que não. Se mesmo aqueles que deveriam ser os professores da virtude estão confusos a respeito de ela poder ou não ser ensinada, só se pode presumir que não existem professores (e, portanto, também não estudantes) da virtude e que a virtude não pode ser ensinada. Se a virtude não pode ser ensinada, então ela não é um tipo de conhecimento.

Se a virtude não pode ser ensinada, como, pergunta Mênon, surgiam os homens de bem? Sócrates diz que até então não levaram em conta que é possível uma ação correta não guiada pelo conhecimento. Um homem que conheça o caminho para Larissa pode ser um bom guia, mas um homem que só tenha uma ideia correta do caminho, embora nunca o tenha de fato seguido, também poderia ser um bom guia. Assim como o homem que pensa a verdade é um guia tão bom para Larissa quanto o homem que conhece a verdade, a opinião correta é um guia tão bom para a ação correta quanto o conhecimento. Nesse caso, pergunta Mênon, como o conhecimento difere da opinião correta e por que deveríamos preferir um ao outro? Sócrates responde que opiniões corretas são como as estátuas de Dédalo, que fogem e somem se não forem bem amarradas. As opiniões corretas não sobrevivem muito tempo a não ser que possam ser amarradas por uma explicação de por que são corretas, depois do que se tornam conhecimento. Como não há professores de virtude, a virtude não pode ser ensinada e, já que a virtude não pode ser ensinada, ela não pode ser conhecimento. Tudo que sobra para a virtude é ser opinião correta, o que explica por que homens virtuosos como Temístocles, Lisímaco e Péricles são incapazes de transmitir sua virtude a outros. Esses homens não são diferentes de adivinhos, profetas e poetas, que dizem muitas coisas verdadeiras quando estão divinamente inspirados, mas não têm conhecimento do que estão dizendo. Para concluir, então, a virtude não é ensinada, nem é dada pela natureza, nem ocorre por acaso. É antes de tudo uma dádiva dos deuses e, se algum dia houve um homem virtuoso que pôde ensinar sua virtude a outro, diríamos que ele foi entre os vivos o que Homero diz que Tirésias é entre os mortos: "Ele, apenas, tem discernimento; os demais são sombras que erram".

CAPÍTULO 14

Eutidemo

Não é este o resultado – que as outras coisas são indiferentes,
que a sabedoria é o único bem e a ignorância, o único mal?

Críton pergunta a um idoso Sócrates com quem ele estava conversando na véspera, no Liceu.* Sócrates responde que estava conversando com Eutidemo e Dionisodoro, uma dupla de irmãos sofistas que tinham a reputação de ensinar retórica e a arte de lutar com armadura; tamanha é a perícia e a sabedoria deles que Sócrates está pensando em se tornar um de seus alunos. Ele relata a Críton o encontro no Liceu.

Sócrates está sentado ao lado do jovem Clínias, neto de Alcibíades, quando é abordado pelos dois irmãos e uma multidão de seguidores. Os irmãos declaram que sua principal ocupação é agora o ensino da virtude e que são capazes de ensinar a virtude melhor e mais depressa que qualquer um. Sócrates responde que está ávido por aprender com eles, assim como Clínias e seu amante Ctesipo. Sócrates pergunta se os irmãos também são capazes de ensinar a virtude a alguém que não quer aprendê-la com eles, ou por achar que a virtude não pode ser ensinada ou por achar que não são eles que poderão ensiná-la. Se assim for, talvez os

---

* Além de possuírem locais para a prática de exercícios físicos, o Liceu e outros ginásios também tinham termas, áreas de distração e relaxamento. (N. do T.)

irmãos possam lhe fazer o grande favor de convencer Clínias de que ele deveria ser filósofo e estudar a virtude.

Eutidemo pergunta a Clínias: "Os que aprendem são os sábios ou os ignorantes?". Clínias fica vermelho e responde de forma hesitante: "Os sábios!". "E, no entanto, quando você aprendeu, você não sabia o que estava aprendendo e não era sábio." Dionisodoro tomou a frente de Eutidemo: "Quem aprende o ditado do mestre de gramática, os rapazes sábios ou os ignorantes?". "Os sábios." "Então, afinal, são os sábios que aprendem." O grupo de seguidores explode numa risada e Eutidemo começa de novo: "Aqueles que aprendem aprendem o que sabem ou o que não sabem?". "O que não sabem." "Mas o ditado é de letras?" "Sim." "E você já conhece as letras?" "Sim." "Então, você aprende o que sabe." Dionisodoro pega o argumento como uma bola: "Não é o aprendizado a aquisição de conhecimento?". "Sim." "Nesse caso, você aprende o que não sabe."

Sócrates intervém para salvar Clínias de uma terceira queda. Sem dúvida, os irmãos o estão iniciando em seus mistérios à maneira dos coribantes,* "com danças e jogos". Com tudo isso, eles estão meramente tentando fazer Clínias compreender que "aprender" pode significar tanto "aprender" quanto "saber". Ele assegura a Clínias que:

> (...) se um homem tivesse todo tipo de conhecimento que até agora houve, não seria de modo algum o mais sábio; só seria capaz de brincar com as pessoas, fazendo-as tropeçar... em distinções de palavras. Seria como alguém que puxa um banco no momento em que a pessoa vai se sentar e depois ri e se diverte com a visão do amigo derrubado e caído de costas.

Sócrates diz aos irmãos que está na hora de eles darem início à sua exortação à virtude. Como para indicar o caminho, Sócrates profere sua própria versão "tosca e tediosa" de uma exortação à virtude. Todos os homens, diz ele, desejam a felicidade. Se todos os homens desejam a felicidade, então todos os homens desejam coisas boas, visto que é por meio de coisas boas que os homens se tornam felizes. Assim, todos os homens desejam coisas como beleza, saúde, riqueza, poder e honrarias, mas também coragem, justiça, sobriedade, sabedoria e, a maior de todas as coisas boas, sorte. Contudo, um homem com sabedoria não precisaria de sorte, pois pela sabedoria jamais erraria, agiria sempre corretamente e de forma bem-sucedida. Boas coisas, ele continua, não nos beneficiam pelo fato

---

* Sacerdotes da deusa Cibele. (N. do T.)

de as possuirmos, mas pelo fato de as usarmos. Contudo, o uso errado de uma coisa boa é muito pior que seu não uso, pois o primeiro é um mal, enquanto o segundo não é nem um bem nem um mal. O que determina se uma coisa boa é usada corretamente ou erroneamente é a sabedoria; por isso, é pela sabedoria que um homem tem sorte, sucesso e felicidade. Um homem estaria em melhor situação tendo algumas coisas com sabedoria que muitas sem ela, porque cometeria menos erros, sofreria menos infortúnios e seria menos infeliz. A sabedoria é o único bem, e a ignorância o único mal, donde se conclui que um homem deveria se tornar o mais sábio possível e que nada que se empreenda para esse fim poderá jamais ser desonroso. Isso, é claro, presumindo que a sabedoria possa ser ensinada. Como Clínias afirma que a sabedoria pode ser ensinada, Sócrates não vê necessidade de mexer nesse particular ninho de marimbondos. Sócrates se vira para os irmãos e sugere que retomem o exame onde ele o deixou e passem a mostrar a Clínias se ele deve ter todo o conhecimento ou apenas o tipo de conhecimento que o tornará bom e feliz.

Dionisodoro pergunta a Sócrates se ele realmente quer que Clínias se torne sábio. "E ele ainda não é sábio?" "Não." "Então, você quer que ele não exista mais como a pessoa que é, ou seja, quer que ele morra!" Furioso, Ctesipo tenta enfrentar os irmãos, mas logo fica emaranhado em sua sofística. Sócrates interrompe o colóquio, oferecendo-se como aluno de Dionisodoro: "Ele pode me colocar no caldeirão, como Medeia de Cólquida,* pode me matar, cozinhar-me, desde que me transforme em bom". Ctesipo acrescenta que os irmãos podem esfolá-lo vivo, "desde que minha pele não acabe transformada, como a de Mársias*, num cantil feito de couro, mas em algo que sirva à virtude". Ctesipo afirma que não estava insultando os irmãos, mas meramente os contradizendo. Dionisodoro responde que não existe essa história de contradição, porque as palavras expressam coisas que são, e é, portanto, impossível falar de coisas que não são. Sócrates pede que Dionisodoro explique essa teoria, que ele também aprendeu de Protágoras e seus seguidores; será que realmente não existem coisas como ignorância, erro ou falsidade? Dionisodoro diz que essas coisas não podem existir e convida Sócrates a

---

* Cólquida é a região oriental do Mar Negro, de onde viera Medeia. Na Tessália, para provar que era capaz de rejuvenescer quem ela quisesse, mandou esquartejar um carneiro velho, colocou-o dentro de um caldeirão com uma sopa fervente e tirou-o de lá inteiro e muito bem de saúde. Umas moças que a viram fazer isso esquartejaram o próprio pai, lançando os pedaços no caldeirão, de onde ele jamais saiu. (N. do T.)

** Personagem da mitologia grega escalpelado por Apolo. (N. do T.)

refutá-lo. Sócrates afirma que não pode de modo algum refutá-lo, uma vez que não há coisas como ignorância, erro ou falsidade. Nesse caso, como podem de fato os irmãos afirmar que ensinam a virtude? Os sofistas se esquivam da pergunta e não saem do seu estilo. Coisas que têm sentido estão vivas, mas palavras não estão vivas, por isso não têm qualquer sentido. Portanto, não há por que perguntar-lhes sobre o sentido de suas palavras. Ctesipo fica de novo irritado, mas Sócrates o faz se acalmar e lhe assegura que, sem dúvida, toda a beleza dos irmãos logo se tornará evidente.

Sócrates mais uma vez se prontifica a indicar o caminho aos irmãos. Um homem, diz ele, deve procurar adquirir conhecimento, mas só o tipo de conhecimento que o torne bom e feliz. Contudo, que tipo de conhecimento pode ser esse? Sócrates sugere que seja o conhecimento do general, mas Clínias discorda, baseado no fato de que o general não sabe como fazer uso de cidades capturadas, razão pela qual as entrega ao político. Nesse caso, talvez precisássemos do conhecimento do político, a chamada arte política! Se assim fosse, a arte política deveria tornar a pessoa sábia, visto que é pela sabedoria que se faz bom uso de todas as coisas. Mas em que a arte política torna uma pessoa sábia? Sócrates passa essa pergunta aos irmãos.

Em vez de responderem à pergunta, os irmãos tentam provar que Sócrates já sabe a resposta. Se Sócrates sabe alguma coisa, então está sabendo e, como não pode estar ao mesmo tempo sabendo e não sabendo, tem de saber todas as coisas. Sócrates diz que isso sugere que todos sabem tudo e Ctesipo toma a frente pedindo que cada irmão diga quantos dentes o outro tem. Os irmãos mais uma vez se esquivam da pergunta e continuam no mesmo estilo, jogando com as palavras e expondo uma falácia lógica atrás da outra. Ctesipo finalmente recolhe suas armas e a conversa é levada ao fim com uma explosão de gargalhadas e aplausos dos seguidores dos irmãos. Sócrates faz um panegírico em que elogia os irmãos pela presença de espírito e pela sabedoria, pela magnânima desconsideração pelas opiniões, pela rejeição generosa, cheia de espírito público, de todas as diferenças e, acima de tudo, pela capacidade que têm de ensinar sua arte num espaço de tempo tão curto. Aconselha os irmãos a não fazerem novas apresentações em público para que as pessoas não se aproveitem tão facilmente e de modo tão barato de sua sabedoria. Finalmente, pede num tom reverente que os irmãos aceitem a ele e a Clínias entre seus discípulos e seguidores.

Sócrates pede que Críton junte-se a ele, tornando-se também discípulo dos irmãos. Críton responde que, embora esteja pronto a aprender, preferiria deixar-se refutar por certos argumentos a valer-se deles para refutar a outros.

De qualquer modo, seu principal interesse não está em sua educação, mas na de seu filho mais velho, Critóbulo. Considerando que os professores de filosofia parecem ser criaturas tão bizarras, como poderia ele pedir que Critóbulo estudasse filosofia? Sócrates lhe diz que, em toda profissão, os maus são muitos e inúteis, enquanto os bons são poucos e não têm preço. Críton, portanto, não tem de se preocupar em saber se os professores de filosofia são bons ou maus, mas deve pensar apenas na filosofia em si.

CAPÍTULO 15

Crátilo

*(...) o conhecimento de nomes é uma grande
parte do conhecimento.*

A preocupação principal do *Crátilo* é a "correção dos nomes": se determinado nome (uma palavra ou uma frase) é o correto para indicar uma determinada coisa, o que o torna assim? Sócrates discute a correção dos nomes com Crátilo, um antigo discípulo de Heráclito, e Hermógenes, o irmão sem recursos de Cálias, em casa de quem o *Protágoras* tem lugar.

Crátilo esteve dizendo a Hermógenes que o nome de algo não é qualquer coisa em torno da qual as pessoas concordem, mas que há uma "correção natural" dos nomes que faz o nome de uma coisa pertencer-lhe por natureza e ser o mesmo para todos, gregos ou estrangeiros. Crátilo diz que seu nome é "Crátilo" e que o nome de "Sócrates" é "Sócrates", mas que o nome de Hermógenes não é "Hermógenes", embora todos concordem em chamá-lo assim. Hermógenes fica desconcertado e pede que Sócrates "interprete" o que Crátilo está dizendo. Sócrates sugere que Crátilo está simplesmente se divertindo à custa de Hermógenes, que é incapaz de ganhar dinheiro apesar de ter recebido o nome do deus do lucro.[14] Hermógenes argumenta que a correção dos nomes é determinada simplesmente

---

14. "Hermógenes" significa "filho de Hermes".

129

por convenção e acordo. Por exemplo, diz ele, quando um novo nome é dado a um escravo doméstico, o novo nome é simplesmente tão correto quanto qualquer um dos antigos. Logo, uma pessoa ou um objeto pode ter mais de um nome e também pode haver diferentes nomes para diferentes pessoas: "(...) seja qual for o nome que se dê a uma coisa, esse é o seu nome correto".*

Sócrates pergunta se Hermógenes concorda com Protágoras quando ele diz que "o homem é a medida de todas as coisas". Em outras palavras, são as coisas meramente como parecem ser para uma determinada pessoa ou têm elas uma essência própria fixa? Hermógenes admite que tem às vezes se sentido suficientemente desorientado para se "refugiar" na doutrina de Protágoras. Sócrates está atônito: numa época como aquela, será que Hermógenes realmente acreditava que não existia o homem perverso? Hermógenes responde que, pelo contrário, tem meditado com frequência sobre a existência de homens muito maus, e que não eram poucos. Sócrates pergunta se Hermógenes acreditava que não existia o homem *bom*, ao que ele responde que havia "alguns, mas não muitos". Chegam a concordar em que aquilo que distingue homens perversos de homens bons é que homens bons são sábios, enquanto homens perversos são tolos. Mas como, pergunta Sócrates, pode um homem ser sábio e outro tolo se "o homem é a medida de todas as coisas" e tudo que cada homem acredita ser verdadeiro é verdadeiro para ele? Além disso, se um homem pode ser sábio e outro pode ser tolo, a doutrina de Eutidemo – que afirma que "todas as coisas são igualmente e sempre pertinentes a todos os homens" – também deve ser falsa. Portanto, pessoas e coisas devem ter uma determinada essência própria. Se pessoas e coisas têm uma determinada essência própria, conclui-se que isso também é verdadeiro para as ações executadas com relação a elas. Assim, por exemplo, se queremos cortar alguma coisa, só podemos ter êxito no corte se a cortarmos de acordo com a natureza do cortar e ser cortado e com a ferramenta natural para o corte. Falar é também uma ação executada com relação a pessoas e coisas, assim como dizer os nomes. Por conseguinte, se quisermos falar corretamente ou realizar algo, não podemos simplesmente designar as coisas como preferirmos.

Se quisermos cortar uma coisa, temos de cortá-la com a ferramenta natural para o corte, e se quisermos denominar uma coisa, temos de denominá-la com a ferramenta natural para denominar, que é um nome. Se um nome é uma espécie de ferramenta, quem, pergunta Sócrates, faz essa ferramenta? Em outras palavras, quem ou o que nos provê dos nomes que usamos? Sócrates responde que os

---

* "Os nomes são obra dos que têm o hábito de empregá-los." – *Crátilo*. (N. do T.)

130

nomes que usamos são fornecidos por um legislador – na verdade, um tipo muito raro de artesão. Assim como um carpinteiro concretiza em madeira o tipo de lançadeira naturalmente adequado a cada tipo de tear, o legislador concretiza em sons e sílabas o nome naturalmente adequado a cada tipo de coisa. E assim como diferentes ferreiros que estão fabricando a mesma ferramenta não precisam necessariamente fabricá-la com o mesmo ferro, diferentes legisladores que estão nomeando a mesma coisa não precisam usar necessariamente as mesmas sílabas, desde que o nome que deem à coisa seja naturalmente adequado a ela. Isso explica por que a mesma coisa pode ter diferentes nomes em diferentes línguas. Assim, Crátilo está certo ao dizer que há uma "correção natural dos nomes".

Mas qual é o melhor meio para denominar as coisas? Sócrates sugere que o melhor meio de descobrir é perguntar a um sofista, mas como nenhum deles pode se dar ao luxo de pagar os honorários de um sofista, deviam dar uma olhada em Homero e nos outros poetas.[15] Por exemplo, Homero diz que o deus-rio que lutou com Hefesto é chamado *Xanto* pelos deuses e *Escamandro* pelos homens. Sócrates sustenta que o deus-rio é mais corretamente chamado *Xanto* que *Escamandro*, já que os deuses não podem deixar de chamar as coisas por seus nomes naturalmente corretos. Homero também atribui dois nomes ao filho de Heitor, *Escamândrio* e *Astianax*. Sócrates sustenta que o filho de Heitor é mais corretamente chamado *Astianax* do que *Escamândrio*, já que os homens troianos chamam-no *Astianax* enquanto as mulheres troianas chamam-no *Escamândrio*, e Homero considerava que os homens troianos eram mais sábios que suas mulheres. Sócrates cita Homero dizendo, de Heitor, que "ele sozinho defendeu a cidade e longas muralhas". Assim, parece correto chamar o filho do defensor da cidade de *Astianax* ou "senhor da cidade". Além disso, *Heitor* significa "proprietário", o que muito se assemelha a "senhor da cidade". Se parece correto chamar de leão um filhote de leão ou de cavalo um rebento de cavalo, também parece correto chamar de rei o filho de um rei. Assim, aos nascidos de acordo com a natureza deveria ser dado o mesmo nome de seus pais, embora os nomes de pai e filho possam, como no caso de Heitor e Astianax, variar em suas sílabas.

Falando como um oráculo, por estar inspirado por Eutífron, Sócrates agora se precipita por uma longa lista de palavras para mostrar como elas têm sido

---

15. Mais no início do diálogo, Sócrates havia dito que, se não fosse pobre, poderia ter frequentado o curso de cinquenta dracmas do "grande Pródico", que o próprio Pródico apresentava como uma formação completa em gramática e língua. Sócrates, no entanto, só frequentou o curso de uma dracma e, portanto, não conhece a verdade sobre esses assuntos.

corretamente nomeadas. Por exemplo, *verdade* ou *aletheia* é uma compressão da frase "um caminhante que é divino" (*aletheia*). O deus do mundo subterrâneo é chamado *Hades*, porque conhece (*eidenai*) tudo que é bom e belo, e *Plutão*, porque é a fonte da riqueza (*ploutos*). A maioria das pessoas prefere chamá-lo de *Plutão* em vez de *Hades*, porque as pessoas temem o que não podem ver (*aeides*) e presumem que *Hades* se refira a isso. Sócrates diz que muitas pessoas ficam apavoradas com Hades porque, depois de morrermos, nossa alma permanece com ele para sempre. Contudo, a razão de nossa alma não escapar se deve ao fato de estar atada a Hades pelo mais forte dos desejos, isto é, o desejo de nos associarmos a alguém que pode nos transformar em pessoas melhores. Sócrates acrescenta que Hades deve ser um filósofo, já que compreendeu que uma pessoa só se torna interessada na virtude depois que é separada do corpo.

Alguns nomes, diz Sócrates, não podem ser explicados dessa maneira, pois têm origem estrangeira ou são tão velhos e "básicos" que não podemos remontar às suas fontes. Esses nomes "primários" estão baseados em sílabas e letras, sendo usados para criar outros nomes "derivados". Sócrates sustenta que é preciso que saibamos algo sobre a correção de nomes primários se quisermos saber algo sobre a correção de nomes derivados. Assim, por exemplo, a letra "r" pareceu ao legislador uma ferramenta apropriada para reproduzir o movimento, razão pela qual ele a usou em palavras como *rhoe* (fluxo), *trechein* (correr), *tromos* (tremor), *thruptein* (quebrar) e *rhumbein* (girar). Como o deslizamento é o principal movimento da língua quando a letra "l" é pronunciada, o legislador usou essa letra em *olisthanein* (deslizar), *leion* (liso), *liparon* (sedoso) e *kollodes* (viscoso). Contudo, como o deslizar da língua é detido com muito vigor ao se pronunciar a letra "g", ele preferiu usar essa letra para imitar alguma coisa que prende, como em *gloiodes* (pegajoso), *glischron* (grudento) e *gluku* (cremoso). E assim por diante.

Hermógenes se vira para Crátilo e lhe pergunta se ele concorda com o que Sócrates acabou de dizer sobre os nomes. Crátilo responde citando as palavras de Aquiles para Ajax:

> *Ajax, filho de Telamon, semente de Zeus, senhor*
> *do povo,*
> *Tudo que me disseste parece dito por minha*
> *própria mente.*

Sócrates diz que, há muito tempo, tem se surpreendido com sua sabedoria e também a colocado em dúvida. Insiste em dizer como é importante que qualquer coisa que diga seja objeto de nova investigação, pois "não há nada pior que iludirmos a nós mesmos".

Crátilo concorda com a declaração de Sócrates quando este afirma que "a correção de um nome consiste em revelar a natureza da coisa que ele nomeia". Crátilo, no entanto, acha que todos os nomes têm sido dados corretamente, enquanto Sócrates argumenta que, assim como as pinturas, alguns nomes são bem criados e outros não. Assim como há bons artesãos e maus artesãos, há bons legisladores e maus legisladores. Em particular, Sócrates insiste em afirmar que um nome não pode se parecer à coisa que nomeia em todos os aspectos, pois seria então uma duplicata dessa coisa, e ninguém seria capaz de dizer a diferença entre os dois. Como um nome não pode se parecer perfeitamente com a coisa que nomeia, há possibilidade de um nome ser bem dado ou menos bem dado.

Sócrates diz que às vezes compreendemos um nome que não se parece com a coisa que representa, caso em que nossa compreensão do nome é uma questão de uso e convenção. O uso, então, permite que as coisas sejam indicadas tanto por nomes que se parecem com elas quanto por nomes que não se parecem com elas. Assim, embora possa ser possível conhecer as coisas por meio de seus nomes, é muito melhor conhecê-las em si mesmas. Sócrates conclui que o assunto pede uma investigação adicional.

Tudo isso pode ser verdade, Crátilo, mas também é muito provável que seja falso; e portanto talvez fosse melhor não se deixar persuadir muito facilmente. Reflita bem, como um homem, e não aceite essa doutrina de forma leviana; pois você é jovem, ainda na idade de aprender. E quando tiver encontrado a verdade, venha me contar.

CAPÍTULO 16

Íon

Então, Íon, devo adotar a alternativa mais nobre;
e atribuir a você, em seus louvores a Homero, inspiração e não arte.

Íon é um rapsodo* de Éfeso que acabou de ganhar o primeiro prêmio em um concurso de rapsodos realizado em honra ao deus Asclépio, o deus da medicina e da cura. Ele se encontra com Sócrates, que lhe diz que inveja a profissão dos rapsodos, porque, além de terem de aprender os versos que recitam, têm de compreender a mente dos poetas que os escreveram. Íon garante que fala mais primorosamente que qualquer um sobre Homero, dizendo que "nem Metrodoro de Lampsaco, nem Estesímbroto de Tasos, nem Gláucon, nem ninguém que tenha vivido até aqui teve tão boas ideias, ou tantas ideias, acerca de Homero". Quando Sócrates lhe pergunta se sua arte se estende a outros grandes poetas, como Hesíodo ou Arquíloco, ele responde que Homero em si é mais do que suficiente.

Sócrates argumenta que, se Íon é um juiz adequado a Homero, deve ser também um juiz adequado aos outros grandes poetas. Íon responde que, quando alguém fala sobre um poeta que não seja Homero, ele se torna incapaz de falar qualquer coisa e vai dormir. Sócrates diz que isso acontece porque Íon não domi-

---

* O rapsodo declamava versos, geralmente poemas épicos e versos de Homero, em festas e solenidades religiosas das cidades gregas. (N. do T.)

135

nou sua arte, sendo levado a falar de Homero por inspiração divina. Sócrates compara essa inspiração divina a uma pedra magnética, que pode não apenas mover anéis de ferro, mas também conferir energia aos anéis, para que eles, por sua vez, possam fazer exatamente o que faz a pedra magnética, e assim por diante. Isso cria uma longa cadeia de anéis de ferro cuja força individual se apoia em nada mais que a pedra magnética original. Do mesmo modo, a própria Musa inspira algumas pessoas, e essas pessoas passam a inspirar outras pessoas, e assim por diante. Então, se um poeta épico ou um poeta lírico chega a ser bom, isso não acontece porque tenha dominado sua arte, mas porque é inspirado pela divindade, possuído pela divindade.

Do mesmo modo, continua Sócrates, os coribantes[16] não estão em seu juízo perfeito quando dançam, assim como as bacantes, quando tiram mel e leite dos rios. "Pois o poeta é coisa leve, alada e sagrada; só há nele invenção depois que foi inspirado e ficou fora de si, depois que sua mente não está mais com ele: enquanto não atinge esse estado, é impotente e é incapaz de proferir seus oráculos." Sócrates pergunta a Íon se, quando recita Homero, não fica fora de si, se sua alma não acredita estar presente nas ações que ele relata, onde quer e quando quer que possam ter ocorrido. Íon responde que, quando conta uma coisa triste, seus olhos se enchem de lágrimas e, quando conta algo assustador, o cabelo se arrepia e o coração dá um salto, pois não está mais em seu juízo perfeito. Sócrates diz a Íon que esse é precisamente o efeito que um rapsodo tem sobre seu público. Assim, a Musa inspira o poeta, o poeta inspira o rapsodo e o rapsodo inspira o público, os últimos anéis de ferro na cadeia divina.

---

16. Os coribantes eram dançarinos de penacho que cultuavam a deusa frígia Cibele com toques de tambores e danças.

CAPÍTULO 17

Fedro

(...) a loucura vem de Deus, enquanto o
sentimento de sobriedade é meramente humano.

Sócrates se encontra com Fedro, que está indo passear fora das muralhas da cidade. Fedro acabou de ouvir uma palestra sobre o amor feita por Lísias, "o maior retórico de nossa época", em que Lísias explicou que um jovem que está sendo cortejado por um apaixonado e um não apaixonado deveria favorecer o último em vez do primeiro. Sócrates suspeita que Fedro está escondendo o discurso de Lísias sob o manto e insiste para que o pegue e leia para ele. Os dois caminham pela margem do Ilisso, procurando um lugar tranquilo para se sentarem com o discurso. Fedro aponta para um plátano alto a distância, dizendo que embaixo dele há sombra e uma aragem fresca. Como nenhum dos dois está usando sandálias, vão pela água para refrescar os pés. Fedro pergunta a Sócrates se não estão passando pelo lugar exato onde se dizia que Bóreas havia raptado Orítia nas margens do Ilisso. Sócrates responde que, na medida em que continua na ignorância acerca de seu próprio eu, não vê sentido em ser curioso a respeito de mitos ou, de fato, em relação a qualquer coisa que não lhe diga respeito. Quando alcançam o plátano, Sócrates elogia a beleza do lugar: os sons e aromas do verão, a árvore imaculada em plena florescência, o riacho frio sob o plátano e, sobretudo, a grama macia, que é "como um travesseiro se oferecendo amavelmente à cabeça".

137

Ele confessa que raramente se aventura a sair dos portões da cidade, pois é um amante do conhecimento e os seus mestres são os homens que vivem na cidade. Os dois se deitam na grama e Fedro lê em voz alta o discurso de Lísias, que começa assim:

Escute. Você sabe o que estou passando; e como, a meu ver, esse assunto pode ser resolvido de um modo que favoreça a nós dois. Insisto em dizer que não é justo eu não conseguir aquilo que quero pelo fato de não ser um apaixonado seu...

Lísias continua a enumerar as diferentes razões pelas quais um jovem deveria favorecer o não apaixonado em vez do apaixonado. No fundamental, é preferível um jovem conceder seus favores àquele que melhor possa retorná-los e não ao que mais precisa deles, porque "este está sofrendo de uma doença, não está no seu juízo perfeito". Como o não apaixonado é, entre outras coisas, menos ciumento, menos bajulador e menos volúvel, é provável que a amizade com ele seja mais gratificante e dure mais tempo.

Sócrates zomba do evidente entusiasmo de Fedro pelo discurso de Lísias e se propõe a pronunciar outro discurso que seja menos repetitivo e menos rebuscado. Diz que, como um jarro vazio, foi se enchendo das palavras de outras pessoas que escorreram pelos seus ouvidos. Por essa razão, nenhuma das ideias de seu discurso é realmente dele. Cobre a cabeça, invoca as Musas e começa a falar. Todo mundo, diz ele, é governado por dois princípios, isto é, um desejo de prazer e "uma opinião adquirida que anseia pelo melhor". Esses dois princípios podem estar em harmonia, mas, quando não estão, um deve sujeitar o outro. Quando vence o primeiro princípio, isso é chamado de excesso, e quando o vence segundo, de sobriedade. Há várias formas de excesso; por exemplo, a gula, que é o desejo de obter prazer com a comida, ou o amor, que é o desejo de obter prazer com a beleza do amado. Assim, o apaixonado não procura transformar o amado numa pessoa melhor, mas apenas torná-lo o mais agradável possível em termos pessoais. Com esse objetivo, pode privar o amado de família, amigos e propriedade, excluí-lo das melhores companhias e, pior de tudo, bani-lo da filosofia. No tempo certo, porém, a loucura do apaixonado é substituída pela "razão de quem tem juízo" e ele quebra todas as juras e promessas que um dia fez ao amado.

Reflita sobre isso, belo jovem, e saiba que na amizade do apaixonado não há generosidade real; ele tem um apetite e quer saciá-lo em você: como os lobos amam os cordeiros, assim os apaixonados amam seus amados.

Fedro pede que Sócrates faça um discurso sobre todas as vantagens de aceitar o não apaixonado, mas Sócrates começa a dizer que foi surpreendido pelas Ninfas e não pode continuar fazendo discursos. Quando está pronto para partir, seu *daimonion* diz que lhe foi atribuída a culpa da impiedade e que ele deve fazer uma reparação ao Amor (*Eros*), que é um deus e, portanto, não pode, como Sócrates sugeriu, ser ruim. Para fazer essa reparação a Eros, Sócrates pronuncia um segundo discurso, agora em louvor do apaixonado. Começa criticando sua fala anterior, em que esqueceu que a loucura, ainda que seja uma enfermidade, pode ser também a fonte das maiores bênçãos para o homem.

> *A loucura, desde que venha como dádiva do céu, é o canal pelo qual recebemos as maiores bênçãos... Os homens de tempos antigos, que deram às coisas seus nomes, não viam desonra ou desgraça na loucura; do contrário não a teriam associado ao nome da mais nobre das artes, a arte de desvendar o futuro, que chamaram de arte maníaca... Portanto, segundo o testemunho fornecido por nossos antepassados, a loucura é uma coisa mais nobre que o sentimento de sobriedade... A loucura vem de Deus, enquanto o sentimento de sobriedade é meramente humano.*[17]

Sócrates explica que há quatro tipos de loucura divina: a profecia, de Apolo; as preces sagradas e os ritos místicos, de Dionísio; a poesia, das Musas; e o amor, de Afrodite e Eros. Procura então provar a origem divina do amor, uma prova, diz ele, que é mais facilmente aceita pelo sábio que por aqueles que são apenas inteligentes. Para fazê-lo, deve primeiro provar a imortalidade da alma. A alma, diz Sócrates, além de se mover sozinha, é também "o princípio do movimento" em coisas que não se movem sozinhas. Como o princípio se origina do nada, o princípio é "não gerado" e, pela mesma razão, imperecível, "(...) de outro modo, todo o céu e toda a criação entrariam em colapso, acabariam imóveis, jamais voltariam a ter movimento ou nascimento". Tendo assim provado a imortalidade da alma,* Sócrates compara a alma a uma carruagem com um cocheiro e um par de cavalos alados. Enquanto a carruagem de um deus tem dois bons cavalos, a de um ser humano tem um cavalo bom e um cavalo ruim, indisciplinado, que dá muito trabalho ao cocheiro. A alma, diz ele,

---

17. Traduzido por Walter Hamilton.

* "Toda alma é imortal", diz Sócrates, "pois aquilo que move a si mesmo é imortal." – *Fedro*, Martin Claret, São Paulo, 2001, p. 81. (N. do T.)

(...) tem, em toda parte, o cuidado do ser inanimado e percorre o céu aparecendo sob diversas formas – quando perfeita e plenamente alada, ela se eleva e comanda o mundo inteiro, enquanto a alma imperfeita, perdendo as asas e pendendo em seu voo, finalmente pousa em terra sólida; encontrando aí um lar, recebe uma constituição terrena que parece se mover sozinha, mas é realmente movida por sua força, sendo essa composição de corpo e alma chamada de criatura viva e mortal.

A carruagem de um deus é capaz de chegar ao topo da abóbada do céu, assim como o deus é capaz de dar um passo para fora da orla do céu e contemplar a essência sem cor, sem forma, intangível da realidade. A revolução das esferas faz o deus dar a volta, retornando ao mesmo lugar e, no espaço desse círculo, ele banqueteia sua mente com a justiça, a sobriedade e o conhecimento, não na forma de geração ou relação, que os homens chamam de existência, mas em sua forma absoluta, universal. Apesar do cavalo ruim, indisciplinado, as carruagens das almas imperfeitas que mais se assemelham aos deuses são capazes de chegar a uma altura suficiente para os cocheiros erguerem a cabeça sobre a orla do céu e conseguirem ter um rápido vislumbre das coisas universais. As restantes, contudo, não são fortes o bastante para ascender tão alto e são obrigadas a nutrir a mente com meras especulações. No devido tempo, todas as almas imperfeitas caem de novo na Terra, mas só as que viram alguma coisa dos universais podem assumir uma forma humana; os seres humanos são, por sua natureza, capazes de recordar universais e, portanto, devem tê-los visto um dia. As almas imperfeitas que concentraram por mais tempo o olhar nos universais estão encarnadas como filósofos, artistas e verdadeiros amantes. Como ainda são capazes de lembrar os universais, estão completamente absorvidas por ideias a respeito deles e esquecem tudo sobre interesses terrenos. Pessoas comuns acham que elas são loucas, mas a verdade é que são divinamente inspiradas e apaixonadas pela generosidade e pela beleza.

Sócrates diz que esteve falando até agora da loucura do amor, que é o quarto e mais elevado tipo de loucura. A loucura do amor surge da visão da beleza da Terra, da lembrança da verdadeira beleza, da beleza universal. Quando ela se manifesta, a alma é tomada por tamanho assombro que começa a criar asas e a batê-las. Tragicamente, a maioria das almas terrenas fica tão corrompida pelo corpo, "esse túmulo vivo que levamos de um lado para o outro", que perde toda a memória dos universais. Quando lançam os olhos para a beleza da Terra, essas almas são dirigidas meramente para o prazer "e como animais selvagens" correm para se deleitar e procriar. Ao contrário, a alma terrena que é capaz de sentir amor de verdade encara a face de seu amado e a reverencia como uma expressão do divino: da justiça, da sobriedade e do conhecimento absoluto. Quando olha nos olhos do amado, um estremecimento se converte em calor e numa transpiração incomuns. As partes da alma das quais surgiam as asas e que tinham até agora se mantido fechadas e duras começam a derreter, a se abrir, e pequenas asas começam a se desdobrar, a brotar da raiz.

> *Como uma criança cujos dentes estão começando a nascer e as gengivas estão doloridas, dando coceira – é exatamente assim que a alma se sente quando começa a criar asas. Ela incha, sente dor e tem pruridos enquanto as desenvolve.*[18]

O apaixonado sente a maior alegria quando está com seu amado e o desejo mais intenso quando os dois estão separados. Quando estão separados, as partes de onde as asas do apaixonado estão crescendo começam a secar, a fechar. No meio da imensa dor que sente, ele coloca o amado acima de qualquer outra coisa e fica inteiramente incapaz de ter um mau pensamento em relação a ele, e também torna-se incapaz de traí-lo ou abandoná-lo.

O amante cuja alma um dia escolheu seguir a Zeus entre todos os outros deuses procura um amado que compartilhe a natureza filosófica e imperial de seu deus e faz todo o possível para confirmar essa natureza nele. Assim, o desejo do amante divinamente inspirado só pode ser justo e motivo de alegria para o amado. No tempo certo, o amado, que não é apenas mais um tolo como tantos outros, começa a perceber que seu amante divinamente inspirado tem mais valor para ele que todos os seus outros amigos e parentes somados, e que nem a disciplina humana nem a inspiração divina poderiam lhe ter oferecido uma bênção maior.

> *Grandes, portanto, são as bênçãos celestes que a amizade de um amante lhe concederá, meu rapaz. Enquanto o vínculo com o não amante – que é moderado por uma prudência mundana e tem modos mundanos e sovinas de dosar benefícios – engendrará em sua alma aquelas qualidades vulgares que a massa aplaude, o fará rolar pela Terra durante um período de 9 mil anos e o soltará como idiota no mundo lá embaixo.*

Sócrates conclui que se retratou diante de Eros com um "mito razoavelmente digno de crédito e possivelmente verdadeiro, embora parcialmente equivocado". Fedro não acredita que Lísias possa escrever um discurso melhor e a conversa se

---

18. Traduzido por Alexander Nehamas e Paul Woodruff.

volta para o tema da escrita. Sócrates sugere que não há desonra em escrever, só em escrever mal. Resolvem então falar sobre as diferenças entre escrever bem e escrever mal, temendo que, se interromperem a conversa ao meio-dia, as cigarras rirão deles e os confundirão com uma dupla de escravos que chegaram a seu lugar de descanso, como o gado a um poço. Por outro lado, se as cigarras virem que não foram acalentados por seu trinado, podem num gesto de respeito oferecer-lhes as dádivas que ganharam dos deuses. Pois já uma vez, antes do nascimento das Musas, as cigarras tinham sido seres humanos. Então as Musas nasceram, o canto foi criado e elas foram tão dominadas pelo prazer de cantar que se esqueceram de comer ou beber, e morreram sem ao menos se dar conta disso. Como dádiva das Musas, tornavam a nascer como cigarras, cantando desde o momento em que nasciam até o momento em que morriam, sem jamais sentir fome ou sede. Depois de morrer, as cigarras informavam às Musas no Céu quem as estava reverenciando na Terra, conquistando assim o amor de Terpsícore para os dançarinos, de Erato para os amantes e de Calíope, a Musa mais velha, para os filósofos.

Fedro tinha ouvido dizer que um bom orador nada tem a ver com o que é realmente bom ou realmente honroso, só com a opinião que se tem a esse respeito, opinião que vem da persuasão, não da verdade. Sócrates sugere que, embora não possa haver genuína arte da persuasão sem o conhecimento da verdade, o conhecimento da verdade pode ser insuficiente para produzir a convicção se não for acompanhado da arte da persuasão. Contudo, o conhecimento da verdade e a arte da persuasão não são coisas diferentes, mas uma só coisa, já que "aquele que enganaria outros e não seria enganado deve conhecer exatamente as verdadeiras semelhanças e diferenças das coisas... ou nunca saberá como fazer o gradual desvio para o oposto da verdade, que é efetuado com a ajuda de semelhanças, ou como evitar isso". Por exemplo, no início de seu discurso, Lísias não conseguiu definir amor e assim não conseguiu distinguir entre coisas como "ferro" e "prata", que sugerem o mesmo a todos os ouvintes, e coisas como "justiça" ou "amor", que sugerem coisas diferentes a diferentes ouvintes e mesmo coisas diferentes ao mesmo ouvinte, e em que a retórica tem o maior poder. Sócrates compara o restante do discurso pobremente composto de Lísias à inscrição no túmulo de Midas, em que a ordem dos versos não faz diferença alguma:

Sou uma virgem de bronze e me encontro no túmulo de Midas;
Enquanto a água fluir e crescerem árvores altas,
Enquanto estiver aqui, ao lado de um triste túmulo parada,
Direi a todos que passam que Midas dorme aí.

Sócrates diz que um orador deveria dividir a fala conforme sua formação natural, "onde está a junção, sem quebrar parte alguma, como poderia fazer um mau escultor", mas assinala que essa arte pertence à dialética antes de pertencer à retórica. Para descobrir mais sobre a retórica especificamente, eles recorrem às várias ferramentas de criação de discursos, examinando tudo, de declarações vigorosas a apelos patéticos. Isso os leva a concluir que um orador é como um médico que conhece todas as formas de cura, mas não sabe como, quando ou em quem deveriam ser aplicadas, ou seja, "um louco ou pedante que imagina que é médico porque leu alguma coisa num livro ou esbarrou por acaso em uma ou duas receitas, embora não tenha conhecimento real da arte da medicina". Assim como a arte da medicina deve definir a natureza do corpo, a arte da retórica – na medida em que existe uma arte da retórica – deveria definir a natureza da alma, na qual ela procura gerar convicção. O retórico, portanto, deveria ser capaz de dar uma descrição exata da natureza da alma, de quantos tipos diferentes de alma existem, de quando e como é possível agir sobre eles. Nos tribunais de justiça, as pessoas só se preocupam com a condenação, que é baseada mais na probabilidade do que na verdade. Por essa razão, verdades improváveis devem ser recusadas em favor de inverdades prováveis. Por exemplo, quando um homem fraco, mas corajoso, ataca um forte, mas covarde, o homem fraco diria que jamais poderia ter agredido um homem tão forte e o homem forte diria que foi agredido por vários homens. Um verdadeiro retórico, no entanto, que conhece a natureza da alma não mente, porque é um filósofo que descobriu a arte da retórica *por meio da busca de um objetivo muito mais elevado*.

A conversa se desloca para o que é bom e mau na escrita, e Sócrates compõe uma história sobre as origens da escrita:

Na cidade egípcia de Naucratis, havia um velho e famoso deus cujo nome era Theut e a quem está consagrado o pássaro chamado íbis. Ele foi o inventor de muitas artes, como a aritmética, o cálculo, a geometria, a astronomia, o jogo de damas e de dados, mas sua grande descoberta foi o uso de letras. Nesse tempo, o deus Thamus era o rei de todo o Egito e habitava naquela grande cidade do Alto Egito que os helenos chamam de Tebas egípcia, assim como o deus é chamado por eles de Amon. A ele veio Theut e mostrou suas invenções, querendo que os demais egípcios pudessem ser autorizados a desfrutar de seus benefícios. Ele enumerou as invenções e Thamus indagou sobre seus diversos usos, elogiando umas, censurando outras, à medida que as aprovava ou desaprovava. Levaria muito tempo repetir tudo que Thamus disse a Theut em louvor ou reprovação das várias artes. Mas quando chegaram às letras, Theut

143

disse que aquilo tornaria os egípcios mais sábios e lhes daria memórias melhores; era um remédio tanto para a memória quanto para a sabedoria. Thamus respondeu: Oh, extremamente engenhoso Theut, o pai ou inventor de uma arte nem sempre é o melhor juiz da sua utilidade ou inutilidade para quem vier a usá-la. E nesse caso, você que é o pai das letras, com base num amor paterno de seus rebentos, foi levado a atribuir-lhes uma qualidade que elas não podem ter, pois essa sua descoberta criará esquecimento na alma dos que venham a aprendê-la, porque não usarão mais a memória; confiarão nos caracteres escritos externos e não se lembrarão mais por si mesmos. O remédio que você descobriu é uma ajuda não para a memória, mas para a recordação. Você proporciona a seus discípulos não a sabedoria, mas só a aparência da sabedoria. Eles ficarão informados de muitas coisas e nada terão aprendido; parecerão ser oniscientes e, em geral, nada conhecerão; serão companhia maçante, ostentando sabedoria sem possuir nenhuma.

Fedro dispensa essa fábula do Egito, dizendo que Sócrates pode facilmente inventar histórias de qualquer país. Sócrates diz que, segundo a tradição, as primeiras profecias foram as palavras de um carvalho. Naquele tempo, os homens não eram sábios como os jovens de hoje e, em sua simplicidade, se contentavam em dar ouvidos a um carvalho ou mesmo a uma pedra, desde que falassem a verdade. Por que, então, Fedro não pode apenas ponderar se um homem fala ou não a verdade, em vez de tentar descobrir quem é ele e de onde vem? Fedro aceita a reprimenda e admite que há verdade na história do Egito contada por Sócrates.

Sócrates em seguida compara a escrita a uma pintura que, embora tendo a aparência de vida, não pode responder a qualquer pergunta que lhe é feita. A escrita é oferecida indiscriminadamente, tanto aos que podem compreendê-la quanto aos que não podem. Se ela passa a ser vítima de abuso, é maltratada ou simplesmente mal compreendida, seu autor não pode sair em sua defesa, nem ela pode defender-se a si mesma. Ao contrário, a palavra viva sabe quando falar e quando manter silêncio e é sempre capaz de se defender. Assim, só a palavra viva pode ensinar a verdade de forma adequada.

(...) é muito mais nobre ser sério sobre esses assuntos e (preferir) a arte da dialética. Escolhendo uma alma adequada, o dialético planta e semeia dentro dela palavras com fundamento – palavras capazes de ajudar a si mesmas e a quem as planta, palavras que não são estéreis, mas produtoras de sementes, de onde brotam mais palavras, em outros caracteres. Tais palavras tornam as sementes realmente

imortais e proporcionam a quem as possui o máximo de felicidade que um ser humano pode ter.[19]

Sócrates manda Fedro procurar Lísias e contar o que as Ninfas acabaram de lhes dizer: que se um homem compõe discursos baseados no conhecimento da verdade e, quando eles são postos à prova, defende-os habilmente por argumentos expostos em voz alta, ele não deveria ser chamado de orador nem de sábio (pois só os deuses são realmente sábios), mas de amante da sabedoria.

Antes de partirem, Sócrates dedica uma prece às divindades locais:

S: *Amado Pan e todos os deuses que habitam este lugar, concedam-me beleza na alma que tenho por dentro; que possa o homem exterior estar de acordo com o homem interior. Que eu considere rico ao sábio e só traga o dinheiro que um homem sensato possa ter e transportar consigo. Falta alguma coisa? Acho que basta o que eu pedi.*

F: *Peça o mesmo para mim, pois amigos devem ter tudo em comum.*

S: *Vamos embora.*

---

19. Traduzido por Alexander Nehamas e Paul Woodruff.

CAPÍTULO 18

O Banquete

Aquele que o Amor toca não anda na escuridão.

Aristodemo estava entre os convidados de uma reunião com comes e bebes (simpósio) que era realizada havia muitos anos para comemorar o sucesso da primeira tragédia de Agatão quando relatou a Apolodoro a famosa conversa que então teve lugar. Apolodoro recentemente encontrara-se com Gláucon (meio-irmão de Platão) na estrada que ligava Falero a Atenas. Gláucon ouvira uma versão deturpada da conversa e perguntara a Apolodoro se ele estivera presente ao Banquete.* Apolodoro respondeu que não poderia estar presente ao Banquete, que tinha ocorrido havia muitos anos, quando os dois ainda eram crianças. Além disso, fazia três anos que ele havia feito amizade com Sócrates, antes do que simplesmente andava sem rumo de um lado para o outro.

---

* Embora aqui só se faça referência a uma reunião informal, com muitos aperitivos e pouca comida, o diálogo tem sido tradicionalmente conhecido em português como *O Banquete*. A palavra usada no original grego *symposium*), conservada de forma literal nas traduções para o inglês, poderia de fato indicar a segunda parte de um banquete, durante a qual os convidados bebiam e conversavam. (N. do T.)

Houve uma época em que eu estava rodando pelo mundo afora, imaginando que fazia alguma coisa útil, embora não passasse de alguém patético no mais alto grau, assim como você é agora. Eu achava que devia fazer qualquer coisa, menos ser um filósofo.

Enquanto se dirigiam para Atenas, Apolodoro expôs a Gláucon o relato que Aristodemo fizera da conversa, o que serviu de exercício para Apolodoro contá-lo uma segunda vez a um amigo anônimo, que era um rico comerciante.

No dia do banquete, Aristodemo encontra Sócrates, que, para fugir à regra, havia acabado de tomar banho e calçar sandálias. Sócrates explica que está indo a um banquete na casa de Agatão para comemorar a vitória deste nas dionísias* e convence Aristodemo a acompanhá-lo, mesmo sem ter sido convidado. A caminho da casa de Agatão, Sócrates parece preocupado e vai ficando para trás. Como resultado, Aristodemo chega à casa de Agatão antes de Sócrates e mandam um escravo procurar por ele. O escravo volta dizendo que Sócrates estava parado no pórtico de um vizinho e parecia absorvido em seus pensamentos.

Enquanto esperam por Sócrates, Aristodemo encontra os outros convidados no salão de banquetes, incluindo Pausânias, amante vitalício de Agatão, o autor de comédias Aristófanes, um médico com ar arrogante chamado Erixímaco e o jovem – talvez encantador – Fedro. Quando Sócrates junta-se a eles, a refeição já está pela metade. Agatão pede que Sócrates compartilhe seu divã para que possa tocá-lo e dividir a sabedoria que ele encontrou no pórtico do vizinho. Sócrates responde que sua sabedoria não passa de uma sombra num sonho e que, se sabedoria pudesse ser transmitida pelo toque, *ele* é que seria o beneficiado ao sentar--se ao lado de Agatão. Como a maioria dos convidados ainda enfrenta uma terrível ressaca graças às comemorações da noite anterior, eles concordam em restringir as bebidas e aproveitar a ocasião para conversar. Fedro estivera pouco antes se lamentando de que os poetas louvam todos os deuses, menos o Amor (*Eros*), então Erixímaco sugere que cada pessoa, da esquerda para a direita, começando por Fedro, faça um discurso louvando o Amor.

Fedro diz que, segundo Hesíodo, Acusilao e Parmênides, o Amor é um dos deuses mais antigos e, como tal, nos traz os maiores benefícios: "Pois não

---

* As *dionísias* eram festivais em honra ao deus Dionísio. A Grande Dionísia ou Dionísia Urbana era celebrada na primavera, em Atenas. Além de procissões e sacrifícios, havia competições de coros e peças teatrais. Aos vitoriosos eram dados prêmios como um touro (primeiro lugar), uma ânfora de vinho ou uma cabra. Agatão, que o texto diz que ter sido premiado nas dionísias, foi autor de algumas tragédias. (N. do T.)

conheço maior bênção para um jovem que está começando a vida do que um amante virtuoso ou, para o amante, do que o seu bem-amado". O amor é melhor do que a linhagem, a posição, o dinheiro ou qualquer outra coisa para transmitir a orientação de que um jovem precisa para ter uma vida decente, porque os amantes procuram a honra nos olhos uns dos outros e nada os envergonha mais do que serem vistos pelo parceiro cometendo um ato constrangedor. Quando Homero diz que o deus sopra coragem nas almas dos heróis, é essa realmente a dádiva do Amor para cada amante. Assim, Aquiles deu a vida por Pátroclo, embora Pátroclo já tivesse sido morto por Heitor. Os deuses exaltam a virtude do amor, particularmente o amor correspondido por parte do amado, já que o apaixonado é mais inspirado pelos deuses do que o amado e, portanto, mais divino. Por essa razão, os deuses mandaram Aquiles, que era o amado de Pátroclo, para as Ilhas dos Bem-Aventurados. Em conclusão, o Amor é o mais antigo e mais poderoso dos deuses, o mais importante doador de virtude durante a vida e de felicidade após a morte.

Pausânias diz que é importante não elogiar o amor de forma indiscriminada, já que existem de fato dois tipos de Amor: o amor de *Afrodite Pandêmia*, filha de Zeus e Dione, e o amor de *Afrodite Urânia*, que nasceu dos genitais castrados de Urano. O amor de *Afrodite Pandêmia* é um amor comum, experimentado por homens vulgares que são atraídos mais pelo corpo do que pela alma e, portanto, por parceiros menos inteligentes. Ao contrário, o amor de *Afrodite Urânia* é um amor celestial que inspira os homens a se voltarem para o homem jovem, que é por natureza mais forte e mais inteligente. Um amante inspirado por amor celestial não tenciona enganar seu amado, mas ser fiel a ele e passar o resto da vida em sua companhia. Seu amado só deveria ceder a ele depois de se convencer de que suas intenções são sinceras e de que sua companhia é enobrecedora. Juntos, o amante e o amado fazem da virtude uma preocupação central, e a afeição entre os dois é genuína porque está baseada na virtude e não na posição social, no dinheiro ou em qualquer outra coisa instável ou transitória. Em conjunto com a ginástica e a filosofia, o amor de homens jovens é considerado desonroso "em países que estão submetidos aos bárbaros", visto que os tiranos exigem que os súditos sejam pobres de espírito. Na própria Atenas, a energia de Harmódio e Aristogitão, inspirada pelo amor, foi suficiente para liquidar o controle tirânico de Hípias sobre a cidade. O amor perdoa "muitas coisas estranhas" que seriam severamente censuradas se fossem feitas por algum outro motivo ou interesse. Assim, os amigos de um apaixonado não ficariam irritados ou envergonhados se o vissem pedir, suplicar, deitar-se num capacho diante de uma porta ou suportar uma amarga escravidão: "as ações de um apaixonado têm uma graça que as enobrece; e o costume decidiu que são extremamente louváveis, não havendo nelas nenhum dano ao caráter...". O amor, portanto, é algo muito meritório, mas só na medida em que é conduzido no interesse da virtude.

Aristófanes tem um acesso de soluços e cede a vez a Erixímaco, que lhe recomenda algumas formas de cura, uma delas, pelo espirro. Erixímaco se propõe a desenvolver a definição de amor de Pausânias. O amor não há de ser encontrado apenas nas almas dos seres humanos, mas também em animais, plantas, corpos celestes e todas as coisas do universo. Medicina, atletismo, agricultura e música, tudo isso é governado pelo Amor, visto que todos envolvem a criação do acordo e da harmonia. Assim, o Amor é a fonte de tudo que é bom, incluindo ordem, concórdia, sobriedade, justiça e felicidade.

Aristófanes comenta que algo tão cheio de desordem quanto um espirro conseguiu curar algo tão cheio de ordem quanto seu corpo, mas Erixímaco fica indiferente à chacota do humorista. Aristófanes profere seu discurso numa forma de mito. Muito tempo atrás, havia três tipos de seres humanos: masculino, descendendo do Sol, feminino, descendendo da Terra, e andrógino, com elementos tanto masculinos quanto femininos, descendendo da Lua. Cada ser humano era completamente redondo, com como braços, quatro pernas, duas faces idênticas em lados opostos de uma cabeça com quatro ouvidos e tudo mais combinando com isso. Andavam tanto para a frente como para trás e corriam girando rodas de carro com seus oito membros, movendo-se em círculos como seus pais, os astros. Como eram poderosos, ingovernáveis e ameaçavam escalar os céus, Zeus resolveu dividi-los em dois, "como uma sorva* que é cortada ao meio para a conserva", e chegou a ameaçar cortá-los novamente em dois, para que tivessem de saltitar sobre uma perna. Apolo virou suas cabeças, fazendo com que se voltassem para o lado do corte, puxou a pele de onde pôde para cobrir a ferida e amarrou a pele no umbigo, como uma bolsa. Tomou o cuidado de deixar algumas pregas no que se tornou conhecido como abdômen, para que fossem lembrados de sua punição. Depois disso, os seres humanos passaram a ansiar de tal forma por sua outra metade que a procuravam por todo lugar e, quando a encontravam, enrolavam-se nela com muita força para não deixá-la escapar. Como resultado, começaram a morrer de fome e de inércia. Com pena deles, Zeus moveu seus genitais para a frente, para que aqueles que eram previamente andróginos pudes-

---

* Fruto comestível que contém um suco espesso e amargo e que provém da soveira, árvore europeia aparentada com a macieira. (N. do T.)

sem procriar e os que eram previamente masculinos pudessem obter satisfação e passar a coisas mais elevadas. Essa é a origem de nosso desejo por outros seres humanos; os que dentre nós desejam membros do sexo oposto eram previamente andróginos, enquanto homens que desejam homens e mulheres que desejam mulheres eram previamente masculinos ou femininos. Quando encontramos nossa outra metade, ficamos "perdidos em sentimentos de amor, amizade e intimidade tão assombrosos" que não podem ser explicados como se fossem um simples desejo de sexo, mas sim como um desejo de estarmos de novo inteiros, de volta à nossa natureza original. Nosso maior desejo, se pudéssemos realizá-lo,

Figura 3 Primeiros seres humanos, segundo o mito de Aristófanes.

seria para que Hefesto nos fundisse um no outro, de modo que nossas almas pudessem ser uma só e compartilhassem um destino comum.

Agatão diz que cada um dos oradores anteriores falou dos benefícios do Amor, mas nenhum falou do próprio Amor.* Ele exalta o Amor como o mais feliz de todos os deuses, por ser o mais belo, o melhor e também o mais jovem, o mais delicado, o mais valente, o mais sensato, e assim por diante. Quando os homens têm de fato essas qualidades, é porque o Amor os inspira.

---

* Isto é, do deus grego Eros, chamado pelos romanos de Amor ou Cupido. (N. do T.)

E ao seu toque qualquer um se torna poeta, mesmo que antes não tivesse nenhuma música em si; o que também prova que o Amor é um bom poeta e perfeito em toda a criação artística, pois ninguém pode dar a outro o que não tem ou ensinar aquilo de que não tem conhecimento. Quem negará que a criação dos animais é um feito dele? Não são todos obras de sua sabedoria, nascidos e gerados dele? E quanto aos artistas, não sabemos que só aqueles inspirados pelo amor conhecem a luz da fama? Aquele que o amor toca não anda na escuridão.

Todos irrompem em aplausos no final do discurso de Agatão, que é elogiado por ser ao mesmo tempo bonito e diferente. Sócrates, porém, diz que Agatão o faz lembrar de Górgias e pede autorização de Fedro para falar a verdade acerca do Amor, em vez de atribuir-lhe "toda a espécie de grandeza e glória, quer realmente lhe pertençam ou não". Escapulindo para o método do *elenchus*, Sócrates leva Agatão a concordar que, se o amor não é amor de nada, então é amor de algo e, se é de algo, então é de algo que é desejado e, portanto, de algo que não se possui. Sócrates em seguida relata uma conversa que teve um dia com uma sacerdotisa chamada Diotima de Mantineia, por intermédio de quem aprendeu a arte do amor. Diotima ("reverenciada pelos deuses") disse que aquele algo que o Amor não possui, mas deseja, consiste de coisas belas e boas, e particularmente de sabedoria, que é ao mesmo tempo extremamente bela e extremamente boa. O Amor não deve ser confundido com o objeto de amor que, ao contrário do próprio Amor, é perfeitamente belo e perfeitamente bom. Se o Amor não possui, mas deseja, coisas belas e boas, e se todos os deuses são belos e bons, então o Amor não pode ser um deus. O Amor é na verdade filho de Pobreza e Recurso,* sempre necessitado, mas sempre ingênuo. Não é um deus, mas um grande espírito (*daimon*) que age como intermediário entre deuses e homens. Como tal, não é nem mortal nem imortal, nem sábio nem ignorante, mas um amante da sabedoria (*philosophos*). Ninguém que é sábio quer se tornar sábio, assim como ninguém que é ignorante quer se tornar sábio. "Pois contido aqui está o mal da ignorância, no fato de que aquele que não é bom nem sábio esteja não obstante satisfeito consigo mesmo: ele não deseja aquilo de que não sente falta." O intuito de amar coisas belas e boas é possuí-las, porque a posse de coisas belas e boas é a felicidade (*eudaimonia*), e a felicidade é um fim em si mesma. Animais selvagens desenvol-

---

* Segundo Platão, Eros (Amor) seria filho da deusa Pênia (Pobreza) e do deus Poros (Recurso), tendo sido concebido no final de um banquete dos deuses. Recurso é o deus que tem saída para tudo, que tem os recursos necessários para resolver os problemas. (N. do T.)

vem um comportamento amoroso porque procuram se reproduzir e, assim, ser imortais. Os homens também procuraram ser imortais e estão preparados para assumir grandes riscos, até mesmo de vida, a fim de alcançar fama e posição elevada. Alguns homens concebem pelo corpo e se voltam para as mulheres querendo gerar crianças que preservem sua memória, enquanto outros concebem na alma e se voltam uns para os outros querendo gerar sabedoria e virtude. Como sua prole é mais bela e mais imortal, os homens que concebem na alma têm mais para compartilhar e possuem um laço mais forte de amizade entre eles. Todos prefeririam sua prole a filhos humanos.

Quem ao pensar em Homero, Hesíodo e outros grandes poetas não iria preferir dar à luz suas obras em vez de filhos humanos comuns? Quem não tentaria igualá-los na criação de tal descendência, que tem preservado sua memória e lhes proporcionado glória eterna?

Diotima fala em seguida a Sócrates do modo adequado para aprendermos a amar a beleza. Deviam ensinar primeiro um jovem a amar um corpo bonito, para que ele acabasse compreendendo que esse corpo bonito compartilha a beleza com outros corpos bonitos e, portanto, que é absurdo amar só um corpo bonito. Ao amar todos os corpos bonitos, ele aprende a considerar que a beleza da alma é superior à beleza do corpo e começa a amar os que têm a alma bela a despeito de terem ou não o corpo igualmente belo. Assim que o físico foi transcendido, ele vai descobrindo aos poucos que belas práticas e bons costumes, assim como os diferentes tipos de conhecimento, também compartilham uma beleza comum. Finalmente, ele é capaz de experimentar a própria beleza, antes de apreciar as diferentes aparições da beleza. Como resultado, troca as diferentes aparições da virtude pela própria virtude, ganhando assim a imortalidade e o amor dos deuses. É por isso que o Amor é tão importante e merece tanto louvor.

Enquanto os convivas aplaudem Sócrates, um Alcibíades embriagado chega tropeçando, carregado por uma flautista e alguns foliões. Está usando uma enorme guirlanda de hera, violetas e fitas com a qual coroa Agatão, "o mais belo e mais sábio dos homens". Quando avista seu amante Sócrates, repreende-o por estar sentado ao lado de Agatão, não ao lado de "um piadista ou amante de piadas, como Aristófanes". Ele então tira algumas fitas de Agatão e as entrega a Sócrates, "que na conversa vence todos os homens". Quando Alcibíades insiste com os convivas para que bebam mais vinho, Erixímaco objeta que não podem simplesmente se limitar a beber como se estivessem sedentos. Sugere que Alcibíades fale

153

também alguma coisa em homenagem ao Amor. Alcibíades se recusa por conta da embriaguez e do ciúme que sente de Sócrates, propondo-se, em vez disso, a fazer um discurso em louvor a Sócrates.

Alcibíades diz que Sócrates sempre o faz admitir que está perdendo seu tempo em uma carreira política e que negligencia suas muitas deficiências. Então, a custo se afasta dele como se evitasse o canto de uma sereia, mas seu amor pela popularidade de novo fala mais alto. Mas a Sócrates importa muito pouco se alguém é rico, famoso, belo ou tem alguma outra qualidade que as pessoas admirem. Sócrates pode parecer um sátiro e fazer-se passar por ignorante, mas, como os bustos de Sileno, esconde brilhantes e belas imagens dos deuses dentro de si. Alcibíades ficou tão impressionado que tentou várias vezes seduzi-lo com sua famosa beleza, mas sempre sem resultado. Então se tornou mais radical e começou a persegui-lo, convidando-o para jantar e, em certa ocasião, convencendo-o a pernoitar. Ele se deitou ao lado de Sócrates e lhe disse que, de todos os amantes que já tivera, Sócrates era o único digno dele, e ele seria um tolo se lhe recusasse algum pedido, pois quem sabe se Sócrates não poderia transformá-lo num homem melhor? Sócrates então respondeu:

(...) se você pretende compartilhar algo comigo e trocar beleza por beleza, levará grande vantagem sobre mim; ganhará a verdadeira beleza em troca da aparência – como Diomedes, ouro em troca de bronze.

CAPÍTULO 19

Fédon ("Sobre a Alma")

Diga isso a Eveno e ordene que tenha coragem;
que se ele for sábio deverá seguir-me, e sem se demorar...

Fédon, de Élis, está com um grupo de pitagóricos em Fliunte, no Peloponeso. Equécrates diz que tudo que sabem em Fliunte é que Sócrates morreu tomando veneno e que houve um longo intervalo entre o julgamento e sua execução. Fédon explica que a galera pública ateniense tinha zarpado em sua peregrinação anual a Delos na véspera do julgamento de Sócrates e que não eram permitidas execuções antes de seu retorno. Ele então relata as últimas horas de Sócrates.

O comportamento de Sócrates na hora da morte foi tão nobre e destemido que Fédon não sentiu nenhuma piedade dele. Contudo, também não sentiu o prazer natural que vem da discussão da filosofia. Como todos ali presentes, sentiu ao mesmo tempo prazer e dor, "ora rindo, ora chorando". Entre os atenienses havia Apolodoro, Críton e o filho Critóbulo, Hermógenes, Epígenes, Ésquines, Antístenes, Ctesipo, Menexeno e alguns outros. "Platão, se não estou enganado, estava doente." Entre os estrangeiros, havia Símias e Cebes, ambos, como Fédon, filósofos pitagóricos.

Quando entram na prisão de manhã, encontram Sócrates com Xantipa, que está com um filho deles nos braços. Como está muito nervosa, Sócrates pede que seja levada para casa. Ele então se senta na cama, dobra a perna e a esfrega, comentando o prazer que sente por terem lhe removido as correntes. Prazer e dor podem parecer opostos, mas estão de fato associados um ao outro. "São duas coisas e, no entanto, saem juntas da mesma nascente ou do mesmo tronco... quando uma vem, a outra a acompanha." Cebes diz que Eveno, o poeta, tem perguntado por que Sócrates de repente passara a escrever poemas. Sócrates diz que, durante toda a sua vida, teve sonhos que lhe mandavam praticar e cultivar as artes. Até recentemente, presumira que os sonhos estavam lhe dizendo para continuar a se dedicar à filosofia, que era a mais nobre das artes. Contudo, eles podiam de fato estar lhe dizendo para fazer poesia, e ele não ia querer morrer sem ter obedecido a seus sonhos. Começou escrevendo um hino a Apolo, mas então lhe ocorreu que a poesia envolve não apenas juntar palavras, mas também contar histórias. Como não era um contador de histórias, dedicou-se a pôr em versos as fábulas de Esopo.

> *Diga isso a Eveno e ordene que tenha coragem; que se ele for sábio deverá seguir--me, e sem se demorar; e que é provável que eu parta hoje, pois assim o determinam os atenienses.*

Sócrates explica que um filósofo deve acolher a morte com alegria, embora não deva tirar a própria vida. O homem pertence aos deuses e, tirando a própria vida, incorreria em sua ira. Nesse caso, pergunta Cebes, por que deveria um filósofo preferir a morte a prestar serviço aos deuses? Sócrates responde que a morte levará o filósofo para deuses melhores e homens melhores. O filósofo tem em mira a verdade, mas seu corpo não para de distraí-lo e iludi-lo.

> *O corpo nos mantém ocupados de mil e uma maneiras pela necessidade de alimentar-se... Ele nos enche de carências, desejos, medos, ilusões de todo tipo e muitas tolices. Costuma-se dizer que, no final das contas, nenhum conhecimento de qualquer espécie jamais nos chega do corpo. Na realidade, o corpo e seus desejos causam guerra, discórdia civil e batalhas, pois todas as guerras se devem ao desejo de adquirir riqueza, e é o corpo e seu cuidado, a que estamos escravizados, que nos compelem a adquirir riqueza, e tudo isso nos deixa ocupados demais para a prática da filosofia. Pior de tudo é que, mal conseguimos uma trégua e nos dispomos a*

investigar alguma coisa, o corpo não para de interferir em nossa investigação, favorecendo a confusão e o medo, impedindo-nos de ver a verdade.[20]

Justiça absoluta, beleza absoluta ou bem absoluto não podem ser apreendidos com os olhos ou qualquer outro órgão corporal, mas só por meio do pensamento puro, isto é, com a mente ou a alma. Assim, o filósofo procura, até onde for possível, separar a alma do corpo. Como a morte é a separação completa da alma do corpo, o filósofo tem em vista a morte e pode-se dizer que está quase morto. Só um verdadeiro filósofo, que não teme a morte, pode ser visto como alguém que possui coragem e as outras virtudes. A maioria dos homens de "coragem" suporta a morte porque tem medo de males ainda maiores, assim como a maioria dos homens dotados de "sobriedade" se abstém de certa classe de prazeres porque é dominada por outra classe de prazeres.

Contudo, a troca de um medo, um prazer ou uma dor por outro medo, outro prazer ou outra dor, que são medidos como moedas, a maior pela menor, não é o que interessa à virtude. Oh, meu caro Símias, não existe uma verdadeira moeda pela qual todas as coisas deveriam ser trocadas? (...) É a sabedoria; só na troca por ela e acompanhado dela, tudo é verdadeiramente comprado ou vendido, seja a coragem, a sobriedade ou a justiça.

Cebes concorda com tudo isso, mas afirma que a maioria dos homens acha difícil acreditar que a alma continue a manter-se unida (ou existir) depois de deixar o corpo e prefere acreditar que se dispersa como sopro ou fumaça. Sócrates recorda uma antiga doutrina segundo a qual os vivos nascem dos mortos. Se essa doutrina for verdadeira, então a alma tem de continuar a se manter unida depois de deixar o corpo. Todas as coisas vêm de seu oposto; por exemplo, algo que é maior vem de algo que é menor e algo que é mais fraco vem de algo que é mais forte. Para cada par de opostos, há dois processos intermediários que lhe correspondem; por exemplo, os dois processos intermediários que correspondem a grande e pequeno são crescimento e diminuição. Como o oposto da vida é a morte, a vida e a morte devem vir uma da outra e os processos intermediários que lhes correspondem e pelos quais isso acontece são morrer e reviver. Se assim não fosse, tudo que participa da vida logo estaria morto e nada restaria de vivo no mundo.

---

20. Traduzido por GMA Grube.

Cebes diz que a doutrina favorita de Sócrates, de que "o conhecimento é recordação", implica existência de uma época anterior de aprendizado e, portanto, que a alma de algum modo existia antes de existir em forma humana. Símias pede que Cebes o lembre das provas dessa doutrina da recordação. Cebes diz que uma excelente prova é que, "se uma pergunta é feita de maneira correta, a pessoa dará sozinha uma resposta adequada" (ver o *Mênon*). Sócrates diz que outro exemplo de recordação ocorre quando a pessoa vê uma coisa e lembra de outra; por exemplo, quando um amante vê a lira ou a roupa do amado e forma mentalmente uma imagem dele. Do mesmo modo, quando a pessoa vê pedaços de madeira iguais ou pedras iguais, é lembrada da ideia ou da Forma da Igualdade.* Contudo, pedaços de madeira "iguais" ou pedras "iguais" não conseguem ser perfeitamente iguais e por isso não alcançam a Forma da Igualdade. Percebemos pedaços de madeira "iguais" ou pedras "iguais" por meio dos sentidos e é também por meio dos sentidos que nos tornamos conscientes de que eles não alcançam a Forma da Igualdade. Isso indica que o conhecimento das Formas é anterior ao conhecimento obtido por meio da percepção sensorial e, por conseguinte, que o conhecimento das Formas é obtido antes do (ou no) momento do nascimento. "Aprender" é o processo de recuperar esse conhecimento, e é nesse sentido que "conhecimento é recordação". Quem tem o conhecimento deveria ser capaz de dar uma razão para o que sabe (ver o *Teeteto*), mas a maioria das pessoas é incapaz de dar explicações a respeito de temas como justiça, beleza e generosidade porque ainda está no processo de recordar esse conhecimento, que foi adquirido em uma vida anterior, mas esquecido no momento do nascimento.

Símias e Cebes foram convencidos de que a alma existe antes do nascimento, mas não de que continua a existir após a morte. Sócrates diz que isso já foi provado: se a alma existia antes do nascimento (segundo a doutrina de que o conhecimento é recordação) e se a vida vem da morte (segundo o argumento dos opostos), então a alma deve continuar a existir após a morte. O que é composto pode ser dissolvido e é mutável, enquanto o que não é composto é indissolúvel e inalterável. Como as Formas (por exemplo, a beleza) são inalteráveis, elas não devem ser compostas. Ao contrário, suas expressões particulares (por exemplo, um belo cavalo) estão num constante estado de mudança e, portanto, devem ser compostas. Expressões particulares são percebidas pelos sentidos, enquanto as Formas só podem ser percebidas pela mente. Do mesmo modo, o corpo é perce-

---

* Isto é, é lembrada da Forma presente naquela Igualdade. O autor está se referindo à Teoria das Formas de Platão. (N. do T.)

bido pelos sentidos, enquanto a alma só pode ser percebida pela mente. Por conseguinte, a alma parece pertencer ao gênero de coisas que não são compostas e são inalteráveis. Quando a alma e o corpo estão amalgamados, a alma usa o corpo como um instrumento de percepão, mas é confundida pelo que ela vê, que é sempre mutável e nunca constante. Ao contrário, quando retorna para si mesma, a alma passa de novo para o reino do inalterável e seu estado é, então, o da sabedoria. Assim como os deuses governam os homens, as almas governam o corpo. Então, enquanto o corpo é aparentado ao mortal, a alma é aparentada ao divino, que é imutável, imortal e eterno.

Diferentes almas não sofrem todas o mesmo destino após a morte. A alma do filósofo está mais desligada do corpo e assim é capaz de partir para o reino do inalterável, "para o divino, imortal e racional; chegando lá, vive em beatitude e é libertada do erro e da insensatez dos homens, de seus medos, suas paixões selvagens e de todos os outros males humanos...". Ao contrário, a alma que é serva do corpo fica sobrecarregada por cuidados mundanos e vaga pela Terra como fantasma até que seus desejos sejam satisfeitos e ela passe para outro corpo. Se foi injusta ou violenta em sua vida humana anterior, pode passar para um lobo ou um falcão, mas se foi virtuosa, porém não filosófica, pode passar para um animal sociável e manso, como uma abelha ou uma formiga, ou até mesmo para um ser humano.

Sócrates termina, e um prolongado silêncio cai sobre o grupo ali reunido. Cebes e Símias começam a trocar sussurros, e Sócrates pergunta se eles têm dúvidas sobre sua argumentação. Eles respondem que, embora tenham de fato algumas dúvidas, estão relutantes em compartilhá-las com Sócrates e aumentar sua aflição. Sócrates esboça um sorriso, observando que, se não consegue convencer os amigos de que acolhe com alegria seu destino, é improvável que consiga convencer mais alguém.

Será que não reconhecerão que o dom da profecia está tão presente em mim quanto nos cisnes? Pois eles, quando percebem que devem morrer, tendo cantado a vida inteira, cantam então mais que nunca, regozijando-se com a ideia de que estão prestes a partir para junto do deus de quem são ministros. Mas os homens, porque têm medo da morte, caluniam os cisnes ao afirmar que eles cantam um último lamento, sem levar em conta que nenhuma ave canta quando tem frio ou fome, ou sente dor...

Símias diz que se poderia fazer uma argumentação semelhante a respeito da harmonia e da lira. A harmonia na lira bem afinada é invisível, bela e divina, enquanto a lira em si é física e de gênero mortal. Contudo, não se pode quebrar a lira ou cortar suas cordas e depois afirmar que a harmonia ainda existe. Cebes diz que, embora tenha sido suficientemente provado que a alma existe antes do nascimento, não ficou suficientemente provado que ela continue a existir após a morte; e assim como um homem consome vários mantos durante a vida, talvez a alma sobreviva a vários corpos, mas envelheça e morra.

Sócrates adverte os amigos que, assim como há misantropos ou gente que tem aversão às pessoas, há "misólogos" ou gente que tem aversão às ideias. Um homem é misantropo porque sofreu muitas decepções com aqueles em quem confiava e passou a crer que ninguém presta. Não consegue perceber que o homem muito bom é tão raro quanto o muito mau e que a maioria das pessoas se encaixa entre um extremo e outro. Do mesmo modo, um homem é misólogo porque sofreu muitas decepções com seus argumentos e passou a crer que todos os argumentos são inerentemente instáveis. Não existe mal maior que ser um misólogo, incapaz de descobrir a verdade sobre qualquer coisa. As pessoas, portanto, deviam procurar não se tornar misólogas e dar prosseguimento ao debate sobre a imortalidade da alma. Deviam também procurar não se comportar como o homem comum, vulgar, que entra no debate não com o objetivo de descobrir a verdade, mas de ver sua posição aceita.

> *Peço que pensem na verdade e não em Sócrates: concordem comigo se acharem que estou falando a verdade; caso contrário, resistam quanto puderem para que eu não possa enganar tanto a vocês quanto a mim no meu entusiasmo e, como a abelha, deixar meu ferrão em vocês antes de morrer.*

Sócrates faz Símias e Cebes concordarem que conhecimento é recordação e, portanto, que a alma deve ter existido em algum outro lugar antes de existir na forma humana. Nesse caso, não é correta a comparação entre a alma e uma harmonia, já que uma harmonia realmente não pode existir antes da lira. Em segundo lugar, enquanto uma lira pode ser mais ou menos harmoniosa que outra lira, uma alma não pode ser mais ou menos alma que outra alma. Em terceiro lugar, a bondade ou maldade de uma alma não pode ser comparada à harmonia ou desarmonia de uma lira, já que uma lira harmoniosa tem mais harmonia que uma lira desarmônica, enquanto se tem admitido que uma alma não pode ser mais ou menos que outra alma; se a alma é harmonia, então nenhuma alma é desarmonia e nenhuma alma tem defeito. Em quarto lugar, enquanto a alma governa o corpo e está com frequência em desacordo com ele, uma harmonia não governa uma lira e não pode estar fora de sintonia com ela.

Tendo assim respondido a Símias, Sócrates responde a Cebes. Quando Sócrates era jovem, teve uma paixão pelas ciências naturais e achou que seria realmente esplêndido conhecer as causas de tudo, saber por que uma coisa existe e por que é criada e destruída. Contudo, logo percebeu que não tinha talento para esse tipo de investigação, pois o fazia desaprender o que ele achava que sabia e se ver, de repente, ignorante acerca das causas de tudo. Soube então dos ensinamentos de Anaxágoras, segundo os quais a mente é a causa de tudo e faz cada coisa ser do modo que é melhor para sua existência. Assim, para descobrir a causa de qualquer coisa, a pessoa só precisava perguntar qual era, para essa coisa, a melhor maneira de existir. Embora estivesse inicialmente empolgado com a ideia, Sócrates chegou à conclusão de que ela implicava tão somente fornecer explicações puramente físicas para as coisas. Por exemplo, Anaxágoras poderia dizer que Sócrates estava sentado ali porque seu corpo era constituído de ossos e músculos,[*] não porque ele havia sido condenado à morte e achou que não seria justo fugir.

Achei que, como tinha falhado na contemplação da verdadeira existência, devia me acautelar para não perder os olhos de minha alma, pois as pessoas podem ferir os olhos do corpo ao observar o Sol e fixá-los nele durante um eclipse – a não ser que tomem o cuidado de só olhar para sua imagem refletida na água...

Sócrates então formulou uma hipótese adicional de causação que envolve não uma explicação das coisas em si mesmas, mas a formulação de teorias sobre elas. A teoria mais plausível é então conservada e tudo que concorde com a teoria é verdadeiro, tudo que não concorde é falso. Sócrates e Cebes estão de acordo com o fato de que a teoria mais plausível é na verdade a Teoria das Formas, segundo a qual existem coisas como a Forma da Justiça, a Forma da Beleza, e assim por

---

* "Movendo-se os ossos em suas articulações, estendendo-se e contraindo-se, sou capaz de flexionar os meus membros, e por esse motivo é que estou sentado aqui, com os membros dobrados. (...) Dar o nome de causas a tais coisas seria ridículo. Que se diga que sem ossos, sem músculos... eu não poderia fazer o que me parece melhor, isso é certo. Mas dizer que é por causa disso que realizo as minhas ações... é uma afirmação absurda. Isso importaria... em não ver que uma coisa é a verdadeira causa e outra aquilo sem o que a causa nunca seria causa." – *Fédon*, em Platão, *Diálogos II*, Edições de Ouro, Rio de Janeiro, 1970, pp. 137/8. (N. do T.)

diante. Nessa hipótese, uma coisa é bela não em virtude de sua cor ou de sua forma, mas porque participa da Forma da Beleza. Dois é dois porque participa da Forma de Dois, não porque seja a adição de um e um (dois) ou a divisão de um (também dois). Um homem é mais alto que outro porque um participa da Forma da Altura enquanto o outro participa da Forma da Baixa Estatura, não porque o primeiro tenha "uma cabeça" a mais de altura e o outro "uma cabeça" a menos. Nesse caso, não só a mesma causa ("uma cabeça") foi dada tanto para a altura como para a baixa estatura, mas o homem alto só é alto por conta de uma cabeça, que é ela própria pequena! Cebes, Símias e os demais expressam sua concordância e Sócrates continua. Formas Opostas, por exemplo, Alto e Baixo ou Quente e Frio, não podem admitir uma à outra. Uma coisa que participa de uma forma é compelida não apenas a participar dessa Forma, mas também a participar de outras Formas intimamente relacionadas. Por exemplo, três lápis agrupados são compelidos não apenas a participar da Forma do Tríplice, mas também da Forma do Ímpar; ao participar da Forma do Ímpar, eles não podem admitir seu oposto, a saber, a Forma do Par. Uma alma enlaçada com um corpo é invariavelmente acompanhada de vida, sugerindo que a alma está intimamente conectada com a vida e, por conseguinte, que não pode admitir seu oposto, isto é, a morte. Portanto, quando o corpo morre, a alma não morre, mas simplesmente se retira do corpo.

Após a morte do corpo, a alma viaja para um lugar de julgamento e depois para um novo lugar, dentre uma variedade de outros. A Terra é esférica e sustentada no meio dos céus por um equilíbrio próprio. Nosso mundo é meramente uma das várias cavidades na superfície da Terra onde se reuniram ar e água; e somos apenas como "rãs em um pântano". Sobre essas cavidades está a verdadeira superfície da Terra, que contém não ar e água, mas puro éter. As pessoas que vivem na verdadeira superfície da Terra têm sentidos mais aguçados, intelectos mais penetrantes e são capazes de ver os corpos celestes como verdadeiramente são. Nós, ao contrário, somos como as criaturas que vivem no fundo de um mar, achando que o mar é o céu e nada sabendo do mundo mais claro e belo que se encontra além. As cavidades na superfície da Terra são conectadas por grandes rios subterrâneos de água, fogo e lama que fluem para o Tártaro e dele brotam, sendo o Tártaro uma cavidade tão profunda que penetra até o outro lado da Terra. Dos quatro rios que existem, Oceano, Aqueronte, Piriflegetonte e Cocito, o maior é Oceano, que circunda a Terra. As almas dos que têm sido bons e virtuosos ascendem para a superfície da Terra, enquanto as almas que foram purificadas pela filosofia vão para locais ainda mais elevados e mais belos. As almas dos que não foram bons nem maus vão para as costas da Lagoa Aquerúsia, onde são punidas e recompensadas segundo seus feitos antes de retornarem à Terra. Finalmente, as almas dos que têm sido maus vão para o Tártaro, de onde nunca retornam.

Sócrates diz que está na hora de tomar um banho, poupando assim às mulheres o incômodo de lavar seu cadáver. Críton pergunta se ele quer deixar algumas instruções para os amigos. Sócrates responde que eles devem continuar a cuidar de si mesmos se mantendo à frente da vida filosófica. Então Críton pergunta como ele gostaria de ser enterrado, mas Sócrates apenas sorri ante a incapacidade de Críton em compreender que não é ele, mas seu cadáver que vai ser enterrado. Após o banho, Sócrates fala com as crianças e mulheres da família, voltando depois para o meio dos amigos. Quando o Sol está se pondo, o carcereiro entra e lhe ordena que beba a cicuta. O carcereiro não consegue conter as lágrimas ao descrevê-lo como o homem mais generoso, o mais nobre, o melhor que jamais dignificou aquela prisão. Críton diz que ele ainda tem tempo de comer, beber e estar com os amigos; Sócrates, contudo, acha que não seria adequado apegar-se aos restos de vida. Oferece então uma prece aos deuses e com calma, descontraído, toma o veneno. Os amigos irrompem em lágrimas enquanto ele o faz, mas Sócrates os repreende e silencia. Anda de um lado para o outro ajudando o veneno a se espalhar pelo corpo, depois se deita de costas e espera que faça efeito. Quando seu corpo se torna frio e rígido, ele descobre a cabeça e profere suas últimas palavras: "Críton, devo um galo a Asclépio; você não vai esquecer-se de pagar essa dívida?".[21]

Esse foi o fim, Equécrates, de nosso amigo, que eu posso realmente chamar o mais sábio, o mais justo, o melhor dos homens que conheci até hoje.

---

21. Um galo era sacrificado por pessoas doentes na esperança de uma cura, e provavelmente Sócrates quis dizer que a morte é uma cura para os males da vida.

CAPÍTULO 20

A República (Politeia)

*... [a democracia] é uma forma fascinante de governo,
cheia de variedade e desordem, dispensando um
tipo de igualdade tanto a iguais quanto a desiguais.*

Sócrates e Gláucon estão retornando a Atenas depois de participarem de um festival religioso no Pireu, quando são abordados por Polemarco, pelo irmão de Gláucon, Adimanto, por Nicerato e vários outros. Chegando à casa de Polemarco, encontram o pai dele, Céfalo, seus irmãos Lísias e Eutidemo, além de Trasímaco de Calcedônia, Carmantides de Peneia e Clitófon. Céfalo, que parece realmente muito velho, repreende Sócrates por não visitá-lo com mais frequência. Sócrates responde que nada lhe parece melhor que conversar com homens idosos. Poderá Céfalo lhe dizer como é estar velho?

Céfalo responde que os velhos com frequência se queixam de que todos os prazeres da vida se foram. Contudo, ele descobre que essa libertação das paixões traz um grande sentimento de calma e liberdade. Sócrates lembra o que muita gente pensa, isto é, que a única razão pela qual Céfalo acha tão fácil suportar a idade avançada é o fato de ser rico. Céfalo cita a resposta de Temístocles ao cidadão de Sérifo quando este lhe disse que ele era famoso não porque tivesse algum mérito, mas porque era ateniense: "Eu não teria me transformado num homem célebre se tivesse nascido em Sérifo, tampouco tu, se fosses ateniense". Do mesmo

165

modo, a idade pode não ser um fardo leve para o homem bom e pobre, mas o homem rico e perverso também jamais ficará em paz. Sócrates comenta que pessoas como Céfalo, que herdaram sua riqueza, tendem a ser indiferentes ao dinheiro, enquanto pessoas que adquiriram a riqueza por esforço próprio não sabem falar de outra coisa, razão pela qual são péssimas companhias. Céfalo opina que o maior benefício da riqueza é uma consciência limpa, já que o homem rico nunca precisa enganar ou dar calote em alguém. Sócrates pergunta então se a justiça fica reduzida a isto: falar a verdade e restituir o que se tomou de alguém. Contudo, seria injusto devolver a faca que se tomou de um louco, enquanto seria justo mentir-lhe sobre seu paradeiro. Céfalo se afasta para dar uma olhada em certos sacrifícios e o filho Polemarco continua a discussão. Polemarco cita Simônides* dizendo que é justo devolver aquilo que tomamos, isto é, restituir a cada homem o que lhe é devido e lhe convém. Em suma, a justiça é fazer o bem aos amigos e o mal aos inimigos. Sócrates chama a atenção para uma série de problemas com essa definição de justiça, para começar, porque parece realmente absurdo a justiça envolver qualquer prática do mal. Além do que, devido a nosso julgamento precário, nem sempre seremos amigos das pessoas mais virtuosas.

Nesse ponto, o sofista Trasímaco irrompe na conversa "como um animal selvagem". Proclama que a justiça é simplesmente o interesse do mais forte e, portanto, que existe para que os súditos façam o que lhes é ordenado pelos seus governantes. Sócrates responde que o objetivo de toda profissão ou de todo governo é o interesse das pessoas, não o do profissional ou do governante. Por exemplo, o médico, enquanto age como médico, tem em vista não seu próprio interesse, mas o do paciente. Trasímaco discorda de Sócrates: o injusto é mais forte, razão pela qual os que lhe estão submetidos fazem o que for do seu agrado. O justo é sempre um perdedor em comparação ao injusto, seja em contratos particulares, em negociações com o Estado ou no exercício de um cargo público. A forma mais perfeita de injustiça é a tirania, em que o tirano é o indivíduo mais feliz e os que se recusam a praticar a injustiça são os mais desgraçados. Se os homens censuram a injustiça, não é porque relutem em cometê-la, mas porque temem se tornar suas vítimas. Sócrates insiste que o objetivo de toda profissão ou de todo governo é o interesse das pessoas, razão pela qual ninguém está disposto a governar sem remuneração. A retribuição por governar ou se recusar a governar vem em uma de três formas: dinheiro, honra ou castigo no caso da recusa. Como

---

* Simônides de Ceos (c.556-469 a.C.), poeta lírico grego, famoso por suas elegias, odes e epigramas. (N. do T.)

os homens de bem não cuidam de nada por avareza ou ambição, só estarão dispostos a governar se houver um castigo por uma recusa, e a pior parte desse castigo é que seriam governados pelos que não têm caráter.

Pois há motivo para se pensar que, se uma cidade fosse composta inteiramente de homens de bem, é provável que nela se lutasse para fugir do poder, como agora se luta para obtê-lo; então se tornaria evidente que o verdadeiro governante não está destinado pela natureza a pensar no interesse próprio, mas no dos governados; e todo homem que soubesse disso ia preferir receber um benefício de outro a ter o trabalho de conferi-lo. Portanto não concordo de forma alguma com Trasímaco quando afirma que a justiça existe no interesse do mais forte. Mas voltaremos a esse ponto mais tarde, pois quando Trasímaco diz que a vida do injusto é mais vantajosa que a do justo, essa nova declaração me parece ter um significado muito mais sério.

Trasímaco confirma que julga a vida do injusto a mais vantajosa, pondo a injustiça ao lado da sabedoria e da virtude e a justiça com os seus opostos. Sócrates diz que o homem generoso e sábio não deseja levar vantagem sobre seus semelhantes, mas somente sobre aqueles que não se assemelham a ele, sobre seus opostos. Por exemplo, um músico que afina sua lira deseja suplantar não o músico, mas somente o não músico. Ao contrário, o ignorante e mau deseja levar vantagem tanto sobre seus semelhantes quanto sobre os que não se assemelham a ele. Do mesmo modo, o justo não deseja levar vantagem sobre o justo, enquanto o injusto deseja levar vantagem sobre o justo e o injusto. Assim, o justo é como o sábio e o bom; o injusto, como o ignorante e o mau. A justiça cria harmonia e amizade, enquanto a injustiça cria ódio e luta. Por essa razão, o justo é mais capaz de promover ações combinadas que o injusto e é, portanto, mais forte que o injusto. De fato, se os maus ainda são capazes de realizar alguma coisa em conjunto é porque ainda possuem um vestígio de justiça. A justiça é desejável porque é a excelência da alma, sem a qual um homem não pode viver bem e, portanto, não pode ser feliz. Sócrates conclui que, apesar de tudo isso, não está em situação melhor; seu objetivo original fora definir a justiça, não mostrar por que a justiça é desejável.

[Livro II] Gláucon diz que não se convenceu de que ser justo é sempre melhor do que ser injusto. Todos os bens podem ser divididos em três categorias: bens como prazeres inofensivos, que são desejáveis em si mesmos; bens como a ginástica, o cuidado do doente ou os vários modos de fazer dinheiro, que são desejáveis pelo que proporcionam; e bens como o conhecimento, a visão ou a

167

saúde, que são desejáveis em si mesmos e pelo que proporcionam. A qual dessas três classes pertence a justiça? Sócrates responde que a justiça pertence à classe dos bens que são desejáveis tanto em si mesmos quanto pelo que proporcionam. Gláucon ressalta que a maioria das pessoas discorda de Sócrates e acha que a justiça pertence à classe de bens que são desejáveis apenas pelo que proporcionam. Acham que praticar a injustiça é bom, mas que sofrer a injustiça é mau e que o mal pesa mais que o bem. Portanto, elas fazem um acordo entre si de não praticar a injustiça. Se um homem justo conseguisse se apoderar do lendário anel de Giges, que tornava seu portador invisível, teria com toda a certeza procedido de forma injusta. O que demonstra que o homem justo só é justo porque é fraco e teme a punição, não porque a justiça seja em si mesma desejável. O verdadeiro justo, que se importa apenas com a justiça e não com a aparência de justiça, será considerado injusto e sofrerá todo tipo de mal até o dia em que compreender que deveria apenas parecer – não ser – justo. Ao contrário, o homem injusto que for suficientemente habilidoso para parecer justo será considerado justo e conseguirá sempre o melhor de tudo e de todos. Adimanto acrescenta que, embora as pessoas louvem de fato a justiça, louvam-na antes pelo que proporciona do que por si mesma. Percebendo isso, o homem superior dedica-se não à justiça em si, mas tão só à aparência de justiça. Adimanto diz que não acredita realmente nesse argumento, mas o está usando para provocar Sócrates a defender a tese contrária, demonstrando que a justiça é desejável em si mesma.

Sócrates diz que há dois tipos de justiça, a do indivíduo e a do Estado, e propõe começar sua investigação sobre a natureza da justiça com a justiça do Estado, que é maior e, portanto, mais fácil de localizar. "E se imaginarmos o Estado em processo de formação, também veremos a justiça e a injustiça do Estado em processo de formação." Um Estado surge de nossas necessidades de alimento, abrigo, vestuário e coisas do gênero, sendo seu objetivo e propósito satisfazer essas necessidades. Diferentes pessoas são naturalmente adequadas à diferentes funções, e a especialização resulta em melhor qualidade e maior quantidade. Assim, cada pessoa deve desempenhar a função para a qual tem uma aptidão natural e desempenhá-la com a exclusão de todas as outras. Sócrates pinta um quadro idílico desse Estado "saudável" em que todas as nossas necessidades básicas são satisfeitas. Gláucon, no entanto, lembra que as pessoas desejam mais que apenas necessidades básicas. Desejam, por exemplo, deitar-se em sofás, comer sentadas à mesa, tendo molhos e doces. Sócrates diz que um Estado "suntuoso" pede recursos maiores do que o Estado pode proporcionar, levando assim a guerras. Para travar guerras, o Estado requer uma classe especializada de guerreiros ou "guardiões". Para serem eficientes, os guardiões precisam ter um grande número de qualidades físicas e espirituais. Não podemos confiar, no entanto, que a natureza forneça todas essas qualidades; elas devem ser suplementadas pela educação. Como a educação dos guardiões é o aspecto mais importante do Estado, Sócrates vai abordá-la com grande detalhe. A educação dos guardiões deveria ter duas divisões: ginástica para o corpo e música para a alma. A música inclui a literatura, que pode ser verdadeira ou falsa, como no caso de histórias infantis, que são o primeiro tipo de literatura com que um futuro guardião se depara.

Sabemos também que o começo é a parte mais importante de qualquer trabalho, especialmente no caso de uma coisinha tenra e nova, pois é o momento em que o caráter está sendo formado e a impressão que lhe pretendemos passar é mais prontamente absorvida.

Assim, a primeira providência a se tomar seria estabelecer uma censura sobre os escritores de ficção. Essa censura se aplicaria não apenas a histórias infantis, mas também às "grandes" obras de ficção, como as de Homero e Hesíodo, que desfiguram os deuses e heróis ou não os representam como eles deveriam ser representados. Deus deve ser sempre representado como verdadeiramente é, ou seja, como bom e apenas como autor do bem.

[Livro III] Como os futuros guardiões não devem temer a morte, histórias sobre heróis não deveriam apresentá-los temendo a morte ou lamentando a morte de outros, assim como não deveriam apresentar o Hades como um lugar horrível. Nem deveriam os heróis ser apresentados dominados pelo riso, pois um acesso de riso que é cultivado em excesso quase invariavelmente produz uma violenta reação contrária. Em todos os casos, os heróis deveriam ser apresentados como honestos, piedosos, moderados e coisas do gênero. Sócrates diz que, embora tivesse se pronunciado sobre histórias envolvendo deuses e heróis, ainda não podia se pronunciar sobre histórias envolvendo homens. E elas com frequência retratam homens cruéis como felizes e a injustiça como compensadora, o que constitui precisamente o tipo de afirmação que sua fala está querendo reprovar. Tendo abordado o conteúdo das histórias, Sócrates examina seu estilo e compara a forma dramática com a forma lírica. Depois examina outras formas de arte, como a melodia e o canto, a pintura, a escultura e a arquitetura, censurando em cada caso aquilo que possa dificultar a educação dos futuros guardiões. Sócrates observa que, como resultado de toda essa censura, o Estado suntuoso vai ficando cada vez mais parecido com o Estado sadio. Finalmente, Sócrates discute o tema do amor, que é o último tópico na discussão sobre música, "pois qual deveria ser o objetivo da música senão o amor ao belo?". Enquanto o verdadeiro amor, que é o amor ao belo e à ordem, é moderado e harmonioso, o amor ao corpo, que é sensualidade, é imoderado e desarmônico. Por essa razão, o amante e o amado devem ser proibidos de exibir qualquer forma de afeto que ultrapasse o que pode existir entre pai e filho.

Sócrates examina em seguida a ginástica, cujo treinamento também deveria começar nos primeiros anos. A ginástica não deveria consistir em exercícios físicos comuns, mas em uma ginástica militar que fosse mais adequada à ação no campo de batalha. Com frequência, se supõe que as artes da música e da ginástica se destinem uma ao treinamento da alma e a outra ao treinamento do corpo. Ambas, contudo, destinam-se principalmente ao melhoramento da alma. Se a mente se dedica exclusivamente à ginástica, desenvolve um temperamento de dureza e ferocidade, enquanto se ela se dedica exclusivamente à música, desenvolve um temperamento de brandura e afeminação. Assim, o futuro guardião deve praticar tanto a música quanto a ginástica e em proporções tais que se torne corajoso, mas não rude, e amável, mas não frouxo. No meio da discussão sobre ginástica, Sócrates discute o papel dos médicos, que só deveriam ser instruídos para tratar os que tivessem enfermidades simples, curáveis. Deveriam deixar morrer naturalmente os que tivessem uma moléstia crônica.

Tendo falado sobre a classe de produtores e a classe de guardiões, Sócrates passa a falar sobre a terceira e última classe de cidadãos em seu Estado ideal, a classe dos governantes. Os governantes deveriam ser escolhidos entre os guardiões depois de atenta observação e verificação rigorosa de sua lealdade ao Estado. Os guardiões que fossem escolhidos como governantes deviam receber uma educação adicional; os guardiões que não fossem escolhidos como governantes não deveriam mais ser conhecidos como "guardiões", mas como "auxiliares", cuja função seria cumprir a vontade dos governantes. Sócrates diz que deveria ser contada a todos os cidadãos uma mentira útil para promover a lealdade ao Estado e fortalecer sua ordem social de três camadas. Segundo o "mito dos metais", todo cidadão nasce da terra do Estado e qualquer outro cidadão é seu irmão ou sua irmã. Deus, no entanto, os moldou de maneiras diversas, misturando diferentes metais em suas almas: ouro para os governantes, prata para os auxiliares e bronze ou ferro na alma dos lavradores e artesãos. As crianças são geralmente feitas do mesmo metal que os pais, mas se não for esse o caso, a criança deve descer ou ascender na ordem social. Se um dia uma criança feita de bronze ou ferro se tornasse um guardião, o Estado seria destruído. Como os guardiões são feitos de ouro e prata divinos, não deveriam ter qualquer relação com as espécies terrenas que têm sido "fonte de tantas ações perversas". Os guardiões não deveriam ter qualquer propriedade privada; deveriam viver em conjunto em alojamentos providenciados pelo Estado e não receber dos cidadãos mais que o sustento diário.

[Livro IV] Adimanto argumenta que as pessoas seriam infelizes se não pudessem ter propriedades e desfrutar de luxos; não estariam em melhor situação do que mercenários – aquartelados na cidade e perpetuamente montando guarda. Sócrates acrescenta que não poderiam fazer uma viagem de lazer ou ter uma amante, "o que é considerado como felicidade". Seu objetivo ao fundar o Estado ideal, no entanto, não era conceder a uma classe uma felicidade desproporcional com relação às outras, mas alcançar uma felicidade maior para o todo, já que é nesse tipo de Estado que seria mais provável encontrarmos a justiça. Não obstante, continua sendo possível que os guardiões fossem os mais felizes dos homens apesar – ou por causa – de suas privações.

Sócrates diz que as artes e os ofícios estão sujeitos tanto a degenerar sob a influência da riqueza quanto sob a influência da pobreza: "uma dá origem ao luxo e à indolência, a outra, à depravação e à maldade, e ambas dão origem ao descontentamento". Contudo, não haveria dinheiro no Estado ideal e, portanto, nem riqueza nem pobreza. Adimanto pergunta como um Estado sem dinheiro iria à guerra, especialmente contra um inimigo que fosse rico e poderoso. Sócrates responde que, mesmo um exército de muitos homens ricos não seria páreo para um exército de guerreiros treinados, ainda que fossem poucos. Assim, o Estado ideal não precisaria ser particularmente grande e não deveria, por certo, aumentar a ponto de se tornar ingovernável.

A educação tem a maior importância, visto que homens bem-educados compreenderão facilmente os princípios gerais do Estado ideal e os aplicarão a cada um de seus aspectos, por exemplo, à posse das mulheres e à procriação de filhos, que seguirão o princípio geral de que amigos têm todas as coisas em comum. O Estado ideal "movimenta-se acumulando forças como uma roda", visto que uma boa educação propicia boas constituições que, com o tempo, se aperfeiçoam cada vez mais. A boa educação é tão importante que os currículos de música e ginástica deveriam ser preservados em sua forma original, sem que nenhuma inovação fosse feita: "Quando mudam as formas de música, as formas do Estado sempre mudam com elas".

Tendo apresentado os princípios gerais do Estado ideal ou virtuoso, Sócrates está pronto para definir as virtudes da sabedoria, da coragem, da sobriedade e da justiça, identificando-as dentro do Estado virtuoso. A sabedoria há de ser encontrada nos guardiões, que são a fonte de sabedoria no Estado. Enquanto governarem, o Estado pode ser chamado de sábio. A coragem há de ser encontrada nos auxiliares, que protegem a cidade e os interesses dela por meio de sua bravura, que Sócrates define como "o conhecimento do que é e do que não é para ser temido". "A coragem", diz Sócrates, "é uma espécie de redenção." Ao contrário da sabedoria e da coragem, a sobriedade e a justiça são encontradas em todas as classes de cidadãos. A sobriedade é como uma harmonia que "atravessa todas as notas da escala" e que pode ser definida como "um acordo do naturalmente superior com o naturalmente inferior para o governo correto de um e de outro, tanto nos Estados quanto no âmbito individual". Finalmente, a justiça está "cumprindo o seu papel", isto é, fazendo o que lhe é mais adequado fazer e, portanto, o que é melhor para o Estado como um todo. Esse princípio de especialização é a única virtude que sobra para o Estado depois que as virtudes da sabedoria, da coragem e da sobriedade foram isoladas, sendo também sua última causa e condição.

Se um Estado pode ser justo, os indivíduos também podem ser justos e Sócrates propõe verificar sua definição de justiça identificando a justiça no indivíduo. O homem justo, diz ele, é "aquele em quem cada um dos diferentes atributos de sua natureza faz seu trabalho". Assim como a Sociedade é dividida em três classes de cidadãos, a alma é dividida em três atributos ou partes. No homem justo, a parte racional governa a parte exaltada, que lhe está submetida e é sua aliada, e essas duas partes governam a parte apetitiva ou concupiscente. A parte racional anseia pela verdade, a parte exaltada* anseia pela honra e a parte apetitiva anseia por comida, bebida, sexo e dinheiro. A parte racional corresponde à classe dos guardiões; a parte exaltada, à classe dos auxiliares; e a parte apetitiva, à classe dos produtores. O homem justo que é governado pela parte racional da alma tem mais probabilidade de ser virtuoso, ou seja, é menos provável que desonre pai e mãe, falte a seus deveres religiosos, e assim por diante. O homem justo "coloca em ordem sua vida interior, é seu próprio mestre, sua própria lei e está em paz consigo mesmo...". Justiça e injustiça são para a alma o que saúde e doença são para o corpo; a virtude é a saúde, a beleza e o bem-estar da alma, enquanto a corrupção é sua enfermidade e fraqueza. Agora que Sócrates definiu justiça e injustiça em termos individuais, resta-lhe determinar qual é a mais proveitosa. Tudo que ele diz aqui é que, se a justiça é a saúde da alma e a saúde é desejável em si mesma, então a justiça é também desejável em si mesma. Platão torna a abordar essa questão no Livro IX.

---

*   Ou irascível. (N. do T.)

A argumentação parece ter atingido um ponto culminante do qual, como de uma torre de especulação, um homem pode olhar para baixo e ver que a virtude é única, mas que as formas de corrupção são inumeráveis; havendo quatro especiais que são dignas de nota... Parece haver tantas formas da alma quanto há distintas formas do Estado... Há cinco do Estado e cinco da alma...

A primeira [forma do Estado] ou forma virtuosa é a da monarquia ou aristocracia, em que o governo é exercido por um ou por muitos homens ilustres.

[Livro V] Sócrates começa a enumerar as quatro formas de corrupção. Contudo, Polemarco e Adimanto interrompem-no e lhe pedem para explicar o que ele afirmou em relação a mulheres e crianças, que Sócrates disse que deveriam ser encaradas como posse comum. Ele responde:

São os cães divididos em eles e elas ou ambos os sexos participam igualmente da caça, da guarda e dos outros deveres dos cachorros? Ou será que confiamos com exclusividade aos machos todo o cuidado com os rebanhos, enquanto deixamos as fêmeas em casa, com base na ideia de que o parto e a amamentação dos filhotes é tarefa suficiente para elas?

Se as mulheres devem ter os mesmos deveres que os homens, devem receber a mesma educação – a saber, música, ginástica e também a arte da guerra, que devem praticar como os homens. Embora homens e mulheres tenham naturezas diferentes, as mulheres deveriam ter as mesmas atividades que os homens, pois, assim como os homens, suas naturezas se dividem nas categorias apetitiva, exaltada e racional. As esposas dos guardiões deveriam ser vistas como posse comum, assim como seus filhos. Nenhum pai deveria conhecer o filho, nem o filho deveria conhecer o pai. Assim, todos seriam considerados uma família, e a lealdade não seria mais dividida entre família e Estado, voltando-se com exclusividade para o Estado. Os melhores de um sexo e de outro devem se unir o mais frequentemente possível, e os piores, o mais raramente possível. A copulação só deve ocorrer durante certos festivais, e quaisquer crianças nascidas de uma cópula fora desses festivais devem ser mortas. Os casamentos devem ocorrer para sancionar a copulação, mas só devem ser mantidos enquanto dure a copulação. Para impedir o incesto, os guardiões devem considerar cada criança nascida entre sete e dez meses após sua cópula como seus filhos, e essas crianças devem, por seu turno, considerar esse grupo de guardiões como pai e mãe e devem ver a si próprias como irmãos e irmãs.

Apesar da comunidade de famílias e da comunidade de bens, Sócrates insiste em afirmar que a vida dos guardiões será mais abençoada que a dos vencedores olímpicos, já que os guardiões estarão livres de rixas e "pequenas baixezas" como:

> *(...) a adulação do rico pelo pobre, todas as dificuldades e todos os incômodos pelos quais passam as pessoas na criação dos filhos, no ganho do dinheiro para comprar o necessário para a família, no pedir emprestado e depois na negação da dívida, no conseguir dinheiro por todos os meios para colocá-lo nas mãos das mulheres e dos escravos que precisam ser mantidos – os tantos males, de tantas espécies, de que, dessa maneira, padecem as pessoas são suficientemente deploráveis e suficientemente óbvios, não valendo a pena ficar falando deles.*

> *(...) se algum de nossos guardiões tentar buscar uma felicidade que faça dele algo diferente de um guardião; se não estiver contente com a vida segura e harmoniosa que, a nosso ver, é de todas as vidas a melhor, mas, enfeitiçado por algum novo conceito de felicidade que lhe subir à cabeça, tentar se apoderar de todo o Estado, precisará então aprender que sabedoria Hesíodo demonstrou ao dizer que "vale mais ter a metade que o todo".*

Sócrates discute em seguida o comportamento dos guardiões na guerra. Um guardião que se comporta de modo covarde deve ser rebaixado para a classe apetitiva.* As crianças que estiverem sendo treinadas para se tornarem guardiãs devem visitar o campo de batalha para aprender com os mais velhos e inspirá-los a serem bravos; devem visitá-lo a cavalo, para poderem escapar no caso de derrota. Os inimigos derrotados devem ser tratados com respeito. Se forem gregos, não devem ser escravizados, e suas terras não devem ser destruídas. Se forem bárbaros, não é preciso tanto.

Sócrates finalmente volta à questão de saber se a existência desse Estado ideal é possível. As palavras expressam mais que os fatos, e tudo que se poderia esperar seria um Estado que antes se parecesse coincidir com o Estado ideal. E mesmo um Estado assim não poderá existir "antes que todos os filósofos sejam reis ou os reis e príncipes deste mundo tenham o espírito e a força da filosofia, e grandeza política unida à sabedoria". Os verdadeiros filósofos são amantes da verdade e não apenas "amantes de sons e visões", que têm uma noção de coisas

---

* A classe dos artesãos ou dos lavradores. (N. do T.)

belas, mas não uma noção da Beleza absoluta e uma noção de coisas justas, mas não uma noção da Justiça absoluta. O universo está dividido em aquilo que é completamente, aquilo que não é de modo algum e aquilo que tanto é quanto não é. Aquilo que é completamente é o objeto do conhecimento, aquilo que não é de modo algum é o objeto da ignorância, e aquilo que tanto é quanto não é, o objeto de opinião. Só as Formas são completamente e só os verdadeiros filósofos podem ter uma noção das Formas. Portanto, só os verdadeiros filósofos podem ter conhecimento.

[Livro VI] Pelo que vimos, parece que o Estado deveria ser confiado apenas a verdadeiros filósofos. O verdadeiro filósofo é um espectador de todo o tempo e da existência. Como tal, não tem em alta conta a vida humana e não teme a morte. Por essa razão, não pode ser covarde ou mesquinho, deve ser, ao contrário, justo e amável, além de virtuoso. Adimanto objeta que a maioria dos filósofos é formada de "monstros estranhos, para não dizer completos patifes" e mesmo os melhores deles se tornam, graças a seu estudo, inúteis para o mundo. Sócrates concorda com Adimanto, mas explica que, se os filósofos são monstros estranhos, isso ocorre porque as pessoas que têm as qualidades de um verdadeiro filósofo tendem a ser vítimas de emboscadas de amigos e parentes ambiciosos, gananciosos. A lacuna que é deixada para trás é preenchida por charlatões indignos que mutilam e desfiguram as almas. "Não são eles exatamente como um ferreiro calvo e baixo que acabou de receber uma grande herança e abandonar suas ferramentas? Ele toma banho, veste uma roupa nova e – enfeitado como um noivo – vai desposar a filha do patrão, que acaba na pobreza e na solidão." Algumas poucas pessoas com as qualidades de verdadeiros filósofos não são desviadas da filosofia talvez porque estejam no exílio, tenham uma saúde má, tenham passado a menosprezar os ofícios ou desprezem a sociedade. Se mesmo elas são inúteis para o mundo, não é por culpa delas, mas por culpa das pessoas que não se deixam guiar por elas. Estas últimas são como marinheiros amotinados, todas querendo ser escolhidas como comandante ou piloto e encarando os verdadeiros pilotos como indivíduos inúteis a quem só interessa espiar as estrelas. Sócrates discute em seguida a educação do "filósofo rei" no Estado ideal. O filósofo rei deve ser selecionado da classe dos guardiões e deve ter alcançado o mais elevado de todos os conhecimentos, isto é, o conhecimento do Bem, por meio do qual todas as outras coisas são tornadas úteis.

Você está ademais ciente de que a maioria das pessoas afirma que o prazer é o bem, mas as cabeças de tipo mais requintado dizem que é o conhecimento... E você também está ciente de que estas, não conseguindo explicar o que entendem por conhecimento, acabam sendo obrigadas a dizer: conhecimento do bem?

A metáfora do Sol

1. Assim como é pela luz do Sol que o visível se torna nítido para o olho, é pela luz da verdade e do ser – em contraste com a penumbra do "vir a ser" e do perecer – que a natureza da realidade se faz apreensível pela alma; 2. Assim como podemos dizer que a luz e a visão são como o Sol, apesar de não serem o Sol, podemos dizer que a ciência e a verdade são como o Bem, apesar de não serem o Bem; é graças ao Sol que há luz e visão, e é graças ao Bem que há ciência e verdade; 3. Assim como o Sol é a fonte do alimento e da reprodução, o Bem é a fonte do ser e da essência. Assim, o Bem está além do ser e é a causa de toda a existência.

A metáfora da linha

Uma linha é cortada em duas partes desiguais e cada parte é novamente dividida na mesma proporção. As duas divisões principais correspondem ao mundo inteligível e ao mundo visível. Uma seção da divisão visível consiste de imagens, isto é, sombras e reflexos, e é acessada por meio da imaginação. A outra, a seção mais elevada da divisão visível, consiste dos pormenores sensíveis* e é acessada por meio da crença. Uma seção da divisão inteligível consiste de Formas e é acessada por meio do pensamento, mas por intermédio dos pormenores sensíveis e de hipóteses, como quando os geômetras usam a figura de um triângulo para ajudar a raciocinar sobre a triangulação ou recorrem a axiomas para provar teoremas. A outra, a seção mais elevada da divisão inteligível, também consiste de Formas, mas é acessada pela compreensão, sendo uma ciência puramente abstrata que não requer pormenores sensíveis nem hipóteses, mas apenas um primeiro princípio não hipotético, isto é, a Forma do Bem. O propósito da educação é deslocar o filósofo pelas diferentes seções da linha até ele alcançar a Forma do Bem.

---

* Isto é, dos objetos que as imagens representam. (N. do T.)

[Livro VII]

A metáfora ou alegoria da caverna

Seres humanos têm passado a vida numa caverna ou toca subterrânea com uma abertura para a luz. Suas pernas e seu pescoço estão acorrentados para que não possam se mover e só conseguem olhar para a frente, para os fundos da caverna. Acima e atrás deles arde uma fogueira e, entre eles e a fogueira, há um caminho ascendente ao longo do qual corre um muro baixo. Passa gente junto ao muro carregando estátuas de todo tipo e a fogueira projeta as sombras dessas estátuas nos fundos da caverna. O que os prisioneiros sempre veem são as sombras, e por isso supõem que elas sejam os próprios objetos.

Se um prisioneiro é libertado das correntes e se vira para a luz, padece grandes dores, mas, pouco depois, começa a ver as estátuas, passando assim do estágio cognitivo da imaginação para o da crença. O prisioneiro é então arrastado para fora da caverna, onde a luz é tão brilhante que, de início, ele só consegue olhar para as sombras. Depois, no entanto, olha para os objetos refletidos e finalmente para os próprios objetos: dessa vez, não estátuas, mas objetos reais. Pouco depois, ergue os olhos para o Sol e compreende que o Sol é a causa de tudo que vê ao redor, causa da luz, da visão e dos objetos da visão. Ao fazê-lo, passa do estágio cognitivo do pensamento para o da compreensão.

Figura 4 A caverna de Platão.

O objetivo da educação é arrastar o prisioneiro para o mais longe possível da caverna; não para introduzir gota a gota conhecimento em sua alma, mas para voltar toda a sua alma para o Sol, que é a Forma do Bem. Uma vez fora da caverna, o prisioneiro fica relutante em descer de novo para a caverna e se envolver nas coisas humanas. Quando o faz, sua visão não está mais acostumada ao escuro e ele parece ridículo aos seus semelhantes. Contudo, deve ser encaminhado para descer novamente à caverna e compartilhar dos trabalhos e das honras humanas, valha ou não a pena possuí-las. É assim porque o Estado tem em mira não a felicidade de uma só pessoa ou uma só classe, mas a felicidade de todos os cidadãos. Seja como for, o prisioneiro tem o dever de prestar serviço ao Estado, já que é pelo Estado que foi educado para ver a luz do Sol.

> *O Estado em que os governantes são extremamente relutantes em governar é sempre governado melhor, governado com mais serenidade, e o Estado em que estão extremamente ávidos para governar será o pior... Se futuramente conseguirmos uma opção preferível ao poder para os que têm condições de mandar, poderemos ter um Estado bem governado; pois só no Estado que oferecer essa opção vão governar os que são verdadeiramente ricos, não de ouro e prata, mas de virtude e sabedoria, que são as verdadeiras bênçãos da vida... E a única vida que mostra desprezo pela vida de ambição política é a do verdadeiro filósofo. Você sabe de alguma outra?*

Sócrates discute em seguida a educação e a seleção dos filósofos reis de forma bastante detalhada. Além do currículo normal, prováveis filósofos reis deveriam receber uma formação em matemática e, especialmente, na dialética, pois é pelo raciocínio abstrato que a alma pode ser puxada do *vir a ser* ao ser. Contudo, a dialética não deveria ser ensinada a ninguém com menos de 30 anos de idade, e só aos 50 anos deveriam os estudantes mais notáveis erguer o olho da alma para a luz universal e contemplar o Bem absoluto. Sócrates encerra com a sugestão de que o Estado ideal poderia ser instituído pela tomada de um Estado já existente, o banimento de todo cidadão com mais de 10 anos e a educação das crianças restantes segundo os princípios do Estado ideal.

[Livro VIII] No início do Livro V, Sócrates havia começado a enumerar as quatro formas defeituosas do Estado e da alma para compará-las com a monarquia ou aristocracia do Estado ideal, virtuoso. Essas quatro formas defeituosas eram, da má a pior, a timocracia, a oligarquia, a democracia e a tirania, representando os vários estágios de degeneração que o Estado ideal não pode deixar de atravessar. Os Estados não são feitos de carvalho e de rocha, mas de pessoas, e, por isso, acabam se parecendo com os homens de que são feitos. As aristocracias são feitas de homens justos e bons; as timocracias, de homens determinados, isto é, orgulhosos e amantes das honrarias; as oligarquias, de avarentos e gente que fatura alto; as democracias, de homens que são dominados por desejos desnecessários; e as tiranias, por homens que são dominados por desejos ilegais. Sócrates fornece um relato detalhado da degeneração da aristocracia para a tirania via timocracia, oligarquia e democracia. A democracia, em particular, nasce da revolta do pobre numa oligarquia. O Estado é "cheio de liberdade e generosidade" e cada cidadão pode viver como quiser. "Estas e outras características semelhantes são próprias da democracia, que é uma forma fascinante de governo, cheia de variedade e desordem, e dispensa um tipo de igualdade tanto a iguais quanto a desiguais." Contudo, os cidadãos são dominados por tantos desejos desnecessários que estão sempre gastando, nunca produzindo, e "lhes falta completamente talentos, objetivos justos e palavras sinceras". Como resultado, o Estado é governado por pessoas que não são adequadas para governar.

[Livro IX] Sócrates faz uma descrição detalhada da gênese, da psicologia e do *modus vivendi* do tirano para demonstrar que esse homem extremamente injusto é também o mais oprimido e o mais infeliz. O tirano está continuamente dominado por desejos indisciplinados que o levam a cometer todo tipo de ato hediondo. Sua alma está cheia de desordem, de frustração, e ele é incapaz de fazer o que realmente deseja. A vida do tirano político é ainda mais miserável do que a do tirano privado; primeiro, porque o tirano político está em melhor posição para alimentar seus desejos* e, em segundo lugar, porque está em todo lugar cercado e vigiado por seus inimigos, de quem é prisioneiro.

Sócrates fornece uma segunda prova de que o mais injusto é o mais infeliz e o mais justo, o mais feliz. Há três classes de homens: amantes da sabedoria, amantes do *status* e amantes do ganho; e há três tipos de prazer, que são seus vários objetos. Cada classe de homem afirma que a vida que envolve o máximo do que ele gosta é a melhor vida. Contudo, só os amantes da sabedoria – isto é, os filósofos – são dignos de crédito, visto que só eles experimentaram todos os três tipos de prazer. Além disso, só o prazer da filosofia é um prazer puro, positivo, já que as outras formas de prazer envolvem apenas alívio da dor. Sócrates calcula que o rei tem uma vida precisamente 729 vezes mais agradável que a do tirano.

---

* Desejos que lhe são prejudiciais. (N. do T.)

Que cálculo maravilhoso! E como é enorme a distância que separa o justo do injusto com relação a prazer e dor!

[Livro X] Sócrates passa a discutir poesia (as artes da imitação), que ele diz que deveria ser banida por três motivos. Primeiro, a poesia é uma imitação que está sumamente afastada da verdade, que pode facilmente ser forjada sem o conhecimento da verdade. "O poeta é como um pintor que... criará a imagem de um sapateiro, embora não entenda nada de sapataria. Sua pintura é boa o bastante para os que não conhecem mais que ele e julgam somente pelas cores e pelos traçados." Em segundo lugar, a poesia imita e cultiva as histrionices da parte inferior – irracional – da alma à custa da compostura e da serenidade da parte racional, que são difíceis de compreender e imitar. Em terceiro lugar, a poesia pode levar até mesmo os melhores de nós a participar de modo indireto de imoderadas demonstrações de emoção e mesmo a introduzir em nossa vida essas atitudes ridículas e abjetas. Por todas essas razões, a poesia deveria ser banida do Estado ideal. Sócrates lamenta muito isso, visto que tem grande fascínio, em particular, pela poesia de Homero.

Sócrates discute em seguida "os maiores prêmios e as recompensas reservados à virtude", no contexto dos quais apresenta uma prova da imortalidade da alma. Uma coisa que é destruída é necessariamente vítima do mal, não do bem. Contudo, o mal – isto é, a injustiça e outros vícios – não parece dissolver ou destruir a alma dos homens perversos. A alma, portanto, não pode ser destruída, é imortal, e os maiores prêmios e as maiores recompensas reservados à justiça e à virtude serão recebidos não nesta vida, mas na próxima. Sócrates conclui *A República* com um mito escatológico, o Mito de Er. Er morreu em batalha, mas voltou à vida doze dias depois para contar o que viu quando estava morto. Sua alma, acompanhada de muitas outras, partiu numa jornada até um prado com quatro aberturas, duas no céu e duas na Terra. Juízes reunidos no prado mandavam as boas almas para o céu e as más para dentro da Terra. Enquanto isso, almas puras e brilhantes saíam flutuando da segunda abertura no céu e almas exaustas e cobertas de pó subiam da segunda abertura na Terra. Cada alma retornava de uma jornada de mil anos, mas enquanto as almas puras falavam com alegria do que tinham experimentado no céu, as almas cobertas de pó lamentavam o que tinham suportado embaixo da terra. Almas que haviam cometido crimes hediondos, como as de tiranos ou assassinos, não tiveram permissão para subir ao prado e foram condenadas a uma eternidade embaixo da terra. Depois de sete dias no prado, as almas viajavam mais cinco dias para o Fuso da Necessidade, um eixo de luz muito brilhante que se estende pelos céus e mantém unido o universo. Ali, pedia-se que as almas avançassem uma a uma e escolhessem sua próxima vida entre as peças espalhadas de um mosaico de vidas humanas e animais. Não tendo conhecido os terrores do mundo subterrâneo, a primeira alma se apressou a escolher a vida de um ditador poderoso, para logo descobrir que ele estava destinado, entre outros males, a devorar os próprios filhos. A vida anterior dessa alma fora virtuosa graças ao hábito da filosofia, e por isso seu julgamento fora tão precário. Ao contrário, as almas que tinham conhecido os terrores do mundo subterrâneo escolhiam com frequência, baseando-se exclusivamente na experiência, uma vida melhor, mais virtuosa. Assim, muitas almas trocavam um bom destino por um mau ou um mau destino por um bom. A alma do astuto Odisseu, que foi a última a aparecer, procurou obter a vida de um homem comum, sem grandes preocupações. Descobriu-a jogada num canto, desdenhada pelos outros. Depois disso, as almas viajaram pela Planície do Olvido e acamparam junto ao Rio do Esquecimento. Foi ordenado que cada alma bebesse da água do rio para esquecer todas as coisas, mas as almas que não tinham sido salvas pela sabedoria beberam mais do que era preciso. À noite, enquanto dormiam, as almas dispararam como estrelas para renascerem nas vidas que haviam escolhido. Quando isso aconteceu, Er abriu os olhos e se viu estendido na pira funerária.

CAPÍTULO 21

Parmênides

Não se pode conceber o múltiplo sem o uno.

O *Parmênides* é narrado por Céfalo de Clazômenas, cidade da Jônia. Céfalo e alguns companheiros clazomenenses esbarram com Adimanto e Gláucon na ágora* de Atenas e lhes pedem um encontro com um meio-irmão deles, Antifonte. Sua esperança é de que Antifonte possa relatar-lhes a conversa que Sócrates, quando ainda jovem, teve com Zenão e Parmênides, conversa que foi um dia relatada a Antifonte por Pitodoro, amigo de Zenão. De lá para cá, Antifonte trocara a filosofia por cavalos. O grupo se dirige à casa de Antifonte, onde o surpreendem entregando a um ferreiro um freio para consertar.

Antifonte se mostra a princípio relutante em narrar a famosa conversa, mas acaba cedendo. Diz que Parmênides e Zenão vieram a Atenas nas Grandes Panateneias,** quando o primeiro tinha aproximadamente 65 anos, "com o cabelo muito branco devido à idade, mas bem-apessoado", e o segundo, cerca de 40, "alto e com uma bela estampa". Ficaram hospedados na casa de Pitodoro, onde Sócrates, então ainda bastante jovem, veio visitá-los acompanhado de alguns outros.

---

* Praça do mercado, onde muitas vezes se reuniam as assembleias dos cidadãos. (N. do T.)

** Festividades realizadas em Atenas, a cada quatro anos, em honra à deusa Atena. (N. do T.)

Zenão recitou seu tratado e estava muito perto do fim quando Pitodoro entrou em companhia de Parmênides e Aristóteles. Quando Zenão concluiu a leitura do tratado, Sócrates pediu que a primeira tese do primeiro argumento fosse repetida.

Sustenta Zenão que, se o ser é múltiplo, tem de ser ao mesmo tempo semelhante e dessemelhante – o que é impossível porque o semelhante não pode ser dessemelhante nem o dessemelhante pode ser semelhante? Zenão responde que é precisamente o que pretende dizer. Se o dessemelhante não pode ser semelhante nem o semelhante pode ser dessemelhante, então o ser não pode ser múltiplo. Sócrates pergunta se o único objetivo de tudo que Zenão disse é refutar a existência do múltiplo. Quando Zenão admite que sim, Sócrates diz que Zenão é como um segundo eu de Parmênides e meramente põe, em outra forma, o que diz Parmênides: Parmênides diz que o Todo é um; Zenão, que não existe o múltiplo. "E assim você faz o mundo acreditar que está dizendo coisas diferentes, quando na realidade está dizendo exatamente o mesmo." Zenão responde que seus argumentos visam proteger os de Parmênides contra o ridículo. São dirigidos aos partidários do múltiplo, "cujo ataque eu devolvo com juros, jogando na cara deles que sua hipótese da existência do múltiplo, se levada às últimas consequências, parece ser ainda mais ridícula que a hipótese da existência do único".

Sócrates pergunta em seguida a Zenão se ele também acha que existe uma ideia da semelhança em si e uma ideia da dessemelhança, como oposto da semelhança, e da qual o múltiplo participa. Coisas que partilham de semelhança se tornam iguais nesse âmbito, e as que partilham de dessemelhança se tornam – até esse nível – distintas. As que partilham de ambas se tornam iguais e distintas na proporção em que participam de uma e de outra. Não podem todas as coisas partilhar de ambas, sendo, portanto, tanto iguais quanto distintas? Se uma pessoa pudesse provar que o absolutamente igual se torna distinto ou vice-versa, seria uma maravilha, mas nada há de extraordinário em mostrar que coisas que partilham de semelhança e dessemelhança se tornam tanto iguais quanto distintas na proporção em que partilham de uma ou de outra. Nem há qualquer coisa de extraordinário em mostrar que tudo é uno pela participação na unidade e que esse mesmo todo é múltiplo por sua participação na pluralidade. Contudo, se pudesse ser mostrado que era múltipla a simples unidade ou que o múltiplo era um, isso seria realmente espantoso.

Parmênides diz que admira a disposição de Sócrates para a argumentação e lhe pergunta se fizera mesmo a distinção entre as ideias em si e as coisas que participam delas.

– Diga-me, você acha que há uma ideia de semelhança diferente da semelhança que vemos entre nós e uma ideia em si do uno e do múltiplo, assim como do justo, do belo e do bem?

– Sim.

– E quanto a seres humanos, fogo ou água?

– Não tenho certeza.

– E quanto a pelo, lama, sujeira ou qualquer outra coisa desprezível e insignificante?

– Certamente não. Coisas visíveis são como se mostram a nós, embora eu às vezes me sinta incomodado e comece a pensar que não existe nada sem uma ideia; mas então, quando adoto essa posição, fujo daí, pois fico com medo de cair num poço sem fundo de disparates.

Sim, Sócrates... Isso acontece porque você ainda é novo; virá o tempo, se não estou enganado, em que a filosofia terá um domínio mais firme sobre você e então você não desprezará sequer as coisas mais insignificantes; na sua idade, você está demasiadamente inclinado a considerar as opiniões dos outros.

– Mas, diga-me, é seu pensamento que as coisas se tornam iguais por partilhar de semelhança, grandes por partilhar de grandeza e assim por diante?

– Sim, esse é meu pensamento.

– Então cada elemento partilha ou de toda a ideia ou de uma parte da ideia?

– Sim, não pode haver nenhum outro modo de participação.

– Então você pensa que o todo da ideia é uno e, no entanto, sendo uno, está em cada um dos múltiplos?

– Por que não?

– Porque uma mesma coisa existirá inteira ao mesmo tempo em muitos elementos distintos e ficará, portanto, num estado de separação de si mesma.

– De forma nenhuma, pois a ideia pode ser como o dia, que é uno e idêntico simultaneamente em muito locais, sem com isso separar-se de si mesmo.

– Você pretende dizer que, se eu estendesse uma vela de navio em cima de um grupo de homens, haveria um todo incluindo muitos?

– Penso que sim.

– E você diria que a vela inteira ou apenas uma parte dela cobre cada homem, com diferentes partes cobrindo diferentes homens?

– A segunda hipótese.

– Então, Sócrates, a ideia em si mesma será divisível e as coisas que dela participam terão apenas uma parte da ideia, não a ideia inteira existindo em cada uma?

– Parece a conclusão lógica.

– Então você não acabaria dizendo que a ideia una é realmente divisível e, no entanto, continua una?

– Certamente não.

– Vamos supor que você divida a grandeza absoluta e que, das muitas grandes coisas, cada uma seja grande em virtude de uma porção de grandeza menor que a grandeza absoluta. Isso é concebível?

– Não.

– Ou será que cada coisa igual, se possuir alguma pequena porção de igualdade menor que a igualdade absoluta, será igual a alguma outra coisa em virtude somente dessa porção?

– Impossível.

– Então de que forma, Sócrates, todas as coisas participarão das ideias, se são incapazes de participar delas como partes ou como todos?

– Essa é uma questão que não é fácil de ser respondida.

Parmênides diz que Sócrates concebia as ideias – por exemplo, a ideia de grandeza – quando olhava para uma série de grandes objetos e via uma ideia ou uma natureza una e idêntica em todos eles.

– E se você prosseguir deixando que a mente do mesmo modo abarque, numa só olhada, a ideia de grandeza e de grandes coisas que não são a ideia, e as compare, não surgirá daí outra grandeza que parecerá ser a fonte de todas?

– É possível.

– Então agora aparece outra ideia de grandeza além da grandeza absoluta e das coisas que dela participam; e depois aparece outra além dessas... e assim *ad infinitum.*

– Mas não podem as ideias ser apenas pensamento, só tendo existência própria em nossa mente? Pois nesse caso cada ideia ainda pode ser una, sem experimentar essa multiplicação infinita.

– O pensamento, então, deve ser pensamento de alguma coisa que é idêntica em tudo e é a ideia?

– Não há como escapar disso.

– Então você deve dizer que tudo é feito de pensamentos e que todas as coisas pensam; ou que elas são pensamentos, mas não têm pensamento.

– Nem uma coisa nem outra. As ideias são padrões fixados na natureza e as coisas participam delas ao se tornarem como elas.

– Se a coisa individual é como a ideia, não deve a ideia ser também como a coisa individual, na medida em que a coisa é uma semelhança da ideia?

– Impossível.

– E quando duas coisas são semelhantes, elas não devem partilhar da mesma ideia?

– Devem.

– E isso não será a própria ideia?

– Certamente.

– Então a ideia não pode ser como a coisa individual ou a coisa individual não pode ser como a ideia.

– Sem a menor dúvida.

– Assim, a teoria de que outras coisas participam das ideias por semelhança tem de ser abandonada e algum outro modo de participação deve ser concebido.

– Parece que sim.

A maior dificuldade ainda está por vir: um oponente das ideias argumentará que as ideias não estão dentro do alcance do conhecimento humano e, portanto, que sua existência dificilmente pode ser refutada. Ao mesmo tempo, um proponente das ideias não afirmará que as ideias são subjetivas. Portanto, qualquer relação nas ideias é uma relação que concerne apenas às ideias e qualquer relação nos objetos segundo os quais as ideias são denominadas é uma relação apenas entre os objetos, nada tendo a ver com as ideias em si.

– O que está querendo dizer?

– Por exemplo, a ideia de um escravo no abstrato é relativa à ideia de um amo no abstrato, mas essa correspondência de ideias nada tem a ver com a relação particular de meu escravo comigo ou de seu escravo com você. Do mesmo modo, o conhecimento absoluto corresponde à verdade e ao ser absoluto e o conhecimento particular corresponde à verdade e ao ser particular.

– Sem dúvida.

– Embora exista um conhecimento subjetivo, que é o da verdade subjetiva, as ideias em si não são subjetivas; portanto, não estão dentro de nosso alcance.

– Não estão.

– E o pior ainda está por vir. Se o conhecimento absoluto é o conhecimento mais exato, ele então pertence a Deus. Contudo, isso implica que Deus não pode ter conhecimento da esfera das coisas humanas.

– Mas certamente privar Deus de conhecimento é monstruoso.

187

– Essas são algumas das dificuldades que temos com as ideias. Sempre haverá uma suspeita ou de que elas não existem ou de que estão além do conhecimento humano.

– Concordo com você.

E, no entanto, Sócrates, disse Parmênides, se um homem, concentrando a atenção nessas dificuldades e em outras semelhantes, põe de lado ideias de coisas e passa a não admitir que cada coisa individual tem sua própria ideia determinada, que é sempre una e idêntica, esse homem não terá nada em que sua mente possa descansar; e assim destruirá completamente o poder do raciocínio, o que me parece que já chamou particularmente sua atenção.

– Acho que suas dificuldades surgem de uma tentativa de definir abstrações antes de ter tido formação suficiente. Seu entusiasmo é nobre e divino, mas temo que, a não ser que você se discipline pela dialética, a verdade escapará de suas mãos.

– Que disciplina é essa?

– É aquela que você ouviu Zenão praticando. Ao mesmo tempo, reconheci o mérito de você lhe dizer que não se importava de examinar a confusão a respeito das coisas visíveis, mas só a respeito dos objetos do pensamento.

– Não me parece haver dificuldade para mostrar que as coisas visíveis são iguais e distintas e que tudo podem experimentar.

– Sem a menor dúvida, mas você deve ir mais longe e avaliar as consequências que resultam de determinada hipótese e também as consequências que resultam da negação dessa hipótese. Por exemplo, você deve avaliar as consequências que resultam da suposição da existência do múltiplo e também da negação da existência do múltiplo; e também da semelhança e da dessemelhança, do movimento e do repouso, da geração e da corrupção, e mesmo do ser e do não ser. Em cada caso, você deve examinar as consequências para as coisas supostas e para outras coisas, tanto em si mesmas quanto na relação umas com as outras.

– O que está sugerindo me parece uma gigantesca tarefa. Pode me dar um exemplo?

Não posso recusar, disse Parmênides; e, no entanto, me sinto um tanto como Íbico, que, ao ficar apaixonado, contra a sua vontade, já em idade avançada, comparou--se a um velho cavalo de corridas que, prestes a participar de uma corrida de carros, tremia de medo na pista que conhecia tão bem...

Nota: o restante do diálogo é dedicado ao relato de Parmênides, em que um jovem Aristóteles (mais tarde, um dos Trinta Tiranos) toma o lugar de Sócrates como interlocutor de Parmênides. Essa segunda metade do diálogo consiste de uma severa sequência de argumentos que são difíceis de definir e mais difíceis ainda de interpretar. Só a primeira parte foi incluída aqui para oferecer ao leitor uma amostra dos argumentos.

O uno não é múltiplo; portanto, não tem partes e, portanto, não pode ser um todo, já que um todo é aquilo no qual parte alguma está faltando. Assim, o uno não pode ter um começo, meio ou fim, devendo, portanto, ser ilimitado. Sendo ilimitado, o uno não tem forma e não tendo forma não está em nenhum lugar. Em particular, não pode estar em outro, por quem seria envolvido e tocado em muitos pontos, nem pode estar em si mesmo, porque aquilo que contém a si próprio é também contido e, portanto, não é um, mas dois. Em vista disso, será o uno capaz de movimento ou repouso? O movimento é mudança de substância, movimento sobre um eixo ou de um lugar para outro. Nada disso é possível para o uno, a não ser que ele se transforme em algo que não é o uno ou a não ser que tenha partes ou um lugar. Ainda mais impossível que a existência num lugar é aparecer num lugar, pois o que não tem partes nunca pode estar num tempo único e idêntico, nem inteiramente dentro nem inteiramente fora de qualquer coisa. E mais impossível ainda é aparecer como um todo ou como partes do que não é nem um todo nem partes. Assim, o uno é imóvel. Mas tampouco (como foi dito) pode o uno ser contido em alguma coisa e, se não em alguma coisa, então, não no idêntico, seja ele mesmo ou alguma outra coisa. Assim, o uno não é capaz nem de movimento nem de repouso.

Nem é o uno idêntico a si mesmo ou a outra coisa, nem diferente de si mesmo ou de outra coisa. Pois se fosse diferente de si mesmo, seria diferente do uno e, portanto, não seria uno; se fosse o mesmo que outro, seria outro e diferente do uno. Nem pode o uno, enquanto for uno, ser diferente de outro; pois o outro, e não o uno, é o diferente do outro. Mas se não for outro devido a ser uno, não o será devido a si mesmo; e se não o for devido a si mesmo, não será ele próprio outro, e se não for ele próprio outro, não será mais outro que qualquer coisa. Parmênides prossegue num estilo parecido, avaliando se o uno pode ser idêntico a si mesmo, se pode ser semelhante ou dessemelhante a si mesmo ou ao outro e se pode ser mais velho, mais novo ou da mesma idade que ele próprio. Chega à conclusão de que o uno está fora do tempo e nem é, foi ou será, assim como não se torna, se tornou ou se tornará. Como não há outros modos de ser além desses, o uno não é absolutamente e não é o uno. Como aquilo que não é não pode admitir qualquer atributo ou referência, o uno não pode admitir denominação, palavra, ideia, ciência, percepção ou opinião. Portanto, o uno não é nem denominado, nem pronunciado, nem conhecido, nem percebido, nem imaginado. Mas será que tudo isso é verdade em relação ao uno? "Acho que não." E então Parmênides começa tudo de novo.

CAPÍTULO 22

Teeteto

(...) pois o espanto é o sentimento de um filósofo,
e a filosofia começa com o espanto.

Este diálogo provavelmente foi escrito em memória de Teeteto, um eminente matemático e amigo de longa data de Platão. O diálogo trata da natureza do conhecimento e é, em geral, considerado o tratado fundador da epistemologia. O diálogo abre com Terpsião e Euclides, ambos socráticos de Megara.* Terpsião se encontra com Euclides – que acabara de estar com Teeteto – bastante debilitado. Euclides diz a Terpsião que Teeteto pegara disenteria e era provável que morresse. Euclides recorda que Teeteto, ainda muito jovem, se encontrara um dia com um Sócrates já idoso, e que este ficara impressionado com o talento natural do rapaz. Sócrates havia relatado a conversa a Euclides, que a reproduzira por escrito para a posteridade. Como Terpsião está ansioso para saber da conversa, Euclides pede que um garoto escravo a leia em voz alta para eles.

Sócrates pergunta a Teodoro quais dos jovens atenienses estão revelando maior probabilidade de se distinguirem. O matemático acumula elogios a Teeteto, que ele descreve como alguém parecido com Sócrates, de nariz chato e olhos que se projetam. Teodoro chama por Teeteto e ordena que venha para perto deles,

---

* Cidade-estado grega que conheceu uma época de grande prosperidade. (N. do T.)

com o que Sócrates se oferece para examiná-lo. Sócrates diz que aprender é tornar-se mais sábio sobre aquilo que se está aprendendo. O que torna o homem sábio é a sabedoria, que é a mesma coisa que o conhecimento, já que as coisas que as pessoas conhecem são também aquelas sobre as quais são sábias. *Mas o que exatamente é essa coisa chamada conhecimento?* Teeteto responde que matérias como geometria, aritmética, astronomia e música são conhecimento, além de ofícios como o de sapataria e carpintaria. Sócrates se lembra de que perguntou o que o conhecimento é e não do que podemos ter conhecimento ou quantos ramos de conhecimento existem. Teeteto concorda com Sócrates que, a não ser que saibam o que é o conhecimento, não poderão saber o que é o "conhecimento de alguma coisa" e compara sua facilidade para definir termos matemáticos com a dificuldade para definir conhecimento.

Teeteto admite que já pensou muitas vezes sobre esse problema e se ressente de não alcançar uma solução adequada. Sócrates diz: "São as dores do parto, meu caro Teeteto; há alguma coisa no seu interior que você está dando à luz". Sócrates se compara a uma parteira, que pode definir se uma mulher está grávida, induzir o parto, acalmar sua dor e realizar o parto de uma criança saudável. Só se diferencia de uma parteira pelo fato de trabalhar com homens em vez de mulheres e com a alma em vez do corpo. Assim como a parteira já ultrapassou a idade de dar à luz, ele é estéril – não de filhos, mas de sabedoria. Tudo que pode fazer é realizar o parto da sabedoria dos outros, e o triunfo de sua arte reside "em examinar cuidadosamente se o pensamento que a mente do jovem dá à luz é um falso ídolo ou um nobre e verdadeiro nascimento". Às vezes, o jovem atribui a si mesmo todos os méritos, abandona-os mais cedo do que deveria e de novo começa a dar mais importância a fantasmas do que à verdade. Nesses casos, o jovem perde tudo que já dera à luz e aborta tudo que permaneceu nele. Então um dia percebe que é um tolo ignorante e cai de joelhos, implorando para voltar. Sócrates adverte que o fantasma ou o falso ídolo que porventura Teeteto der à luz lhe será arrancado e desmascarado.

> *E se subtraio e desmascaro seu primogênito, porque descobri numa inspeção que a concepção que ganhou forma em você é uma sombra vã, não brigue comigo por causa disso, como fazem as mulheres quando seus primeiros filhos lhes são retirados. Pois realmente conheci alguns que ficaram à beira de me morder quando os privei de uma asneira que tratavam com carinho.*

Então, agora, pode Teeteto lhe dizer: o que é o conhecimento? Teeteto sugere que alguém que conhece alguma coisa é alguém que percebe o que conhece, isto é, que o conhecimento não é mais do que percepção. Sócrates diz que essa era de fato a opinião de Protágoras, que dizia que "o homem é a medida de todas as coisas, da existência das coisas que são e da não existência das coisas que não são". Contudo, se o vento está soprando e um homem sente frio e outro sente calor, isso não significa que o vento seja ao mesmo tempo quente e frio. Logo, Protágoras deve ter divulgado essa declaração como um enigma para as pessoas comuns enquanto ensinava a seus discípulos uma doutrina secreta, isto é, que nada pode ser verdadeiramente chamado de quente ou frio, grande ou pequeno, pesado ou leve, já que, "graças ao movimento, à mudança e à mistura, todas as coisas estão passando a existir relativamente umas às outras, um 'tornar-se' que chamamos incorretamente de ser, embora seja realmente um tornar-se, pois nada jamais é, todas as coisas estão vindo a ser". Heráclito, Empédocles e todos com exceção de Parmênides concordam com Protágoras quando este afirma que todas as coisas estão em fluxo e movimento, havendo muitos meios de provar que fluxo e movimento são a fonte do ser e do *vir a ser*. Por exemplo, o esforço físico é bom para o corpo, o estudo e a aprendizagem são bons para a alma, enquanto repouso e ociosidade só levam ao que debilita e faz esquecer.

Aplicando a doutrina de Protágoras à percepção sensorial, uma determinada cor passa a existir graças à interação do olho e do objeto da percepção, de modo que a cor não está no objeto de percepção nem no olho, mas em alguma coisa que passou a existir entre eles e que é própria do discernimento. Isso explica por que a cor aparece para uma pessoa de modo diferente como aparece para outros animais e para outros seres humanos. Na verdade, ela sequer parece ser igual para a mesma pessoa de um momento para o outro, já que tudo, incluindo a pessoa, está num estado constante de fluxo e movimento. Ao mesmo tempo, nada pode verdadeiramente se tornar diferente a menos que realmente mude. Por exemplo, seis dados podem ser bem mais do que quatro e bem menos que doze, mas num caso ou no outro ainda são seis dados.

T: *Sim, Sócrates, e fico assombrado quando penso [nessas contradições]; pelos deuses, como fico! E quero saber o que afinal significam; há momentos em que minha cabeça roda por completo só de pensar nelas.*

S: *Vejo, meu caro Teeteto, que Teodoro teve uma percepção correta de sua natureza quando disse que você era um filósofo, pois o espanto é o sentimento de um filósofo, e a filosofia começa com o espanto.*

Sócrates em seguida ajuda Teeteto a desenterrar a "verdade" oculta de certa escola que sustenta que não existe nada além de movimento, movimento do qual são gerados tanto a percepção sensorial quanto o objeto da percepção sensorial, "que estão sempre brotando e sendo trazidos à luz no mesmo momento". Por exemplo, quando o olho e um objeto se encontram e fazem nascer a sensação da cor branca, a visão fluindo do olho e a brancura fluindo do objeto se combinam para produzir a cor branca, de tal forma que o olho não é mais visão, mas um olho que vê, e o objeto não é mais brancura, mas um objeto branco. Assim, não há qualquer coisa que exista em si, mas tudo é devir e está relacionado. Se isso é verdade e "tudo é o que parece", como se poderia explicar fenômenos como os sonhos, a loucura e as ilusões dos sentidos, que dão origem a falsas percepções? Por exemplo, quem pode dizer que não estamos dormindo e nossos pensamentos não passam de um sonho? Talvez devesse ser estipulado que sempre que uma pessoa dissesse que uma coisa é ou vem a ser, ela deveria dizer, como no exemplo acima, que é ou vem a ser *com relação a alguma outra coisa* e nunca que é ou vem a ser em termos absolutos. Isso leva Teeteto a concluir que o conhecimento é percepção, que ele tem conhecimento de tudo que percebe e que tudo que percebe é real para ele. Sócrates diz:

> *Então esta é a criança, seja como for que possa se apresentar, que eu e você trouxemos com dificuldade ao mundo. E agora que nasceu, temos de correr em volta do fogo com ela e ver se vale a pena criá-la ou se é apenas um ovo gorado e um grande embuste.*

Teodoro pede a Sócrates para que confirme se Teeteto está certo, mas Sócrates diz que não é "um saco repleto de teorias" e que só sabe o necessário para extrair teorias dos outros. Não deixa, no entanto, de expor uma série de objeções à ideia de que o conhecimento é percepção. Por exemplo: 1) Se o conhecimento é percepção, por que um porco ou um "babuíno com cara de cachorro"* não seriam também a medida de todas as coisas?; 2) Já que o homem é a medida de todas as coisas, por que Protágoras estaria mais certo que qualquer outro homem?; 3) Podemos dizer que alguém que aprendeu o x e preservou-o na memória conheça o x, mesmo que não tenha mais uma percepção dele?; 4) Enquanto um aplica facilmente adjetivos como "aguçada", "embaçada", "nítida" ou "confusa" à percep-

---

* Referência ao cinocéfalo, o babuíno sagrado do Egito, cuja face lembrava um focinho de cão. Na mitologia grega, o cinocéfalo indicava também um personagem com corpo de homem e cabeça de cachorro ou chacal. (N. do T.)

ção de *x*, outro não aplica esses adjetivos ao conhecimento de *x*, sugerindo que a percepção de *x* e o conhecimento de *x* não são a mesma coisa.

Sócrates lamenta que Protágoras não esteja mais vivo para argumentar por si mesmo. Fazendo-se passar por Protágoras, ele argumenta que a pessoa deve ficar atenta ao significado de termos que são usados como coisa banal na argumentação: por exemplo, podemos dizer que um homem que aprendeu *x* e o preservou na memória conhece *x* porque o percebe dentro de um determinado sentido. Como não existem coisas como convicções falsas, não podemos dizer que a pessoa tem convicções verdadeiras ou falsas, mas apenas convicções boas ou más. Em outras palavras, embora todas as convicções sejam verdadeiras, nem todas as convicções são benéficas, e o objetivo da educação é substituir convicções verdadeiras, mas prejudiciais, por convicções verdadeiras, mas benéficas. Sócrates troca de papéis e argumenta contra seu "Protágoras" dizendo que, se todas as crenças são verdadeiras, então a crença comum de que "nem todas as crenças são verdadeiras" também deve ser verdadeira – o que é uma contradição. Além disso, ao afirmar que a verdade é relativa enquanto o benéfico ou o bem é absoluto, "Protágoras" admitiu que sua teoria não podia ser geral em sua aplicação. Sócrates então se envolve numa longa digressão em que compara o orador ao filósofo e retrata o filósofo como um sonhador valoroso, mas distraído. A intenção evidente dessa digressão é comparar uma vida consagrada ao que parece justo a uma consagrada ao que é benéfico.

> *Quero dizer que os que tiveram formação em filosofia e profissões liberais são tão diferentes dos que, desde a juventude, vivem a perambular pelos tribunais e lugares semelhantes quanto um homem livre é, pela própria origem, diferente de um escravo.*

Mais adiante, Sócrates argumenta que a doutrina de que "o homem é a medida de todas as coisas" não pode ser estendida a julgamentos sobre o futuro, visto que parece absurdo presumir que as coisas simplesmente acontecem porque esperamos que aconteçam. Em todo caso, se a doutrina de Heráclito do fluxo e movimento é verdadeira, tudo está continuamente se alterando e nenhuma declaração verídica pode ser feita acerca de nada. O argumento final de Sócrates não é apresentado contra Protágoras ("o homem é a medida de todas as coisas") nem contra Heráclito ("todas as coisas estão em fluxo e movimento"), mas diretamente contra Teeteto ("conhecimento é percepção"): o conhecimento não pode ser equiparado à percepção porque as noções universais que aplicamos a objetos percebidos pelos órgãos dos sentidos, por exemplo, ser ou não ser, semelhança e dessemelhança, par ou ímpar, não são elas próprias percebidas pelos órgãos dos sentidos.

> T: *Na verdade, Sócrates, não sei responder; minha única ideia é que elas [as noções universais], ao contrário dos objetos dos sentidos, não têm um órgão particular, mas a mente, por um poder que lhe é próprio, contempla os universais em todas as coisas.*
>
> S: *Você é uma beleza, Teeteto, não feio, como Teodoro estava dizendo; pois quem exprime o belo é ele próprio belo e bom. E além de ser belo, você me fez uma gentileza ao me livrar de uma discussão muito longa, deixando claro que a alma vê algumas coisas sozinha e outras por meio dos órgãos corporais. Pois essa era a minha opinião e eu queria que você concordasse comigo.*

Sócrates diz em seguida que o conhecimento consiste não na percepção sensorial, mas no raciocínio sobre a percepção sensorial. Seguindo o exemplo de Sócrates, Teeteto sugere que o conhecimento é crença; contudo, como nem todas as crenças são conhecimento, o conhecimento só deve ser equiparado à crença *verdadeira*. Qual é, então, pergunta Sócrates, a natureza da *falsa* crença? Se todas as coisas são ou conhecidas ou não conhecidas, o que a pessoa conhece não pode deixar de ser conhecido por ela, e o que a pessoa não conhece não pode ser conhecido por ela. Logo, a pessoa não pode supor que o que ela sabe é o que ela não sabe, nem que o que ela não sabe é o que ela sabe, e, portanto, a pessoa não pode ter uma falsa crença.* Talvez possamos ter uma falsa crença pensando em algo que não é. Contudo, se a pessoa que percebe uma coisa por necessidade percebe algo que existe, é lógico que a pessoa que pensa em uma coisa por necessidade pensa em uma coisa que é. Se isso é verdade, não se pode pensar em uma coisa que não seja e, portanto, não pode haver uma falsa crença.

A metáfora do bloco de cera

Para resolver esse problema da falsa crença, Sócrates pede para Teeteto imaginar que sua memória é como um bloco de cera no qual há impressões das coisas de que ele se lembra e que, portanto, conhece. 1) Se ele conhece tanto Teeteto quanto Teodoro, mas não percebe nenhum dos dois, não pode de modo algum criar uma falsa crença de que um é o outro. 2) Se ele conhece ou Teeteto ou Teodoro e não

---

* Isto é, uma falsa convicção. (N. do T.)

percebe nenhum dos dois, não pode de maneira alguma criar uma falsa crença de que aquele que ele conhece é aquele que não conhece. 3) Se ele não conhece nem Teeteto nem Teodoro e não percebe nenhum dos dois, não pode de maneira alguma criar uma falsa crença a respeito deles. O único modo de poder criar uma falsa crença a respeito deles é comparando uma percepção de um ou do outro a uma impressão incorreta no bloco de cera. Em outras palavras, uma falsa crença pode ser formada não quando há uma inadequação entre dois objetos da percepção, nem quando há uma inadequação entre dois objetos do pensamento, mas quando há uma inadequação entre um objeto de cada tipo. Infelizmente, há certas falsas crenças, como falsas crenças relativas à aritmética, que não podem ser explicadas dessa maneira.

A metáfora do viveiro

Para explicar essas crenças, Sócrates compara a memória a um viveiro com todos os tipos de pássaro, cada um representando um determinado fragmento de conhecimento. Há duas fases na captura dos pássaros: uma em que entram no viveiro e outra em que são apanhados e segurados pela mão. Uma falsa crença ocorre quando, nessa segunda fase de captura, o pássaro errado é apanhado e segurado pela mão. Por exemplo, se alguém acha que 5 mais 7 somam 11 é porque cometeu um erro, chegando ao 11 em vez de chegar ao 12. Infelizmente, essa é uma solução infinitamente regressiva: se há um problema de confundir duas coisas, não vamos resolver o problema simplesmente postulando que se trata, na realidade, de um problema de confundir duas outras coisas que têm relação com as primeiras.

Sócrates apresenta em seguida um argumento direto contra a proposição de que conhecimento é crença verdadeira. Como um orador pode levar uma pessoa a um estado de verdadeira crença sem levá-la a um estado de conhecimento, conhecimento e verdadeira crença não podem ser a mesma coisa. Teeteto lembra--se de um homem que sustentava essa posição e afirmava que conhecimento é crença verdadeira *acompanhada de uma explicação*. Sócrates conta a Teeteto um sonho em que tudo é ou um elemento primário ou um complexo deles. Embora seja possível fornecer uma explicação de complexos em termos de seus elementos primários, não se pode dar qualquer explicação dos elementos primários em si. Assim, se conhecimento é crença verdadeira com uma explicação, o conhecimento só pode ser conhecimento de complexos, não de elementos primários, que podem apenas ser percebidos, mas nunca conhecidos. Se o sonho está correto, um complexo como a primeira sílaba de SÓCRATES não é mais que seus elementos S e O, ou é algo além desses elementos. No primeiro caso, não se pode conhecer a sílaba sem conhecer também seus elementos S e O, pois não pode haver conhecimento de complexos a não ser que haja também conhecimento de elementos. No segundo caso, não se pode conhecer a sílaba sem também conhecer alguma coisa além de seus elementos S e O, algo que os elementos S e O da sílaba não mais definem e que forma parte da sílaba. Nesse caso, a sílaba é em si mesma um elemento; e já que não pode haver conhecimento de elementos, também não pode haver conhecimento da sílaba. Finalmente, embora o sonho sugerisse que não pode haver conhecimento de elementos primários, nossa experiência comum sugere que é de fato mais básico e mais importante aprender elementos como letras e notas antes de aprender complexos como palavras e melodias.

Tendo refutado seu sonho, Sócrates apresenta três interpretações do que poderia ser compreendido por "uma explicação": 1) Uma explicação consiste em dar voz aos pensamentos, caso em que alguém que dá voz a um julgamento correto revelará ter conhecimento; 2) Uma explicação de x consiste num relato dos elementos de x, caso em que poderíamos dizer que qualquer um ou qualquer coisa capaz de recitar as letras de "Teeteto" na ordem correta tem conhecimento de "Teeteto"; 3) Uma explicação de x consiste em isolar x de todas as outras coisas, por exemplo, isolar o Sol de todas as outras coisas dizendo que é o mais brilhante dos corpos no céu. Contudo, se o conhecimento do Sol exige que isolemos o Sol de todas as outras coisas, a crença verdadeira sobre o Sol também exige isso, se a quisermos distinguir da crença verdadeira sobre alguma outra coisa. Por outro lado, se o conhecimento do Sol exige não apenas que formemos uma crença verdadeira sobre o Sol, mas que o *conheçamos*, então a definição de conhecimento é crença verdadeira + conhecimento, o que é circular. Sócrates conclui que o conhecimento não é nem percepção nem verdadeira crença, nem verdadeira crença com uma explicação.

> S: *E você ainda está com as dores e em trabalho de parto, meu caro amigo, ou já pôs para fora tudo que tem a dizer sobre conhecimento?*
>
> T: *Tenho certeza, Sócrates, que você extraiu muito mais do que havia em mim.*
>
> S: *E minha arte não mostra que você deu à luz vento e que a prole de seu cérebro não merece ser criada?... Mas se você, Teeteto, voltar a conceber de novo, certamente prestará melhor serviço à presente investigação; caso contrário, será mais ponderado, mais dócil e compreensivo com os outros, assim como demasiadamente modesto para imaginar que sabe o que não sabe.*

CAPÍTULO 23

Sofista

E o desejo de todos nós, que somos seus amigos,
é e sempre será o de fazê-lo chegar o mais perto possível
da verdade sem uma experiência tão triste.

O Sofista e o Político fazem parte de uma trilogia cujo terceiro elemento, o Filósofo, nunca foi escrito. No Sofista, Teodoro e Teeteto apresentam Sócrates a um estrangeiro de Eleia,* que é discípulo de Parmênides e Zenão, e um "verdadeiro filósofo". Sócrates diz que os verdadeiros filósofos são pessoas divinas que aparecem em várias formas e se movem sem serem reconhecidas pela ignorância dos homens. Às vezes, se parecem com sofistas, às vezes, com políticos, "e outras vezes dão a muitos a impressão de não serem mais que dementes". A quem os termos "filósofo", "político" e "sofista" são aplicados na Itália? O estrangeiro responde que não é tarefa fácil definir com precisão a natureza dos três. Sócrates pergunta se ele preferiria fazê-lo na forma de uma longa exposição oral ou pelo método de pergunta e resposta. O estrangeiro escolhe o segundo e escolhe Teeteto como interlocutor. Começa indagando sobre a natureza do primeiro dos três tipos de filósofo, isto é, o sofista.

Para definir melhor o sofista, o estrangeiro se propõe a definir alguns "exemplos menores que serão uma amostra do maior" e opta por definir o pescador,

---

* Colônia grega que ficava no litoral da Campânia, região do sul da Itália. (N. do T.)

199

que é familiar, apesar de não ser uma pessoa importante ou que desperte muito interesse. O pescador parece ser um homem dedicado a uma arte, e há duas formas de arte: l) as artes produtivas ou criativas, que fazem existir coisas que não existiam antes, como a agricultura, o cuidar de criaturas mortais, a arte de planejar ou construir navios, a arte da imitação; e 2) as artes aquisitivas, que conquistam pela palavra ou pela ação coisas que já existem, como o ensino, o comércio, o combate e a caça. A arte do pescador parece ser uma das artes aquisitivas. As artes aquisitivas podem ser divididas em troca, que é voluntária, e apropriação, que ocorre por meio de palavra ou ação e pode ser denominada "conquista". A conquista pode ser a seguir dividida em conquista por força direta, isto é, pelo combate, e conquista por força secreta, isto é, pela caça. A caça pode ser ainda dividida em caça de presas inanimadas, isto é, a caça do mergulhador, e caça de presas vivas, isto é, a caça animal. A caça animal pode ser dividida em caça dos animais de terra e caça dos animais da água. E a caça dos animais da água pode ser dividida em caça de aves marinhas e pesca. A pesca pode ser ainda dividida em pesca com utensílios de cerco, como redes e cestos, e pesca por meio de um golpe, que pode ser denominada pesca "de ataque". Ela é feita à noite com arpões ou de dia com arpões de farpas ou ganchos de farpas. Arpões de farpas são impelidos de cima, enquanto ganchos de farpas são atirados na cabeça e nos lábios do peixe, que é então arrastado de baixo para cima. Essa, finalmente, é a arte do pescador.

O estrangeiro se propõe a descobrir a arte do sofista usando o mesmo método. Como o pescador, o sofista é um artista, e a semelhança não acaba aí. São ambos caçadores de animais; o primeiro, de animais da água, e o segundo, de animais da terra. O pescador vai para o mar e para os rios, enquanto o sofista vai para as ricas campinas, onde se encontram jovens generosos. A caça de animais de terra pode ser dividida em caça de animais de terra selvagens e caça de animais de terra mansos. O homem é um animal de terra manso que pode ser capturado pela força – por exemplo, por piratas ou tiranos – ou pela persuasão – por exemplo, por advogados ou oradores. A persuasão pode ser dividida em persuasão pública e persuasão privada, enquanto a persuasão privada pode ser dividida em levar presentes ou receber uma paga. Aqueles que praticam a persuasão privada levando presentes são chamados "apaixonados", e os que praticam a persuasão privada recebendo uma paga são chamados "sofistas". Os sofistas podem agradar ou adular em troca de sua manutenção ou podem se colocar como professores da virtude em troca de uma boa soma.

Sofistas são criaturas multiformes e podem ser ainda encontrados em outra linha de parentesco. A arte aquisitiva tem não apenas um ramo de caça, mas também um ramo de troca, com a troca consistindo em dar ou vender – sendo o vendedor um fabricante ou um negociante; o negociante, um varejista ou um exportador, e o exportador alguém que exporta alimento para o corpo ou alimento para a alma. O comércio de alimento para a alma pode ser dividido na arte de ostentar e na arte de vender ensinamento, com o ensinamento sendo um ensinamento das artes ou um ensinamento da virtude. O vendedor do ensinamento das artes é chamado "negociante de arte", e o vendedor do ensinamento da virtude é chamado "sofista".

O sofista ainda pode ser encontrado em outras linhas de parentesco. Em vez de exportar suas mercadorias para outro país, o sofista pode permanecer em casa e vender a varejo bens que não apenas negocia, mas também fabrica. Ou pode descender da arte aquisitiva no ramo combativo, que se divide nas artes belicosa, polêmica e argumentativa. As artes argumentativas incluem uma seção erística,* que tem um departamento de discussões particulares remuneradas sobre os princípios gerais do certo e do errado. Isso pode ser também chamado de arte do sofista.

Os próprios processos de divisão podem ser classificados em aquele que separa semelhante de semelhante e aquele que separa o melhor do pior. O segundo é chamado "purificação", que é de corpos animados ou de corpos inanimados. Purificações internas de corpos animados são a medicina e a ginástica, sendo purificações externas de corpos animados "a não muito digna arte do banhista". As purificações de corpos inanimados são a lavagem com esponja, o lustre e outros processos igualmente simples com nomes ridículos. Não que a dialética despreze processos simples ou nomes ridículos, sem os quais não seria possível encontrar um termo geral com o qual distinguir purificações da alma das do corpo. A dialética tem sempre uma única preocupação: a verdade.

A purificação é o afastamento do mal, do qual existem dois tipos na alma: a corrupção, que corresponde à enfermidade ou à desarmonia no corpo, e a ignorância, que corresponde à deformidade no corpo. Assim, a alma sem inteligência pode ser vista como deformada e desprovida de simetria. No caso do corpo, a medicina cura a enfermidade e a ginástica cura a deformidade. No caso da alma, o castigo cura a corrupção e a instrução cura a ignorância. A ignorância pode ser dividida em ignorância simples e ignorância tendo a presunção de conhecimento, que pode ser denominada "estupidez". A educação pode similarmente ser dividida

---

* Isto é, uma seção relativa à controvérsia. A escola erística foi fundada por Euclides, em Megara. (N. do T.)

em treinamento moral de nossos antepassados, consagrado pelo tempo, que dá muito problema e faz pouco bem, e uma formação que tem como base a noção de que toda ignorância é involuntária e educa um homem a partir do que ele mesmo diz, apontando-lhe suas inconsistências e contradições.

> *Submetem as palavras de um homem à reinquirição, quando ele acha que está dizendo algo e, de fato, não está dizendo nada, condenando-o facilmente ante as incoerências em suas opiniões. Recolhem essas opiniões pelo processo dialético e, colocando-as lado a lado, mostram que se contradizem umas às outras acerca das mesmas coisas, em relação às mesmas coisas e a respeito do mesmo assunto. Vendo isso, ele fica irritado consigo mesmo e mais conciliador com relação aos outros, sendo assim inteiramente libertado de grandes preconceitos e noções escabrosas, de um modo extremamente divertido para o ouvinte e que produz o efeito mais dura-douro e benéfico sobre a pessoa submetida à operação... Aquele que não foi refutado, ainda que se trate do Grande Rei, fica num terrível estado de impureza; sem instrução, deformado naquelas coisas em que seria verdadeiramente abençoado se fosse mais razoável e mais puro...*

O sofista pode ser imaginado como o menestrel dessa arte, embora ele possa ser comparado ao lobo, que é o mais feroz dos animais, e o menestrel, ao cão, que é o mais dócil. Se o sofista pode ser definido por tantos nomes e tipos diferentes de conhecimento, isso acontece pelo fato de sua arte ser tão precariamente compreendida. Contudo, sua característica mais proeminente é que ele é um debatedor; discute e ensina outros a discutir sobre todas as coisas. Embora seja impossível conhecer e compreender todas as coisas, o sofista faz os outros acreditarem que ele consegue isso. O pintor se declara capaz de criar todas as coisas, e as crianças novas que veem suas imitações de certa distância ficam propensas a tomá-las por realidades; do mesmo modo, o sofista afirma que sabe todas as coisas, e o rapaz que, distanciado da verdade, ouve suas palavras fica propenso a se deixar enganar por elas. Contudo, ao envelhecer, ele aprende pela triste experiência a ver, a sentir a verdade das coisas, e todas as suas fantasiosas especulações são derrubadas pelos fatos da vida. "E o desejo de todos nós, que somos seus amigos, é e sempre será o de fazê-lo chegar o mais perto possível da verdade sem uma experiência tão triste."

A arte da imitação pode ser dividida na arte de fazer cópias e na arte de fazer simulacros. Como o sofista, o escultor e o pintor fazem uso de ilusões e, como as imitações do sofista, suas imitações não são cópias, mas simulacros. Mas como pode uma coisa ser apenas simulacro? A mera existência do simulacro, isto é, da falsificação, implica existência do *não ser*, que o grande Parmênides passou a vida inteira negando. "Nunca", disse ele, "mostrarás que o *não ser é*", e suas palavras literalmente confirmam a si próprias. O *não ser* não pode ser atribuído a qualquer ser e, como todos os números são, tampouco pode ser atribuído a qualquer número. Se o *não ser* não pode ser atribuído a qualquer número, quer seja singular ou plural, não pode então receber um predicado nem ser expresso ou sequer pensado. E se não pode ser pensado, não pode ser refutado, e o sofista não conseguirá sair de seu buraco.

É impossível falar de falsificação, falsa opinião e imitação sem cair numa contradição, a não ser que possa ser demonstrado que há algum sentido em que o *não ser* possa ser. "E, portanto, devo me aventurar a atacar a tese de meu pai* ou, se algum escrúpulo excessivo me impedir de fazê-lo, terei de renunciar à questão." Parmênides e os demais filósofos costumavam falar numa brilhante e fácil explosão de eloquência, cada um no estilo de seu próprio mito ou de sua própria história. Assim, um falava de três princípios que ora guerreiam entre si, ora celebram a paz, casando-se uns com os outros e criando filhos; outro fala de dois princípios, seco e molhado ou quente e frio, que também formam relacionamentos. Os eleatas dizem que todas as coisas são uma só, e as musas Jônica e Siciliana falam do uno e do múltiplo que se mantêm unidos pela hostilidade e amizade, sempre se separando, sempre se reunindo. Nem todos insistiam em luta perpétua, e alguns falavam apenas de alternância.** Ninguém, no entanto, tinha a menor preocupação em saber se estava sendo compreendido ou não.

Vamos começar, então, com um exame do ser. Diriam os filósofos dualistas que o ser é um terceiro elemento além de quente e frio ou o identificariam com um ou outro, ou com ambos? Iriam os filósofos da unidade considerar que o ser e o uno eram dois nomes para a mesma coisa? Nesse caso, como poderiam justificar que houvesse dois nomes quando não há nada além do uno? O ser é concebido como um todo, como Parmênides entoa, e um todo tem partes. Contudo, aquilo que tem partes não é o uno, já que a unidade é indivisível e não admite partes. Então ou o ser é uno porque suas partes são uma só ou o ser não é um todo. No primeiro caso, o uno tem partes e, no segundo, existe ainda pluralidade, já que há tanto um ser quanto um todo que está separado do ser. Se o ser não é

---

* Parmênides. (N. do T.)

** "(...) umas vezes, o Todo é uno..., outras vezes, é múltiplo e hostil a si mesmo." – *Sofista*, em Platão, *Diálogos II*, Ed. de Ouro, Rio de Janeiro, 1970, p. 217. (N. do T.)

um todo, então lhe falta alguma coisa da natureza do ser e ele se torna *não ser*. Como aquilo que tem número é um todo desse número, o ser não pode ter número e, como nada começa a existir a não ser como um todo, o ser não pode ter começado a existir. "E surgirão inúmeras outras dificuldades..."*

E quanto aos outros filósofos, os materialistas que definem o ser e o corpo como idênticos e não vão querer ouvir falar em nenhuma outra coisa além de corpo ("são sujeitos intratáveis")? E seus oponentes, que acreditam que o ser consiste de ideias e despedaçam o corpo nas mais minúsculas frações até elas se perderem em geração e fluxo? Os materialistas admitiriam a existência de um corpo tendo uma alma que pode ser justa pela posse de justiça, sábia pela posse de sabedoria, e assim por diante. Argumentariam que a alma, embora invisível, tem uma espécie de corpo, mas com relação à justiça, à sabedoria e assim por diante não se aventurariam nem a negar sua existência nem a sustentar que sejam tangíveis. Se tanto o tangível quanto o intangível existem, qual é a natureza que têm em comum e que é atribuída ao ser? Os materialistas não seriam capazes de responder a essa pergunta, mas, se fossem, poderiam dizer que "ser é o poder de fazer ou sofrer, isto é, de afetar ou ser afetado por outro". Ao contrário dos materialistas, os amigos das ideias distinguem a essência (ser) da geração (*vir a ser*) e sustentam que a alma participa da essência, que é imutável, e o corpo da geração, que é variável. Negariam a verdade daquela definição mais recente de ser e afirmariam que fazer e sofrer se aplicam não ao ser, mas apenas ao *vir a ser*. Nossa resposta é que a alma conhece e o ser é conhecido; saber e ser conhecido são formas ativas e passivas aparentadas com fazer e sofrer. Aquilo que é conhecido é afetado pelo conhecimento e, portanto, está em movimento, e o ser certamente não pode ser desprovido de movimento e alma, pois não pode haver pensamento sem alma ou alma sem movimento. Contudo, nem pode o pensamento estar desprovido de algum princípio de repouso ou estabilidade, e por isso o filósofo deve incluir tanto o móvel quanto o imóvel em sua ideia de ser. Contudo, movimento e repouso são contradições, e se alguém afirma que ambos existem, sem dúvida, não pretende dizer que movimento é repouso ou repouso é movimento, mas que existe alguma terceira coisa que é o ser e que nem está em repouso nem se move. Mas como pode haver tal coisa? É um segundo problema sobre o ser, pelo menos tão grande quanto aquele sobre o *não ser*.

---

* "E surgirão... intermináveis dificuldades para quem definir o ser ou como um par ou como uma unidade." – *idem*, p. 222. (N. do T.)

Vamos então reconhecer o problema; e como o ser e o não ser nos trazem idênticas dificuldades, há esperança de que, quando um se revelar mais ou menos distintamente, o outro igualmente se revele, e se não conseguirmos ver nenhum deles, ainda pode haver uma chance de avançar num caminho por entre os dois sem nenhum grande descrédito.

Vamos agora perguntar o que significa atribuir muitos nomes à mesma coisa, por exemplo, "bom", "alto", "gordo", "bronzeado" a um homem. Nada é mais fácil do que argumentar que o uno não pode ser múltiplo ou que o múltiplo não pode ser uno, negando que o homem é bom e insistindo, em vez disso, que o homem é o homem e o bom é o bom. Vamos perguntar aos que defendem esse argumento, bem como a nossos anteriores oponentes: 1) se ser, repouso, movimento e todas as outras coisas não se comunicam umas com as outras; 2) se todas elas se comunicam umas com as outras; ou 3) se algumas se comunicam e outras não. Na primeira hipótese, repouso e movimento não poderiam participar do ser; portanto, não existiriam, e todas as teorias seriam varridas do mapa. Na segunda hipótese, o movimento repousaria e o repouso se movimentaria, sendo qualquer uma dessas alternativas impossível. Só resta então a terceira hipótese. No alfabeto e na escala musical, algumas letras e notas se combinam ou não se combinam com algumas outras e as leis pelas quais elas se combinam e não se combinam são conhecidas do gramático e do músico.

E como do mesmo modo admitimos que as categorias sejam algumas capazes e outras incapazes de associação, aquele que corretamente mostra que tipos se unirão e que tipos não se unirão não deve continuar, com a ajuda da ciência, desenvolvendo os seus argumentos? Ele não vai indagar se os elos que se conectam são universais e, portanto, capazes de associação com todas as coisas; e se nas divisões não há outras categorias universais que as tornam possível?

– Com certeza, ele vai exigir a ciência, e, se não estou enganado, a maior de todas as ciências.

– Como devemos chamá-la? Por Zeus, será que não nos deparamos, involuntariamente, com nossa livre e nobre ciência e, ao procurar o sofista, não acolhemos inadvertidamente o filósofo?

A divisão segundo as categorias, que nem torna o mesmo outro, nem torna outro o mesmo, é o negócio do verdadeiro dialético e filósofo. Só ele é capaz de ver claramente uma forma permeando uma multidão dispersa, muitas formas diferentes contidas em uma forma mais elevada, uma forma costurada num todo único, mas permeando muitos outros todos, e muitas formas existindo apenas em separação e isolamento. Como o sofista, o filósofo não é facilmente descoberto. Enquanto o sofista se esconde no *não ser*, o filósofo é ocultado pelo excesso de luz.

Vamos agora retornar à atividade do sofista. Visto que algumas coisas são comunicáveis e outras não, é prudente examinar as categorias principais que são capazes de mistura, com o objetivo de descobrir um sentido em que o *não ser* possa ser. As categorias mais elevadas são o ser, o repouso e o movimento. Das três, repouso e movimento excluem uma à outra, mas são ambas incluídas no ser. Cada uma das três é diferente das duas restantes, mas idêntica a si mesma. Qual é, no entanto, o significado de "diferente" e "idêntico"? A identidade não pode ser repouso nem movimento, porque é qualificativa tanto do repouso quanto do movimento. Nem pode a identidade constituir o ser, pois o ser é atribuído tanto ao repouso quanto ao movimento, enquanto a identidade não. Por essas razões, a identidade é uma quarta categoria. O diferente não pode ser identificado com o ser porque a diferença é relativa e, assim, não pode ter a positividade do ser. Por essa razão, o diferente é uma quinta categoria que permeia todas as outras categorias, que são diferentes entre si. Existem então cinco categorias: 1) ser, 2) movimento, que não é 3) repouso e que, participando tanto do idêntico quanto do diferente, é e não é 4) idêntico a si mesmo e é e não é 5) diferente do outro. E o movimento não é ser, mas participa do ser e, portanto, é e não é no sentido mais literal. Assim foi descoberto que o *não ser* é o princípio do diferente que permeia todas as outras categorias, incluindo o ser. O "ser" é uma coisa e o "não ser" inclui e é todas as outras coisas; não é o oposto de ser, mas um tipo de ser, isto é, aquele do outro. Conclui-se que o "não belo" não é de modo algum menos real que o belo, nem o "não grande" é menos real que o grande, e assim por diante. Embora o sofista não consiga mais negar a existência do *não ser*, consegue, no entanto, negar que o não ser possa entrar na esfera do pensamento e do discurso. Por essa razão, é necessário examinar a linguagem, a opinião e a imaginação.

Com relação à linguagem, vamos perguntar sobre as palavras o que foi perguntado sobre as ideias e as letras do alfabeto: até que ponto elas podem estar conectadas umas com as outras? Algumas palavras descrevem ações e outras descrevem agentes, mas nenhuma combinação de palavras pode ser formada sem uma de cada tipo. Tanto em "Teeteto se senta" quanto em "Teeteto voa", Teeteto é o sujeito, mas a primeira frase fala dele o que é verdade, enquanto a segunda fala o que é diferente da verdade, isto é, o que é falso; é um falso discurso. Se a linguagem pode ser ao mesmo tempo verdadeira e falsa, o pensamento, a opinião e a imaginação também podem. Pois o pensamento é apenas linguagem silenciosa, a opinião é apenas afirmação ou negação silenciosa e a imaginação é apenas o surgimento da opinião sob algum feixe de sentido. E assim a falsa opinião foi descoberta e o sofista, desmascarado.

CAPÍTULO 24

Político (Politicus)

(...) cada homem parece conhecer todas as coisas numa
espécie de sonho e depois acordar e não conhecer nada.

Teodoro pede que o estrangeiro prossiga com o político ou o filósofo. O estrangeiro escolhe o político e pede para dar um descanso a Teeteto e ter o jovem Sócrates (não Sócrates, mas um homônimo) como interlocutor. O político é um homem de arte e ciência, e as artes e ciências podem ser divididas em práticas e teóricas. Antes de avançar mais, perguntemos se o rei, o político, o senhor de escravos e o chefe de família não praticam a mesma ciência. Se um cidadão qualquer é capaz de dar conselhos ao soberano de um país, pode-se dizer que ele tem a ciência do soberano. Uma grande família pode ser comparada a um pequeno Estado, e assim o senhor de escravos e o chefe de família não diferem do rei ou do político no que diz respeito a governo. Assim, o rei, o político, o senhor de escravos e o chefe de família praticam a mesma ciência, ou seja, a ciência do rei, a ciência política, a ciência econômica. Um rei realiza muito mais com a mente do que com as mãos, razão pela qual a ciência do rei está mais próxima da ciência teórica do que da ciência prática. A ciência teórica pode ser dividida em ciência de julgamento e ciência de administração e direção, e sem dúvida a ciência do rei se assemelha mais à segunda. O rei é um atacadista no comando e deve ser distinguido de funcionários inferiores que meramente repassam no varejo seu

209

comando a outros. Ao contrário desses funcionários inferiores, o rei está na classe dos governantes supremos que praticam a ciência da "administração". Todos os governantes comandam com a finalidade de produzir algum objeto; os objetos podem ser divididos em animados e inanimados, e os governantes, em governantes de objetos animados e governantes de objetos inanimados. O rei é um governante de objetos animados e tem a tarefa de cuidar da criação de animais vivos. A criação de animais vivos pode ser dividida em criação do indivíduo e criação de bandos ou rebanhos. O rei não é um cavalariço, mas um pastor; e ele cria rebanhos. O estrangeiro pede ao jovem Sócrates para classificar a arte do pastor, que ele divide em arte de criar animais e arte de criar homens. O estrangeiro repreende o jovem Sócrates, que estaria apressado demais para chegar ao homem, e compara sua divisão a uma divisão da raça humana em helenos e bárbaros, em vez de homens e mulheres. A divisão do jovem Sócrates é o tipo de divisão que um grou inteligente faria, colocando os grous numa classe isolada por causa de sua glória especial e misturando todos os outros, incluindo o homem, na classe dos animais. Um erro dessa espécie só pode ser evitado por uma divisão mais regular, e "o modo mais seguro é cortar pelo meio". No caso presente, nos esquecemos de dividir a totalidade da classe dos animais em gregários e não gregários, já tendo nos esquecido de dividi-los em domesticados e selvagens.

Vamos começar de novo pela criação de rebanhos. A criação de rebanhos pode ser dividida em criação de rebanhos de terra e rebanhos de água, e os rebanhos de terra podem ser divididos em rebanhos que andam e rebanhos que voam. "E onde vamos procurar o animal político? Será que mesmo um idiota, digamos assim, não o veria como pedestre?" Animais de rebanho que andam e são domesticados podem ser divididos em animais com chifres e sem chifres, e os que não têm chifres podem ser divididos em animais que têm e não têm os cascos fendidos, e que cruzam e não cruzam com outras raças. O rei evidentemente tem cuidado de rebanhos de animais que andam, não têm cascos fendidos e não cruzam com outras raças. Sobram, então, apenas duas espécies – homem e porco (!) –, e o homem é o único que é bípede. Uma rota mais rápida para o homem teria sido dividir os animais terrestres em bípedes e quadrúpedes e depois em bípedes com asas e sem asas.[22]

Vamos voltar ao início, juntar os elos e definir a arte do político. A ciência teórica foi dividida em ciência do julgamento e ciência de administração e direção, e a ciência de administração e direção tinha uma divisão que era a ciência

---

22. Os cangurus não eram conhecidos pelos antigos.

do comando supremo. A ciência do comando supremo foi dividida em governo dos objetos inanimados e governo dos objetos vivos, isto é, dos animais vivos. O governo dos animais foi dividido em cuidado do indivíduo e cuidado de bandos ou rebanhos. A criação de rebanhos foi dividida em criação de rebanhos de terra e rebanhos de água, e os rebanhos de terra foram divididos em caminhantes e voadores. Rebanhos caminhantes foram divididos em com chifre e sem chifre, e os sem chifre foram divididos em animais com e sem casco fendido e que cruzam ou não com outras raças. Rebanhos de animais que caminham, não têm casco fendido e não cruzam com outras raças foram divididos em bípedes e quadrúpedes e, por fim, o homem foi alcançado e a ciência do rei ou ciência política foi fundada. E, no entanto, o pastor político não foi distinguido com nitidez de seus rivais, por exemplo, comerciantes, agricultores e médicos, que disputarão seu direito a cuidar do rebanho. "Então vamos fazer um novo começo e viajar por uma estrada diferente... Há uma lenda famosa, da qual uma boa parte pode ser útil apresentar aqui antes de retomar nossa série de divisões e continuar avançando na velha trilha até chegarmos ao cume desejado."

Na briga de Atreu com Tiestes, Deus inverteu o movimento do Sol e das estrelas como um testemunho do direito de Atreu. Há uma época em que Deus dirige as rotações do mundo e uma época em que as deixa livres, e o mundo gira na direção oposta. Há então dois ciclos do mundo, um em que o mundo é governado por Deus e recebe vida e imortalidade, outro em que o mundo é abandonado e tem um movimento contrário. Como mudanças no ciclo do mundo resultam em grande destruição de homens e animais, no começo do último ciclo sobravam pouquíssimos homens e animais. Esses tiveram o curso de suas vidas revertido,* a princípio, retornando à juventude e à beleza, depois, sumindo. Os mortos voltavam à vida e se erguiam da terra. Era a época de Cronos, em que animais e homens nasciam não da procriação, mas da terra, uma época da qual nossos antepassados preservaram a memória em suas tradições. Deus governava o mundo e as divindades inferiores governavam partes dele em seu nome. Deus pastoreava o homem, assim como hoje o homem pastoreia os animais inferiores. Não havia posses privadas nem famílias, nem discórdia ou guerra. O clima era suave, a terra produzia alimento em abundância e o homem morava nu, a céu aberto, com os animais, cuja linguagem compartilhava. "Tal era a vida do homem nos dias de Cronos, Sócrates; a qualidade de nossa vida atual, que se diz estar submetida a Zeus, você conhece por experiência própria." Se os homens nascidos

---

* Por Deus. (N. do T.)

da terra empregavam essas vantagens mostrando uma inclinação para a filosofia ou meramente para contar histórias, então não pode haver dúvida de que eram muito mais felizes que os homens de hoje. Um dia, porém, Deus afastou-se do leme e tornou-se um espectador. Destino e desejo inato reverteram o movimento do mundo e um enorme terremoto provocou uma nova destruição de animais. O homem então emergiu como soberano entre os animais e seguiu as instruções de Deus – de início, precisamente; mais tarde, com menos exatidão. A discórdia e a destruição se estabeleceram, e o perigo de uma ruína universal despontou no horizonte. Deus ficou tão temeroso de que o mundo se dissolvesse no caos e no infinito que retornou ao leme e restaurou a ordem. O ciclo de vida e geração foi revertido, as crianças se transformaram em jovens, e os jovens em anciãos, antes de morrerem e afundarem na terra. Animais e homens não surgiam mais da terra; precisavam agora ser gerados e nutridos. O homem ficou desamparado e indefeso, sozinho entre animais selvagens, sem técnicas ou conhecimento, sem alimento. Então Prometeu trouxe-lhe o fogo, Hefesto e Atena ensinaram-lhe os ofícios e outros deuses lhe deram sementes e colheitas. Com a ajuda dessas dádivas divinas, o homem regularizou sozinho o curso de sua vida e se tornou senhor de seu próprio destino, sempre sobrevivendo e prosperando, e sempre mudando.

O mito aponta dois erros em nosso relato do rei. O primeiro e maior erro foi escolher um deus para nosso rei e o segundo e menor erro foi não conseguir definir a natureza das funções do rei. A forma do pastor divino é mais elevada que a de um rei, e os reis de hoje se parecem muito com seus súditos em educação e comportamento. Anteriormente, falamos de uma classe de governantes supremos que praticam a ciência da administração sobre animais vivos, não individualmente, mas de maneira coletiva, em bandos ou rebanhos, que chamamos arte de criar um rebanho. Nosso erro se acha em algum lugar por aqui, pois nunca incluímos ou mencionamos o rei ou político. O político não "cria" seu rebanho, mas "cuida" dele, "administra-o" ou "toma conta" dele, termos que não implicam alimentar ou cumprir qualquer outra obrigação especial. Tendo remodelado o nome, podemos dividir como antes: primeiro, separando o pastor divino do pastor ou gerente humano, depois, dividindo o segundo na administração de súditos que obedecem de bom grado e súditos relutantes, isto é, realeza ou tirania, que são inteiramente distintas. O gerente de súditos que colaboram é o verdadeiro rei.

E, no entanto, a figura do rei ainda não está perfeita. "Qual é a imperfeição que ainda permanece?" "As ideias mais elevadas, meu caro amigo, dificilmente podem ser expostas a não ser por meio de exemplos; cada homem parece conhecer todas as coisas numa espécie de sonho e depois acordar e não conhecer nada." Como a criança que está aprendendo as primeiras letras, a alma reconhece alguns dos primeiros elementos das coisas, mas deixa de reconhecê-los quando eles são traduzidos na difícil linguagem dos fatos. Vamos tomar como um exemplo de um exemplo algo pequeno, digamos, o tecer da lã. Todas as posses são criativas ou preventivas; as do tipo preventivo são antídotos ou defesas; as defesas são armas ou abrigos; abrigos são véus ou escudos contra o calor e o frio; escudos contra o calor e o frio são telhados e cobertas; cobertas são mantas ou vestimentas; vestimentas são constituídas de uma peça ou de muitas partes; vestimentas de muitas partes são costuradas ou amarradas; vestimentas que são amarradas são feitas de fibras de plantas ou de pelos; vestimentas que são amarradas e feitas de pelos são coladas com água e terra ou os próprios pelos se entrelaçam. Estas últimas são chamadas de roupas e são feitas pela arte de tecer. Apesar de termos estabelecido várias distinções, ainda não distinguimos a arte de tecer de artes semelhantes. Antes de ser tecido, é preciso que o material seja cardado,* e assim a arte de cardar está também envolvida na fabricação de roupas. Depois existem as artes que fazem os instrumentos do tecelão, e assim por diante. As artes podem ser causais e principais ou cooperativas e subordinadas. À classe causal pertencem as artes de trabalhar a lã, como o cardar, o fiar, a lavagem e a emenda. Há duas grandes categorias no trabalho com a lã, ou seja, composição e divisão. A cardadura é do segundo tipo. Mas nossa preocupação central é com a arte de trabalhar a lã, que compõe torcendo e entrelaçando os fios. Essa, finalmente, é a arte da tecelagem.

Por que atravessar esse longo e tedioso processo de divisão em vez de dizer de uma vez que a tecelagem é a arte de torcer e entrelaçar os fios? Para responder a essa questão precisamos considerar toda a natureza da extensão e da brevidade, do excesso e da falta. A diferença entre bem e mal é a diferença entre uma média ou medida e o excesso ou a falta. Todas as coisas devem ser comparadas, não apenas umas com as outras, mas também com uma média ou um padrão ideal, sem o qual não haveria beleza ou arte, nem a arte do político nem a do tecelão, nem qualquer outra. "Pois todas essas artes estão vigilantes contra o excesso e a falta, não como coisas irreais, mas como verdadeiros males, que ocasionam uma dificuldade na ação; e a excelência de beleza de cada obra de arte é devida a essa observância da medida."

---

* Desembaraçado, penteado com a carda, instrumento que possui um grande pente com dentes de madeira. (N. do T.)

Para descobrir a arte do político ou na verdade qualquer arte, precisamos mostrar que as coisas podem ser comparadas a uma média ou um padrão. A arte da medida pode ser dividida na que concerne ao tamanho relativo e na que concerne a uma média ou a um padrão. Muitos homens de talento dizem que a arte da medida tem relação com todas as coisas e, embora possam ter razão, não conseguem distinguir entre classes e confundem o "mais" e o "demais", que são de fato coisas muito diferentes. Daí a importância de separar entre classes. Outro ponto é o seguinte: quando se pede que um escolar soletre uma determinada palavra, temos em vista melhorar sua ortografia em geral; quando buscamos o político, temos em vista melhorar nosso poder de raciocínio em geral.

Ainda menos um homem racional procuraria analisar a noção de tecelagem por amor à própria tecelagem. Mas as pessoas parecem se esquecer de que algumas coisas têm imagens sensíveis que são prontamente reconhecidas e podem ser facilmente indicadas quando alguém deseja responder a uma pergunta de maneira fácil e sem argumentação. No entanto, as verdades maiores e mais elevadas não têm imagens externas de si mesmas visíveis ao homem, imagens que aquele que quer satisfazer a alma de quem indaga possa adaptar aos olhos dos sentidos. Para elas, portanto, deveríamos nos acostumar a dar e aceitar uma explicação racional, pois as coisas imateriais, que são as mais nobres e as principais, são mostradas apenas em pensamento e ideias, e de nenhum outro modo. E tudo que estamos agora dizendo é dito pensando nelas.

Vamos retornar à nossa busca do político e aplicar a ela o exemplo da tecelagem. A arte do rei foi separada da arte de outros pastores e vaqueiros, mas não das artes causal e cooperativa que existem nos Estados. Como estas não admitem divisão, não podendo ser repartidas em duas, devem ser talhadas membro a membro, como a vítima de um esquartejamento. Existem as artes de fabricar ou fornecer: 1) instrumentos; 2) recipientes; 3) veículos; 4) defesas; 5) ornamentos; 6) ouro, prata, madeira e couros; 7) alimentos e cuidados para o corpo. Essas sete classes de artes cooperativas incluem quase todo tipo de propriedade, mas nenhuma tem qualquer relação com a arte do rei. Restam apenas as classes de escravos e ministros, entre os quais, os verdadeiros rivais do rei devem ser encontrados. Esses não são nem o escravo, nem o contratado por salário, nem o importador ou comerciante, nem os funcionários do governo como arautos e escribas, que são apenas servidores do rei, nem os adivinhos e sacerdotes, que, embora cheios de orgulho e regalias, são também apenas servidores do rei.

O próximo concorrente é o falso político, "o chefe dos sofistas e o mais completo dos magos, que deve a qualquer custo ser distinguido do verdadeiro rei ou político". As verdadeiras formas de governo são três: monarquia, oligarquia e democracia. Essas se desdobram em seis – segundo os critérios de voluntário e involuntário, pobreza e riqueza, lei e ausência de lei. A monarquia se divide em realeza e tirania, a oligarquia se divide em aristocracia e plutocracia, a democracia pode ser com ou sem lei. O governo é uma ciência, e a multidão não pode alcançar a ciência. Em qualquer cidade grega, talvez não haja mais que cinquenta bons jogadores de damas e certamente um número menor de reis. Um verdadeiro governo deve, portanto, ser um governo de um, dois ou poucos.

> *E estes – quer governem a favor ou contra a vontade de seus súditos, com leis escritas ou sem leis escritas, independentemente de serem ricos ou pobres e a despeito da natureza de seu governo –, devemos supor, conforme nosso atual ponto de vista, que governem com base em algum princípio científico; assim como o médico, quer nos cure contra nossa vontade ou com nosso consentimento, e seja qual for o modo de tratamento – incisão, cauterização ou imposição de alguma outra dor, quer siga regras escritas ou não escritas, quer seja rico ou pobre, quer nos prescreva purgantes ou nos emagreça de alguma outra forma, ou até nos engorde, continuará sendo sempre um médico desde que exerça autoridade sobre os pacientes segundo as regras de sua arte, só lhes fazendo bem, curando-os, salvando-os. E podemos definir que esse é o único teste adequado da arte da medicina ou de qualquer outra arte de comando.*

O jovem Sócrates faz objeção à noção de políticos governando na ausência da lei. O estrangeiro explica que a melhor coisa não é a lei governar, mas o rei governar, pois a lei é um tirano ignorante que "não compreende muito bem o que é mais nobre e mais justo para um e outro e, portanto, não pode impor o que é melhor". "As diferenças do homem e das ações e os incessantes movimentos irregulares das coisas humanas não admitem qualquer regra universal e simples. E nenhuma arte, seja qual for, pode estabelecer uma regra que dure para sempre." Então, por que, afinal, somos compelidos a fazer leis? O treinador de provas esportivas tem uma regra geral de dieta e exercício que é adequada às constituições da maioria e o mesmo pode ser dito do legislador, que não pode "estar ao lado de cada homem durante toda a sua vida". Como pouquíssimas pessoas são capazes de alcançar a ciência do governo, o verdadeiro princípio político é garantir a inviolabilidade da lei, que, embora não seja ideal, é a segunda coisa melhor, e é o melhor para a condição imperfeita do homem. Se as multidões decidissem interferir nas artes e nas ciências, submetendo a julgamento qualquer "obscuro sofista tagarela" que procurasse indagar sobre a verdade de um ou outro ofício, "todas as artes pereceriam por completo e jamais poderiam ser recuperadas... E a vida humana, que já é suficientemente ruim, se tornaria absolutamente insuportável". Contudo, as coisas seriam ainda piores se as multidões indicassem como guardião da lei alguém que fosse tão ignorante quanto interesseiro e que pervertesse a lei. Se um guardião ou alguma outra pessoa tentasse melhorar a lei, estaria agindo com o espírito do legislador. Contudo, os legisladores são poucos, são raros e em sua ausência não há nada melhor que obedecer à lei e preservar costumes e tradições.

Em vista disso, qual das seis formas de governo, diferentes do verdadeiro governo, é a menos ruim? O governo de um é o melhor e o pior, o governo de poucos é menos bom e menos ruim, e o governo da maioria é o menos bom e o menos ruim. Isso significa dizer que a democracia é o pior de todos os governos legítimos* e o melhor de todos os governos ilegítimos, "fraco sob todos os aspectos e incapaz de fazer qualquer grande bem ou qualquer grande mal". Os governantes de todos esses Estados, a não ser que tenham sabedoria, são apenas protetores de ídolos, sendo eles próprios ídolos, não melhores que imitadores e sofistas.

Basta de políticos; ainda restam outros e melhores componentes que precisam ser separados da ciência do rei – a saber, as artes do general, do juiz e do orador. Há ciências inferiores, como a lei, a persuasão e outras, e uma ciência superior que determina se a lei ou a persuasão devem ser aprendidas ou não. Evidentemente, a ciência que determina se a lei ou a persuasão devem ser aprendidas ou não é mais elevada que a da lei ou persuasão, assim como a ciência que faz as leis é mais elevada que aquela que só as administra. Essa ciência mais elevada não é nenhuma outra senão a ciência política do rei ou do estadista.

O Estado pode ser comparado a uma teia. A virtude tem muitas partes, entre as quais, a coragem e a moderação, que são antagônicas uma à outra. A coragem e a moderação, no entanto, permeiam toda a natureza e incluem sob elas toda a classe do bom e do belo. O bom e o belo podem ser divididos naquilo que é descrito em termos indicativos de movimento ou energia e naquilo que é descrito em termos indicativos de repouso ou tranquilidade. Contudo, o excesso nos primeiros é denominado "violência" ou "loucura" e o excesso nos segundos

---

* Isto é, conformes à lei. (N. do T.)

é denominado "indolência" ou "covardia". Essas qualidades opostas não podem ser reconciliadas, e seu antagonismo nos Estados resulta na desordem mais odiosa. Pessoas ordeiras procuram paz e passam imperceptivelmente para a condição de escravos, enquanto os corajosos procuram guerra, sendo logo destruídos por seus inimigos. A verdadeira arte de governo consiste em testar as naturezas humanas num jogo de uni-du-ni-tê, descartando as que são más e não possuem coragem nem moderação, nem as outras virtudes, e confiando as que sobram a educadores competentes. Uma vez educado, o estadista combina os cidadãos, tecendo a urdidura da coragem com os fios da moderação. Primeiro, o elemento eterno da alma é atado com uma corda divina e depois a natureza animal é atada com cordas humanas. O elemento eterno da alma consiste do honrado, do justo, do bom, que só o estadista pode inserir nos que são devidamente educados. Ele molda então os laços humanos mais básicos, como os da união, no interesse da descendência. A maioria das pessoas se casa tendo em mira a riqueza ou o poder, ou recebem de braços abertos os que se parecem com elas, o intrépido se casando com o intrépido e o moderado com o moderado. No decorrer de várias gerações, os primeiros tendem à loucura e os últimos à debilidade e à inércia. Os moderados são cuidadosos e justos, mas lhes falta poder de ação, enquanto os intrépidos são exatamente o oposto. Assim, não pode prosperar nenhum Estado em que esteja faltando uma ou outra dessas naturezas, e o melhor de todos os Estados é aquele que a verdadeira ciência política tece ao combinar as duas naturezas numa só textura.

CAPÍTULO 25

Filebo

*(...) o que nunca procura pelo número em
nada não será procurado no número dos homens famosos.*

Protarco, filho de Cálias, toma o lugar de seu mestre ou amigo mais velho, Filebo, na discussão que Sócrates está tendo com ele. Para Filebo, o prazer é o maior bem humano, enquanto para Sócrates é a sabedoria ou a inteligência. Sócrates sugere uma investigação sobre a natureza do prazer, que ele diz assumir formas extremamente variadas e até mesmo improváveis. Por exemplo, o idiota sente prazer em suas fantasias e esperanças absurdas, enquanto o sábio sente prazer na sabedoria. Protarco diz que, embora o prazer possa brotar de fontes opostas, o prazer é sempre prazer na medida em que é prazer. Sócrates diz que as cores também são sempre cores na medida em que são cores e, no entanto, o preto se opõe ao branco; os números também são sempre números na medida em que são números e, no entanto, há grande variedade entre os números. Se Protarco quer sustentar que todos os prazeres são bons, deve identificar a propriedade comum que os torna assim. Para fazê-lo, precisa chegar a uma compreensão do princípio do uno e do múltiplo, segundo o qual uma coisa pode ser múltipla e o múltiplo pode ser uno. Sócrates não se refere ao uno em termos de objetos sensíveis, como aqueles sobre os quais estiveram discutindo, mas de unidades abstratas como "homem", "boi", "beleza" ou "o bem". Essas unidades abstratas existem? Uma

219

unidade abstrata está dividida e dispersa entre diferentes objetos sensíveis ou existe em sua inteireza em cada objeto? Como é possível uma e outra hipótese?

O conhecimento de como avançar por passos regulares do uno ao múltiplo e do múltiplo ao uno faz a diferença entre a erística, a mera arte do debate e a dialética. Devemos começar procurando uma ideia ou uma classe em tudo e, ao encontrá-la, continuar procurando duas, se houver duas, ou três ou alguma outra quantidade, dividindo cada uma dessas unidades até que, por fim, a unidade com a qual começamos seja vista não apenas como una e múltipla, mas também como um número definido.* Portanto, não é sabendo se os sons da fala são únicos ou se os sons da fala são infinitos que nos tornamos gramáticos, mas conhecendo o número preciso e a natureza dos sons: "(...) o que nunca procura pelo número em nada não será procurado no número dos homens famosos". É assim que Sócrates reflete sobre o número e a natureza dos tipos de prazer e sabedoria. E nesse ponto lhe ocorre vagamente que o maior bem deve ser tão perfeito quanto suficiente e, portanto, que não é nem prazer nem sabedoria. Nem a vida de puro prazer nem a vida de pura sabedoria é perfeita e suficiente quando comparada à união entre as duas. Não obstante, o elemento que torna boa essa vida mista é muito mais aparentado à inteligência que ao prazer.

Sócrates propõe dividir todas as coisas existentes em três classes, conforme elas sejam finitas, infinitas ou uma união das duas. Enquanto a classe do finito é indicada em termos de número e quantidade, a classe do infinito não pode ser reduzida à medida pelo número e quantidade, sendo indicada em termos comparativos de mais ou menos, como "maior" e "menor" ou "mais quente" e "mais frio". Na terceira classe ou mista, o finito dá lei e ordem ao infinito, que dá origem à geração.** Nessa classe estão incluídas a saúde, a força, as estações, a harmonia, a beleza, entre outras coisas. Como causa não é a mesma coisa que efeito e como cada efeito requer uma causa, deve haver uma quarta classe, que é a causa da união de finito e infinito, isto é, que é a causa da geração. A vida pertence claramente à terceira classe, ou classe mista, e o prazer, à classe infinita. Contudo, é mais difícil situar a sabedoria ou inteligência. Os elementos de terra, ar, fogo, água existem em nosso corpo como existem no cosmos, mas são menos puros e menos completos em nosso corpo do que no cosmos, de onde vêm para nosso corpo. Assim para o corpo, assim para a alma: os elementos do finito, do infinito, da união dos dois e da causa dessa união existem em nossa alma. Como os primeiros

---

* Como uma quantidade definida. (N. do T.)

** Isto é, ao "vir a ser". (N. do T.)

três existem no cosmos, o quarto – ou causa – deve também existir no cosmos. Esse quarto – ou causa – nada mais é que sabedoria ou inteligência, que é, por conseguinte, a governante do universo.

A sede natural de prazer e dor é a classe mista. A dissolução da harmonia nos animais resulta em dor e sua restauração resulta em prazer. Por exemplo, a fome é dissolução e dor, enquanto alimentar-se é revigoramento e prazer. Uma segunda classe de prazeres e dores são as esperanças e os medos, que são produzidos por expectativa e só dizem respeito à inteligência. Como os prazeres e as dores nessa segunda classe não têm mistura, podemos ver claramente a partir deles se o prazer é em si desejável ou se esse caráter desejável não é antes o atributo de alguma outra coisa: "(...) podemos ver se o prazer e a dor, como o calor e o frio e outras coisas da mesma espécie, não são às vezes para serem desejados e às vezes para não serem desejados, como se não fossem bons em si mesmos, como se só às vezes e em certos casos admitissem a natureza do bem". Como dores e prazeres resultam da dissolução e restauração da harmonia, pode não haver um estado neutro sem dissolução nem restauração? Se assim for, há um terceiro estado além desses estados de prazer e dor em que um homem que escolhe a vida de sabedoria pode viver. Como não podemos supor que os deuses sintam alegria ou pesar, essa vida pode ser a mais divina das vidas.

A segunda classe de prazeres e dores envolve a memória, que é a preservação da consciência. Em muitos casos, uma dolorosa carência em nosso corpo pode ser equilibrada por uma agradável esperança de revigoramento em nossa mente. Essa agradável esperança de revigoramento está baseada na memória do prazer, que é o oposto de nosso estado físico real e está, portanto, não no corpo, mas na mente: "E o argumento, tendo provado que a memória nos atrai para os objetos do desejo, prova também que os impulsos, os desejos e o princípio de movimento em cada ser vivo têm sua origem na alma [mente]". Nesse caso, não podem os prazeres, como as opiniões, ser verdadeiros ou falsos? Tanto os prazeres quanto as opiniões são verdadeiros no sentido de que são reais. Contudo, existem alguns prazeres que estão associados à opinião e ao conhecimento corretos, outros que estão associados à falsidade e à ignorância. A opinião está baseada em palavras e imagens mentais que resultam da percepção e da memória. Essas palavras e imagens mentais podem ser corretas ou equivocadas e podem ser do passado, do presente ou do futuro, incluindo futuros prazeres e futuras dores. Tais "esperanças" são proposições que às vezes são verdadeiras e às vezes falsas, já que pode haver prazer sobre coisas que não eram, não são e não serão, o que ainda é prazer, embora falso prazer. O mal costuma se deliciar com falsos, isto é, maus prazeres;

o bem, com verdadeiros, isto é, bons prazeres. E o mesmo pode ser dito com relação à dor, ao medo, à raiva e assim por diante. Sócrates demonstra a existência de falsos prazeres com outro argumento. Se a dor do corpo e o prazer da mente – ambos pertencentes à classe infinita – podem ocorrer simultaneamente e fundir-se numa só coisa, é provável que nos deixemos iludir pela distância e relação entre eles, caso em que prazeres e dor não são falsos com base em falsa opinião, mas falsos em si mesmos.

Ao passar do prazer à dor e da dor ao prazer, experimentamos um terceiro estado neutro, que pode parecer prazeroso ou penoso, mas de fato não é nem uma coisa nem outra. Alguns filósofos da natureza não admitem esse terceiro estado e afirmam que o prazer nada mais é que a ausência de dor. Dizem que a natureza de uma coisa é mais bem compreendida por meio de seus maiores exemplos e, portanto, que a natureza do prazer é mais bem compreendida por meio dos prazeres mais intensos. Os prazeres mais intensos (embora não os mais frequentes ou persistentes) são os do corpo e não os da mente, da perturbação e não da sanidade, do imoderado e não do moderado. Um exemplo é a comichão ou a coceira, em que o prazer e a dor estão misturados, consistindo o prazer no alívio da dor. Os prazeres da mente também podem estar misturados com dor, como na raiva, na inveja, no amor, na variedade de sentimentos do espectador da tragédia ou do drama maior da vida real.

Depois há os prazeres sem mistura, dos quais os filósofos da natureza, acima mencionados, negam a existência. Esses prazeres puros e sem mistura surgem: 1) da beleza da forma, da cor, do som, do cheiro e 2) da aquisição de conhecimento. Prazeres sem mistura têm medida, enquanto todos os outros prazeres pertencem à classe infinita, estando, portanto, sujeitos a todo tipo de excesso. Assim como a pureza da tinta branca consiste na qualidade da cor branca, e não na quantidade de pintura branca, uma pequena soma de prazer puro é sempre mais agradável e mais genuína que uma grande soma de prazer de outra espécie. Tem sido afirmado que o prazer é sempre um devir e não tem um verdadeiro ser. Se esse argumento é correto e se o devir se dá sempre em função da essência, então o prazer deve se dar sempre em função da essência. Aquilo em função do qual alguma outra coisa é feita está na classe do bem, enquanto o que é feito em função de alguma outra coisa está em alguma outra classe. Assim, o prazer está numa classe diferente da classe do bem.

Tendo refletido sobre o prazer, Sócrates reflete em seguida sobre a sabedoria ou a inteligência. Há dois tipos de conhecimento, um criativo ou produtivo, outro educativo e filosófico. As artes criativas ou produtivas têm nelas um elemento de número e medida e podem ser posteriormente divididas em duas classes, conforme sejam menos exatas, como na música, ou mais exatas, como na carpintaria.

Quero dizer que se a aritmética, o medir e o pesar forem tirados de um ofício, o que sobrar não será grande coisa... Só restará recorrer a conjecturas e usar da melhor maneira os sentidos por meio da experiência e da prática, com o recurso, ainda, de certa faculdade divinatória, que é em geral chamada de arte e que se aperfeiçoa pela atenção e pelo esforço.

A aritmética em si pode ser dividida em duas classes, conforme seja usada na coisa concreta, como na construção e no acabamento, ou no abstrato, como na filosofia. Tomando emprestada a analogia do prazer, o uso da aritmética filosófica é mais puro que o da aritmética popular. As artes que são animadas pelo impulso filosófico ultrapassam de longe todas as outras em pureza, precisão e verdade, sendo a primeira dentre elas a dialética, "a ciência que se relaciona com todo esse conhecimento de que estamos agora falando".

(...) pois tenho certeza de que todos os homens que possuem um grão de inteligência admitirão que o conhecimento que se relaciona com o ser e a realidade, bem como com a identidade e a imutabilidade, é de longe o mais verdadeiro.

Protarco diz que ouviu frequentemente Górgias defender que a arte da persuasão, que é a retórica, é de longe a melhor dentre todas. Sócrates responde que não está afirmando que a dialética seja a maior, a melhor ou a mais útil das artes, mas que ela tem a maior soma de verdade – nem mesmo Górgias contestaria isso. Sabedoria e inteligência estão relacionadas não com coisas que estão se transformando, mas com coisas que são eternas, imutáveis e sem mistura, devendo assim ser mais reverenciadas que o prazer.

Tendo considerado os tipos de prazer e sabedoria, Sócrates está em condições de misturá-los. Contudo, primeiro recapitula a questão em debate. Filebo disse que o prazer é o bem e que tem uma natureza. Sócrates, por outro lado, negou isso e mais adiante sustentou que ele tem não uma, mas duas naturezas, que a inteligência participa do bem mais do que o prazer, e que a união dos dois traz mais vantagens que um ou outro sozinho. "E agora a razão nos intima, como quando começamos, a procurar o bem, não na vida sem mistura, mas na misturada." Há prazeres puros e impuros, assim como ciências puras e impuras. Tanto as ciências puras *quanto as* impuras deveriam ser admitidas na mistura, já que sem as ciências impuras nenhum de nós jamais encontraria o caminho de casa. A música também deveria ser incluída, "se a vida humana puder ser realmente uma vida". Com relação aos prazeres, os prazeres puros devem certamente ser admitidos na mistura, seguidos por aqueles prazeres que, embora impuros, são necessários. Estes incluem os prazeres que acompanham a saúde, a sobriedade e as outras virtudes, mas não os que acompanham a loucura e a depravação, que são a ruína das artes e das ciências. O ingrediente final da mistura deveria ser a verdade, sem a qual nada pode ser verdadeiramente criado ou perdurar.

Essa mistura, que é a boa, tem três elementos principais: beleza, simetria e verdade. Esses três elementos tomados em conjunto são a causa particular da mistura e aquela pela qual a mistura é a boa. Isso posto, qualquer homem pode concluir se o que está mais aparentado com o bem é o prazer ou a inteligência. A inteligência certamente está mais aparentada com a verdade do que o prazer: "(...) os prazeres, como as crianças, não têm a menor partícula de razão neles; enquanto a inteligência é idêntica à verdade ou é a mais semelhante à verdade, e a mais autêntica". E a inteligência é também mais parecida com a simetria e com a beleza do que o prazer: "Ninguém, Sócrates, acordado ou dormindo, jamais viu ou imaginou a inteligência ou a sabedoria, a qualquer tempo, passado, presente ou futuro, como algo impróprio". Não é o prazer, então, que se classifica em primeiro lugar na escala do bem, mas a medida e a harmonia. Em segundo lugar vem o simétrico, belo, perfeito e suficiente. Em terceiro, a inteligência e a sabedoria. Em quarto, as ciências, as artes e as opiniões verdadeiras. E em quinto, os prazeres puros ou isentos de dor. Sócrates conclui que:

Embora devam ambos renunciar a favor do outro, a inteligência é dez mil vezes mais próxima e mais parecida com a natureza do vencedor que o prazer.

CAPÍTULO 26

Timeu

Como o ser está para o vir a ser,
assim a verdade está para a crença.

No início do *Timeu*, Sócrates faz rápidos comentários sobre uma exposição que realizara no dia anterior. Fora uma fala sobre as instituições do Estado ideal, que são as da República ou com elas muito se assemelham. Sócrates pede para ver esse Estado ideal posto em movimento com uma explicação de como ele poderia se envolver num conflito com seus vizinhos. Atendendo a Sócrates, Hermócrates pede que Crítias conte uma história que ouvira do avô, que o avô ouvira do pai, que o pai ouvira de Sólon, que Sólon ouvira de um sacerdote egípcio em Saís, no delta do Nilo. Segundo o sacerdote egípcio, Atenas havia sido fundada 9 mil anos antes, época em que era a mais bela, a mais bem governada e a mais próxima da divindade entre todas as cidades. Os cidadãos dessa antiga Atenas levaram a cabo muitos grandes feitos, mas o maior de todos foi repelir uma invasão não provocada por parte da Atlântida, uma "ilha império" que estava além das Colunas de Héracles e que era maior que toda a Líbia e a Ásia juntas. Em seguida à vitória de Atenas sobre os atlantes, a terra foi devastada por terremotos e dilúvios; num único dia e em uma noite de infortúnio, Atenas veio abaixo e a Atlântida mergulhou no mar. Crítias diz que um relato da Atenas antediluviana pode lançar luz sobre o funcionamento do Estado ideal. Pede que

Timeu, filósofo e político de Lócride, na Itália, faça a primeira parte desse relato, da origem do universo à criação do homem.

Timeu invoca Deus e começa. O que sempre é e nunca se torna é apreendido pela inteligência e pela razão, e o que nunca é e sempre se torna é concebido pela opinião com a ajuda da sensação. O mundo é visível, tangível e, portanto, sensível; se é sensível, então, ele sempre se torna e se ele sempre se torna é criado e deve ter uma causa ou um Criador. O mundo é a mais bela das criações e deve, portanto, ter sido criado segundo um arquétipo eterno que, sendo eterno, não pode ter sido criado. O que é dito do arquétipo eterno pode ser dito com certeza, enquanto o que é dito do mundo, que é meramente uma cópia sempre em mudança do arquétipo eterno, pode ser dito apenas como probabilidade. "Como o ser está para o *vir a ser*, assim a verdade está para a crença." Portanto, nenhum relato da origem do universo pode alcançar a verdade e a certeza, mas apenas a crença e a probabilidade.

Deus é bom e, estando livre de ciúme, desejou que todas as coisas fossem como ele. Daí criou ordem da desordem do mundo sensível e transformou o mundo sensível numa criatura viva, pondo inteligência na alma e alma no corpo. O mundo criado é completo porque é uma cópia do arquétipo eterno, incluindo, portanto, dentro de si, todas as espécies de coisas vivas. Como o mundo criado é completo, não há nada deixado de lado com que um segundo ou outro mundo pudesse ser criado. Por essa razão, o mundo criado tem de ser único. O mundo sensível, sendo sensível, é visível e tangível – visível e, portanto, feito de fogo; tangível e, portanto, sólido e feito de terra. Fogo e terra devem estar unidos a um terceiro elemento, que é seu elo. Enquanto uma superfície requer um elo,* um corpo sólido como a terra requer dois elos. Assim, Deus introduziu ar e água para unir fogo e terra e dispôs os quatro elementos de modo proporcional: como o fogo está para o ar, o ar está para a água; como o ar está para a água, a água está para a terra.

Como a esfera é a mais bela e perfeita das formas e compreende e determina a média de todas as outras formas, Deus criou o mundo na forma de uma esfera. E como o movimento circular é o mais uniforme e o mais intelectual de todos os movimentos, pôs a esfera em movimento fazendo-a girar em torno de si mesma. A alma universal foi criada por ele de uma mistura harmonicamente proporcionada de Identidade, Diferença e Ser, tanto divisíveis quanto indivisíveis, que ele

---

* "Ora, se o corpo do mundo tivesse sido gerado como uma superfície plana, sem nenhuma profundidade, um só elemento intermédio teria sido suficiente para o unir aos outros termos." – Platão, *Timeu-Crítias,* Centro de Estudos Clássicos e Humanísticos da Universidade de Coimbra, Coimbra, 2011, pp. 100, 101. A nota de rodapé (88) explica o trecho: "Referência ao problema da duplicação do quadrado que estaria já resolvido no tempo de Platão" (p. 101) (N. do T.).

então moldou em dois círculos cruzados de Identidade e Diferença. Ele então colocou a alma universal no centro de sua criação e disseminou-a em todas as direções. Procurando conceder à sua criação o máximo de eternidade, concebeu o tempo como a imagem em movimento da eternidade e lhe deu existência criando os corpos celestes: o Sol, a Lua e as cinco outras estrelas. Sendo perfeita, autossuficiente e inteligente, a criação de Deus é em si mesma um deus.

Deus criou em seguida os animais segundo as quatro espécies que existem no arquétipo eterno: deuses celestes, pássaros, peixes e animais terrestres. Então pediu que os deuses celestes criassem homens mortais de almas humanas, que ele fabricara com o resíduo inferior da alma universal e a quem mostrou a natureza do universo. Assim que é implantada num corpo humano, uma alma humana é sobrepujada pela experiência e pelas disposições sensoriais que só pode dominar por meio de uma criação e de educação apropriadas. Contudo, o corpo humano está projetado para ajudá-la nessa tarefa; os olhos, por exemplo, são projetados para ver os corpos celestes e seu movimento, o que dá o conhecimento do número e do tempo, o poder de investigação e, a maior de todas as bênçãos, a filosofia.

Timeu assinala que, embora só tenha falado das obras do Intelecto, a criação é composta tanto das obras do Intelecto quanto das obras da Necessidade. Ele originalmente distinguiu entre dois tipos de ser, o que sempre é e o que sempre se torna. Contudo, há também um terceiro tipo de ser chamado de receptáculo de todo *vir a ser*, o material informe, invisível e universal, ou espaço, do qual todas as coisas são feitas ou materializadas. Os quatro elementos de fogo, ar, água e terra são constituídos de partículas que são sólidos geométricos. Cada sólido geométrico é limitado por superfícies, cada superfície é divisível em triângulos e cada triângulo é divisível em triângulos retângulos que são isósceles ou escalenos. Assim, cada partícula é constituída de triângulos isósceles e escalenos. Enquanto existe apenas um tipo de triângulo retângulo isósceles (dado por 45°/45°/90°), há um número infinito de tipos de triângulo retângulo escaleno. Contudo, o mais eminente triângulo retângulo escaleno é aquele em que o quadrado do lado mais comprido é o triplo do lado mais curto (dado por 30°/60°/90°). As superfícies de uma partícula são ou um triângulo equilátero ou um quadrado; as que são um triângulo equilátero são constituídas de seis triângulos retângulos escalenos enquanto as que são um quadrado são constituídas de quatro triângulos retângulos isósceles.

– Partículas de fogo são tetraedros com superfícies de quatro triângulos equiláteros e 24 triângulos retângulos escalenos.

– Partículas de ar são octaedros com superfícies de oito triângulos equiláteros e 48 triângulos retângulos escalenos.

– Partículas de água são icosaedros com superfície de doze triângulos equiláteros e 120 triângulos retângulos escalenos;
– Partículas de terra são cubos com superfícies de seis quadrados e 24 triângulos retângulos isósceles.

Pode ocorrer a transmutação dos elementos, mas só entre fogo, ar e água, cujas partículas são constituídas de triângulos retângulos escalenos. Há também um quinto elemento chamado quintessência. Partículas de quintessência são dodecaedros e Deus as utilizou como modelo para as doze divisões do zodíaco.

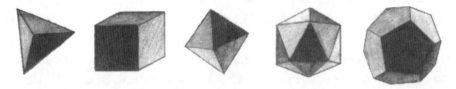

Figura 5 Os cinco sólidos platônicos.

As partículas de cada um dos quatro elementos têm propriedades que são determinadas por sua constituição e que por sua vez determinam como as partículas agem e reagem umas com as outras. Essas ações e reações perpetuam um estado de não uniformidade que é uma condição necessária para o movimento e, portanto, para as próprias ações e reações. Cada um dos quatro elementos existe numa série de variedades e cada uma dessas variedades tem distintas propriedades sensíveis. Contudo, um relato dessas propriedades sensíveis requer primeiro um relato da sensação em si, incluindo um relato do prazer e da dor. Ao contrário das partes do corpo que não são facilmente estimuladas, como os ossos ou o cabelo, as partes do corpo que são facilmente estimuladas, como os olhos ou os ouvidos, transmitem prontamente o movimento das partículas à mente. Sensações comuns não causam prazer nem dor, que são causados por, respectivamente, revigoramentos repentinos e repentinos distúrbios do corpo. Outros efeitos incluem arrebatamento e medo, que são péssimos conselheiros; raiva, que é difícil de aplacar; e esperança, que facilmente se perde. A esses efeitos, os deuses celestes misturaram sentimento irracional e amor intrépido, criando assim o homem.

Tendo definido a fisiologia e a psicologia da percepção, Timeu descreve a divisão da alma em compartimentos, a formação e as funções das várias partes corpóreas, as doenças do corpo e da alma e as medidas para seu tratamento. Termina com um breve relato da geração da mulher e dos animais não humanos.

CAPÍTULO 27

Crítias

*Desprezavam tudo, menos a virtude, importando-se
pouco com os desafios que tivessem de enfrentar
e dando pouca atenção à posse de ouro e outros bens,
que não pareceria mais que um fardo para eles...*

O *Crítias* se destinava a ser a segunda parte de uma trilogia precedida pelo *Timeu* e sucedida pelo *Hermócrates*. Infelizmente, este último nunca foi escrito e o *Crítias* ficou inacabado, literalmente interrompido no meio de uma frase. Os estudiosos às vezes combinam o *Crítias* com o *Timeu* – como *Timeu-Crítias*.

Timeu finalmente concluiu o relato sobre a origem do universo e a criação do homem. Oferece uma prece a Deus pedindo justa punição se, involuntariamente, disse algo errado; justa punição nesse caso consistiria em ser corrigido e em receber instrução, o que é o melhor dos remédios. Crítias pede tolerância para o que vai dizer acrescentando que é muito mais fácil falar bem dos deuses que falar bem dos homens. As pessoas se satisfazem com facilidade quando um artista tenta imitar a natureza, mas logo encontram defeito quando alguém tenta pintar a forma humana, com a qual estão bastante familiarizadas. Sócrates concede a Crítias o que ele pede, estendendo sua indulgência tanto a Timeu quanto a Hermócrates. Contudo, adverte Crítias de que ele precisará realmente de muita indulgência para receber maior aprovação que Timeu. Hermócrates exorta Crítias a invocar Apolo, as Musas e lançar-se à discussão como um homem.

Crítias diz que, em tempos antigos, a cada deus foi destinada uma parte da Terra. Hefesto e Atena, que são irmão e irmã e estão unidos pelo amor à filosofia e à arte, obtiveram a região da Ática, que era então particularmente adequada ao cultivo da virtude e da sabedoria. Povoaram a Ática com uma brava raça de filhos da terra e ensinaram-lhes a arte do bom governo. Embora alguns de seus nomes sejam ainda lembrados, suas ações se perderam no tempo, já que houve desde então muitas enchentes (incluindo o dilúvio de Deucalião)* e os que sobreviveram a elas eram moradores das montanhas que nada sabiam da arte de escrever. Havia várias classes de cidadãos, incluindo artesãos, agricultores e uma classe superior de 20 mil guerreiros. Esses guerreiros, que viviam isolados no topo da Acrópole, eram educados e tinham todas as coisas em comum. As áreas que são agora as ilhas da Grécia eram morros altos cobertos de bom solo, mas esse solo foi levado pelas enchentes, deixando o que sobrou parecido com os ossos de um cadáver. Antes disso, a Ática era a terra mais fértil do mundo, repleta de ricos pastos e planícies irrigados por fontes subterrâneas. Seu povo era favorecido pela inteligência e pelo amor à beleza, vivendo, portanto, com moderação, buscando a virtude e se distinguindo no trabalho.

Enquanto Hefesto e Atena obtiveram a Ática, Posêidon havia obtido a ilha de Atlântida. Posêidon se apaixonou pela mortal Clito, que morava com os pais, Evenor e Leucipe, numa montanha baixa, nas proximidades de uma planície fértil no centro da ilha. Para proteger seu amor, o deus cercou a montanha com anéis de vários tamanhos, dois de terra e três de mar. Lá, Clito lhe deu cinco pares de meninos gêmeos. O primeiro a nascer, Atlas, foi feito rei do centro da ilha e os outros nove irmãos foram feitos reis de outras partes da ilha. Como as relações entre eles eram reguladas pelas imposições de Posêidon, os dez reinos se mantiveram em paz. Crítias descreve em minúcias as fabulosas riquezas da Atlântida, entre as quais, árvores frutíferas e florestas, bandos de elefantes e minerais, incluindo o lendário metal precioso oricalco. Com essas fabulosas riquezas, os atlantes construíram templos e palácios, portos e diques, pontes e canais, aquedutos e termas, além de um exército permanente muito grande, com 10 mil carros de guerra e 1.200 navios.

---

* Dilúvio enviado por Zeus para extinguir o gênero humano. Deucalião se salvou com a esposa, pois construíra uma arca depois de ter sido avisado da catástrofe pelo deus. (N. do T.)

Durante muitas gerações, uma vez que a natureza divina permanecia neles, foram [os atlantes] obedientes às leis e se mantiveram leais ao deus de quem eram a semente. Pois estavam impregnados de verdade e de inúmeras formas de nobreza, unindo gentileza e sabedoria nos vários episódios da vida e nas relações que mantinham uns com os outros. Desprezavam tudo, menos a virtude, importando-se pouco com os desafios que tivessem de enfrentar e dando pouca atenção à posse de ouro e outros bens, que não pareceria mais que um fardo para eles. Nem estavam intoxicados pela luxúria, nem a riqueza os privava do autocontrole, mas eram sóbrios e viam com clareza que tudo que tinham era aumentado pela virtude e pela amizade entre eles, enquanto a excessiva veneração dos bens que possuíam só faria com que se perdessem e, junto com os bens, se perdesse a amizade.

Contudo, a virtude dos atlantes começou a fraquejar...

... quando a porção divina começou a se extinguir, diluída excessivamente e com demasiada frequência na mistura mortal, passando a natureza humana a predominar. Incapazes, então, de enfrentar seu destino, comportaram-se de forma indigna e, para quem tinha olhos para ver, se tornaram claramente infames, pois estavam perdendo a parte melhor de seus preciosos dons; mas, para os que não tinham olhos para enxergar a verdadeira felicidade, pareciam gloriosos, abençoados, no momento mesmo em que estavam cheios de egoísmo e poder malévolo. Zeus, o deus dos deuses, que governa segundo a lei e é capaz de ver essas coisas com discernimento, percebendo que uma estirpe nobre caíra num estado lamentável e querendo lhes aplicar uma punição para que pudessem ser corrigidos e melhorar, reuniu todos os deuses em sua santíssima morada, que, situada no centro do mundo, contempla todas as coisas criadas. E depois de tê-los reunido, assim falou...
[O diálogo se encerra, literalmente, no meio da frase.]

*Aqui, primeiro dentre os homens, famoso por pura justiça
e virtude moral, Arístocles* jaz;
E se um dia viveu um verdadeiro sábio,
mais sábio ainda foi este homem; grande demais para a inveja.*

Epitáfio de Platão, segundo Diógenes

---

* Nome verdadeiro de Platão. (N. do T.)

PRÓXIMOS LANÇAMENTOS

Para receber informações sobre os lançamentos da
Editora Cultrix, basta cadastrar-se
no site: www.editoracultrix.com.br

Para enviar seus comentários sobre este livro,
visite o site www.editoracultrix.com.br ou mande
um e-mail para atendimento@editoracultrix.com.br